障害者殺しの思想

【増補新装版】

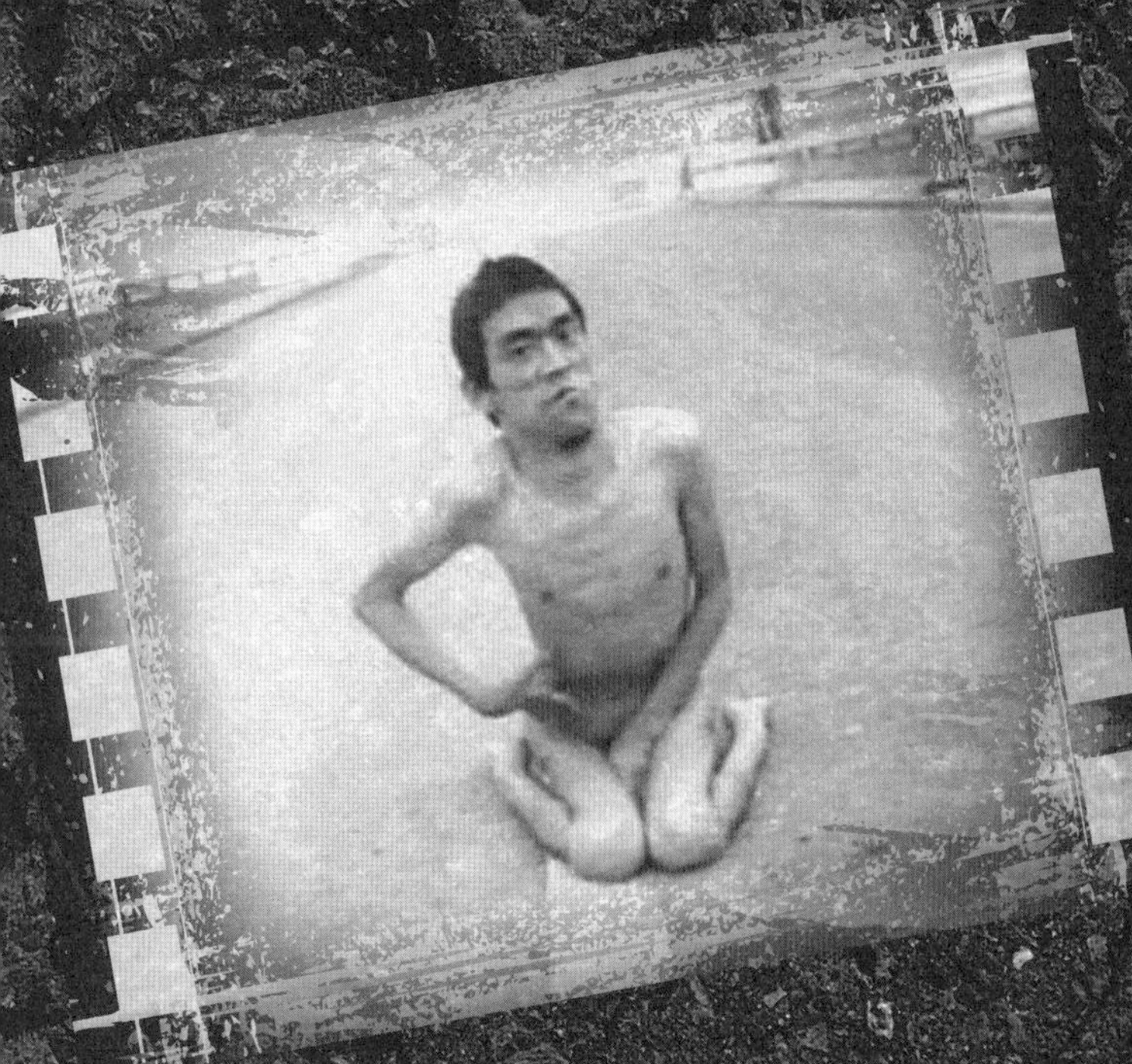

横田弘：著

解説：立岩真也

現代書館

増補新装版

障害者殺しの思想

かざぐるま

おさない日から
それは
ゆるく廻っていた

しきりにこおろぎが啼く静かな夜更け
母のひとみに旋回する
透明な色彩の妖しさに
小さいあこがれと
かすかなおそれを
全身で受け止めた時

初めて
かぜがこころを吹き抜けたのだ
ものうい秋の午後の日差しに
脆くもえ上がるのは
表面を飾っていた
赤いエナメルばかりだ

第五章　われらかく行動する　112

第六章　カナダのCP者たち　191

装幀　箕浦　卓

凡　例

一、本書は、横田弘著『障害者殺しの思想』（一九七九年、ＪＣＡ出版）を底本とした。復刊を快くご了承いただいた横田淑子氏、横田覚氏に感謝致します。

一、復刊にあたり、要望書や決議などの引用部分は明らかな誤植、間違い以外は底本のママとし、それ以外の地の文章に関しては、漢字・仮名遣いなど統一や読みやすさのために一部修正をしている。

一、底本には注はないが、復刊に当たり、一九七九年当時の法律・制度及び社会状況で書かれている部分に関して、必要最小限において編集者が注を付けている。

第一章　障害者殺しの事実

一　障害者は何故殺されねばならないのか

また、一人、障害児が殺された。

歩けないということだけで。

手が動かないというだけで。

たったそれだけの理由で、「福祉体制」のなかで、地域の人びとの氷矢のような視線のなかで、その子は殺されていった。

一九七八年二月九日、何気なく見ていた午後十一時のテレビニュースが、さりげない口調でこの事件を伝えたとき、ストーブが暖かく燃える部屋にいながら、私は一瞬のうちに自分の内部が凍りついた夜の荒野に彷徨い出て行くのを、しっかりと捉えていた。

殺された障害児が私と同じ横浜、しかも日本脳性マヒ者協会「青い芝」神奈川県連合会の事務所が存在する、港北区内に住んでいたということもあるかも知れない。

今年になってから朝日新聞で報じられただけで、もう三、四件の障害児者が殺される、ということが重なっているせいかも知れない。

しかし、そうしたこととは別に、私は今度の事件の底に、言い知れぬ私自身の黒い未来を見出した想いだったのだ。

何故、障害者児は殺されなければならないのだろう。

なぜ、障害者児は人里離れた施設で生涯を送らなければならないのだろう。

何故、障害者児は街で生きてはいけないのだろう。

ナゼ、私が生きてはいけないのだろう。

社会の人びとは障害者児の存在がそれ程邪魔なのだろうか。

私の胸には、三、四日前に事務所に配達された一通のはがきの言葉がフッと蘇って来た。

人間としての権利を奪われたとは何事だ！
お前達片端《カタワ》者は世の中を遠慮して
ソット生きて行け！　それでこそ始めて我
々五体健全な人達から同情が得られるぐ
らいの事はいくら脳性馬鹿でも
解ると思う
親の困果が子に報い！　困果律と言う言葉を知らないのか！
逆上せ上がるのも程々にしろ！
片端者奴

一市民より

太田典礼なる人物がいる。執念のように「日本安楽死協会」をつくり上げ、安楽死の法制化を目論んでいる男だ。彼のことばを借りれば、社会の中で生きていく「資格」がある者は社会の「発展」に「貢献」できる者であり、社会の「進歩」に役立たない者、社会に負担をかける者、つまり無用な者の存在を許すことは人間にとって有害だというのである。

「植物人間や恍惚老人、重症心身障害者児が生きる権利を主張されたのではたまらない」とする彼のことばは、彼の論理に於ては実に明快だ。そして、その論理は、単に彼ひとりのものでなく、社会の人びと総て、新聞売りのオバサンから総理大臣の福田サンまで、もっている論理なのである。

高度経済成長が謳われている時は金に任せて巨大コロニーを造り上げ、生産力の可能な「家庭」を守るために次々に障害者を送り込み、ひとたび不況、インフレが起れば「福祉見直し論」をブチ上げ、僅かばかりの手当まで打ち切る「福祉政策」、障害者が街のなかで生きることに動物的嫌悪感を懐き、車イスのバス乗車をはじめ、自分達の「労働」と「生活」を守る為には、障害者の切実な要求をも抑圧して行こうとする労働者達。障害者児の存在を己れの恥とし、己れ自身で殺していく親達。障害者の存在を異形、異質の物としてのみ捉え、隣人として、また、仲間として捉えることのできない地域の住民たち。そうした健全者社会の在り方すべてが、障害者を、そして私を殺していくのである。

二　障害者殺しの経過

一九七八年二月九日、横浜市港北区茅ケ崎町で起きた障害児殺しは、そうした障害者抹殺の健全者社会の論理がものの見事に結実されたものと言えよう。

この事件は後に述べるように、母親が自殺したということで一切ご破算になってしまった。その後の新聞報道は少ない。そのこと自体も非常に重要な意味を含んでいるが、兎に角ここでは朝日新聞を中心に新聞報道、及び私たちの会が調査した事実などを踏えて、なぜこのような事件が起きたのかを少し探ってみたいと思う。

まず、七八年二月十日付の朝日新聞社会面、及び地方版を見ていくことにしよう。

重度障害の行く末を悲観
わが子殺し、母姿消す　横浜

九日夕、横浜市の新興住宅街で脳性マヒの長男の前途を悲観した母親がその子の首を絞めて殺し自分も遺書を残して姿を消した。港北署は母親の行方を捜している。

事件があったのは同市港北区茅ケ崎町、会社員出口寛さん（四四）方。同日午後五時すぎ出口さんが帰宅すると、長男の勤君（一二）が六畳間のふとんの中で殺され、妻かよ（四三）が姿を消していた。

出口さんにあてたかよの書き置きは「あなたは私にやさしくしてくれた。私も死にます」とあった。同署はかよが自殺するつもりで家を出たとみて、捜索隊の協力を求めて行方を捜している。

出口さん方は、親子三人暮らし。勤君は生れつき足も不自由な重度心身障害児。昨年四月から川崎市の県立高津養護学校に通っていた。

近所の人の話では、かよは毎日養護学校へ勤君を送り迎えし、自宅付近では最近買った車いすに勤君を乗せてよく散歩していた。障害児を抱えて大変なのに、性格的には明るく気立てのいい人だと評判だった。

この記事自体はごくさりげないといえよう。ここでさりげない、というのはこの種の報道の基調ともいえる殺された障害児より殺した母親を救わなければならないという論旨で、という意味に於てである。

さらにこうした論旨は地方版になると一層明確に打ち出されてくる。

まず、見出しからしてものすごい。

障害児殺し　あんなに尽くして……

犯行の母に同情の声

断わっておくがこれは母親が障害児に殺されたのではない。障害児が母親に殺されたのである。

殺された障害児の存在はものの見事に打ち砕かれ、殺した母親だけが同情されるべき存在として表現される。

これが、健全者社会の論理なのである。

ついでに他の新聞の見出しを調べて見よう。

献身の母、看病に疲れ?
身障の息子絞殺
「私も死ぬ」と姿消す　横浜
（毎日新聞二月十日付）

わが子殺し、母自殺行
十二年間疲れ切った……　脳性マヒ
（読売新聞二月十日付）

こうした考え方の具体化されたものが次の地方版の記事である。

（前略）

事件のあった会社員出口寛さん（四四）方の向かい家の話によると、殺された勤君（一二）は生まれたときから右手足が不自由で、言葉がほとんど話せず、精神年齢は幼児と同程度だったという。用便の世話から食事まで生活ではすべて母親のかよ（四三）の助けが必要だった。食事どき、肉類などは、かよがかみ砕いて口移しに食べさせていた。

それでもかよは「世話に疲れた」などもらすこともなく、「この子はおなかから出てくるとき頭を少し強く抑え過ぎてこんな状態になったのです。何とか少しでも健康に育ってくれたらいいのに……」と、近所の人たちに明るく話していたという。最近は勤君を学校へ送り迎えするため、教習所に通い車の運転を習っていた。

かよは十日ほど前からカゼをひいて寝込んでいたらしく、事件前日の八日に顔を合わせた主婦は「元気がなかった」と話しているが、明るく一生懸命育児に尽くしていたかよが急にこのような犯行に走ったことに、近所の人たちは一様に驚いている。同時に、かよに深い同情を示している。

……（中略）……

かわいそうな子を抱えた家庭の悲劇が、どこかで救われないものか——現在では、その家庭に余りに大きな犠牲を強いていることも事実なのだが。

勤君の通学していた川崎市の県立高津養護学校の立脇要校長（五四）の話では、同校は昨年四月の開校。児童は十六人。小学部六年生の勤君は長く在宅で訪問指導を受けていたが、開校とともに入校。脳性マヒのため右半身不随、中度の精薄、てんかんの発作に苦しんでいた。言葉がかろうじて通じる在校生二人のうちの一人。学校の人気者だった。

勤君が学校に来なくなったのはことしになってから。毎朝母親から学校にカゼや発作など欠席の連絡があった。一月の通学は三日間。二月は一日も来なかった。

「お母さんはとてもかわいがっていた。何でこんなことに」と声をつまらせていた。

私は直接生前の勤君にあった訳ではない。だから、実際の彼の障害程度は知らない。ここではこの記事の矛盾を通して地域の人びとが私達に抱く偏見をみていこう。

「向いの家の話によると、殺された勤君（一二）は生まれたときから右手足が不自由で、言葉がほとんど話せず、精神年齢は幼児と同程度だったという。」と書いておきながら、一方で県立高津養護学校の立脇校長の話として「小学校六年生の勤君は長く在宅で訪問指導を受けていたが、開校とともに入校。脳性マヒのため右半身不随、中度の精薄、てんかんの発作に苦しんでいた。言葉がかろうじて通じる在校生二人のうち一人。学校の人気者だった。」と書いている。

この記事を書いた記者自身、この矛盾をどう自分の中で捉えたのだろうか。

脳性マヒ者は程度の差があっても、言語障害を伴うのがほとんどなのである。そして、その言語障害の結果、精神機能に何んらかの障害があると思われがちなのだ。

むろん、精神の機能に障害がある人びとに関する差別自体に根源的な差別の問題が秘められていることは言うまでもない。だが、そうしたこととは別に、言語障害が強い、という、ただそれだけのことで現実的な社会生活を拒否される、という場合が多いのもまた事実なのである。

私自身の現実からいっても、幼い時から父親が私の言葉を聞きとれないという状況の中では、恐らく現在住んでいる県営住宅の人たちには、私の言葉が聞きとれるとは思われない。しかし、そのことだけで私の総てを測られたのでは生きていくことができなくなるだろう。

つまり、この場合でいえば「ことばがほとんど話せず」ということで「精神年齢は幼児と同程度だった」となり、したがってそうした「不幸」な子供を抱えた家族は「お気の毒」であり、そうした子供を殺した家族を「救」わなくてはならない」ということになるのだ。

私には殺された勤君がそれ程障害が重いとはどうしても考えられない。

現に二月十日付神奈川新聞の記事には

勤君は脳性小児マヒにより右半身が不自由で、時々、発作にも悩まされていたが、自分で歩くことも、しゃべることもできた。また、音楽好きな明るい子供で、小学部の最年長で、お兄さんとして下級生の面倒もよくみていた。下校時には「サヨナラ」と先生方と握手するなど、学校の人気者であった、という。

と書いているし、新聞に載っている写真からもそんなに重度脳性マヒの表情はない。

私がここで言いたいのは、勤君の障害の軽重ということではなく、障害の一面、しかも自分達健全者の価値、基準で捉えたものでその人の総てを測り、なおかつ、その総てを支配していくことになんのためらいも感じない健全者社会の在り方そのものなのである。

さらにもう一つ言えば、先に引用した二月十日付の神奈川新聞に、私としてみのがせない書き方を行なっている箇所があるので次に記すことにしよう。

また、出口さん方は、体の不自由な子供がいるとは思えないほど明るい家庭で、カヨも町内会の新年会などでは、歌を歌うなど、朗らかな性格だったが、最近は「風邪気味で、どうも気分が良くない」などと、近所の人に漏らしていた、という。しかし親しい人には、勤君の将来を心配する言葉をもらしたりするなど、人知れぬ悩みを持っていたようだ、という。

こうした書き方をする考え方自体に障害者を抹殺していく論理が隠されていることをこの記者は知らないのだろうか。

障害者の家庭、障害者（児）を抱えた家庭が「明るい家庭」では、なぜいけないのだろうか。

「体の不自由な子供がいると思えないほど明るい家庭」ということは障害者児を抱えた家庭は「暗い」「沈んだ」家庭であり、町内の新年会などには出席せず、まして、歌など歌うとはトンデモナイ、というのが当り前だとでも考えているのだろうか。

この障害者を抱えた家庭は「不幸」だとする考え方こそが、本当にその家庭を不幸にしていくのだということがなぜ判らないのだろう。

三　マスコミの「犯罪性」

この事件が起きた時点でのマスコミのとりあげ方の基本が、障害児を抱えた家庭が「不幸」だとする考えである以上、この事件の結果は自ら明白だといえよう。

敢えて極端な言い方をすれば、この時点の加害者である母親が自殺したのは新聞報道のせいだ、ともいえるのである。

ひとつの状況が思いがけない別の状況を生み出していくことは、私達が日常たびたび経験することである。

この場合でいえば、二月十日付の各新聞の報道という状況が、母親の自殺という新しい状況を生み出したといえなくもないのである。

そのあたりを各記事から調べてみよう。

まず、読売新聞では五段抜き見出しで次のように書いている。

「わが子殺し、母自殺行
十二年間疲れ切った……脳性マヒ」

この見出しを文字通り解釈するならば、加害者である母親が自殺するのが当然だという考え方も成り立つのである。もし、加害者がこの見出しを読んだとしたら、おめおめと生きて逃げおおせたり、或は自首する気持ちにはなれなかったろう。

これは他の新聞の見出しにも同様なことが言える。

「献身の母、看病に疲れ?
身障の息子絞殺
『私も死ぬ』と姿消す」　横浜
（毎日新聞二月十日付）

「走り書き残し行方不明に
介護疲れの果て……」
（神奈川新聞二月十日付）

さらに読売新聞の記事は次のように書いている。

布団のそばに女用のへこ帯が落ちており、寛さんの妻カヨ（四三）の姿が見えず、部屋のすみに「あなたは私に優しかった。私も死にます」という走り書きがあった――勤君の首に、ひもで絞められた跡があり、同署は、カヨが勤君を絞め殺し、自分も死のうと家を出たものとみて、署員五十人と警察犬を動員、行方を探している。

問題はこうした書き方自体なのだ。

この記事によれば、加害者が自殺することは確実な事実として認識され、その為にこそ警官五十名と警察犬が動員されたという形をとっている。そこには、殺人犯を逮捕するために捜索しているのだという視点が完全に欠落しているばかりでなく、もし本当に加害者の自殺を防止しようとする考え方があるなら、それなりの書き方があって当然ではないか、と思うが、そうしたことは全くなされていない。


はっきり言おう。

障害者児は生きてはいけないのである。

障害者児は殺されなければならないのである。

そして、その加害者は自殺しなければならないのである。
四、五年前までは、この種の事件が起きた場合、必ず加害者は無罪になった。ところが「青い芝の会」を先頭とした私達の闘いで、加害者を無罪にし得なくなった社会は、今度は加害者もろとも死に追い込もうとする方向に向いはじめてきたのである。
これは、あながち私の思い過ごしだけではない。咋年から今年にかけて神奈川県下で起ったこの種の事件四件のうち二件が加害者の自殺、一件が未遂、一件が行方不明となっている。

果して、加害者である母親は自殺した。

翌、十一日付の朝刊は待っていたとばかりこの家庭の「悲劇」を一勢に書き立てた。

まず、サンケイの記事から見てみよう。

重度身障の長男絞殺の母
ビルから飛降り

びしょぬれ姿で　死を求めて一昼夜

十一日午後四時四十分ごろ、川崎市高津区二子七六五、研崎ビル（鉄筋四階建て）前の空き地で、中年の女性が雨でびしょぬれになって死んでいるのを近くのアパートの人がみつけた。

高津署で調べたところ、横浜市港北区茅ケ崎二〇五六ノ二、主婦、出口カヨさん（四三）とわかった。そばの手さげ袋の中には現金一万九千円、指輪、ハンカチなどがはいっていた。

カヨさんは九日午後、自宅六畳間で長男の勤君（一二）＝神奈川県立高津養護学校＝の首をへこ帯で絞めて殺し、「あなたはわたしにやさしくしてくれました。わたしも死にます」とエンピツで走り書きした置き手紙を残して行方不明になっていた。

カヨさんは死後五時間ぐらいで全身を強く打っており、高津署では死体の状況から石崎ビルの屋上のコンクリートの壁（高さ約七〇センチ）を乗り越えて飛び降り自殺したものとみている。

カヨさんの首には何かで絞めたような跡があった。勤君が殺された六畳間と隣の四畳半の部屋の間のかもいに二帯がかかっていたことから、カヨさんはかもいのへこ帯で首をつろうとしたが死にきれず、家を出て死に場所を求め歩いていたらしい。

カヨさん宅は夫と殺された勤君の三人暮らし、勤君は脳性小児マヒで生まれつき右半身が不自由。女性の家《マ》庭教《マ》師の週一、二度の訪問指導を受けていたが、昨年四月、県立高津養護学校が開校と同時に入学。カヨさんはスクールバスが発着する田園都市線梶が谷駅まで一時間がかりで勤君を車イスに乗せて送り迎えする一方、昨年秋からは、将来はマイカーで送迎しようと免許証取得のため自動車教習所に通っていた。

ところが、今年になって勤君とカヨさんが相ついでカゼをひいたため、勤君は一月は三日通学しただけで、今月は一日も登校していなかった。

高津署はカヨさんが数日前、疲れた表情で近所の人に「わたしたちが死んだらこの子はどうなるんでしょう」ともらしていたことなどから、勤君の看病に疲れ将来を悲観して、勤君を殺して無理心中したとみている。

神奈川県重症心身障害児を守る会の深沢忠一会長は「他人からみれば気の毒ですむかもしれないが、同じ境遇にいる親としてその気持ちがわかり、つらい。親が元気でいるうちは……と考えるが、考えれば考えるほど子供の将来が不安になるものです」と言っていた。

まことに言いようのない記事である。障害児を産んだ「家庭」は、このようにみじめな結果しか生まないのだということを証明するためだけに、この記事は書かれたのだ。

「死を求めて一昼夜　びしょぬれ姿で」

この見出しを読んだ人びとは、恐らく殺された障害児の命よりも、「障害児」を産んだばかりに自らを死に追い込んでいかなければならなくなった哀れな母親の、冷たい雨に打たれながら、彷徨い歩く姿しかイメージとしてとらえることができないのではないだろうか。そして、そこから生じるのは、自分の隣りに居るかも知れない障害者児への想いではなく、自分が障害児を産まなかったことへの「しあわせ」なのである。

加害者である母親が死亡した時刻が、神奈川新聞の記事によれば十日の正午頃、となっているのも、私には重大な意味があることを感じさせる。

私は前に、マスコミの報道がこの加害者を自殺に追い込んでいったのだと、書いた。そしてそのことがあながち私の思い込みだけではない根拠を、この死亡時刻は示していると言えるのではないだろうか。

わが子を殺し、絶えず追われる意識しか持つことの出来ない加害者が、自らの犯行を記した記事を読んだとしたら、そして、そこに「わが子殺し、母自殺行」「『私も死ぬ』と姿消す」と大きく記されていたとしたら、果して生きて夫のもとに帰ってゆく気持を起すことができるだろうか。

ほんのちょっとしたきっかけが、ある状況を生み出し、その生み出した状況によってはじめのきっかけとは全く別の結果に追い込まれて行くということは、私達の日常つねに起ることなのである。

この加害者が、わが子を殺した想いとは別に温かい夫の胸に帰って行きたいと願ったとしても、そうした余裕を一切の報道は許さなかったのである。そしてそこに今度の事件への特異な社会の対応ぶりがうかがえるのだ。

新聞で知る限りこの被害者は、決して殺されなければならない状況に在ったとは思えない。強いて言えば、今年に入ってからの「かぜひき」ぐらいのことである。

脳性マヒ者児の身体は複雑に出来上がっている。ちょっとしたカゼがもとで障害の状態が一時的に少し重くなることもある。しかし、たったそれだけのことでいちいち殺されていったのでは、障害者（児）の命はいくつあっても足りない。

両親が年老いているとか、或は他に障害児の兄弟がいるとか、家が極端に貧しいとかという状況もこの事件にはない。

つまり、この事件は被害者と加害者を含めた個別の状況から生まれたものではない。

被害者である勤君が脳性マヒという身体的障害を持っていたこと、そしてそれが、現在の社会体制の中では「悪」であり「不幸」であり、その「不幸」は死ぬこと（殺されること）によってのみ救われるという位置づけをもった存在であったこと、そうした「悪」であり「不幸」な存在である脳性マヒ児を産み出した存在として、日常的に社会から疎外の対象とされた家族という、言わば現在の社会そのものから必然的に生じた事件なのである。

にもかかわらず、一切の報道はこの事件を、個別の状況のまま、つまり、事件を起した「家庭」だけの問題に置き換えてしまったのだ。そしてその結果として加害者を死に追い込み、それだけで一切をご破算にしていったのである。

加害者が、何故勤君の通っていた養護学校の近くで死を選んだかを考えてみるがいい。

加害者が、何故毎朝養護学校に勤君を送って行かなければならなかったかを考えてみるがいい。

加害者が、何故バス停まで押して来た車イスを置いて勤君をバスに背負い上げなければならなかったかを考えてみるがいい。

加害者が、何故「私達が死んだあと、この子はどうなるのかしら。」と言わなければならなかったかを考えてみるがいい。

勤君が校区の学校に就学していたら。

勤君の車イスを路線バスがスムーズに乗せていたら。

勤君の存在を地域の人びとが何気なく受け入れていたとしたら。

そして、何よりも障害者児の存在を社会全体が位置づけていたとしたら。
勤君と加害者は、死ななかったろう。殺されなかったろう。
私は、決してセンチメンタルな感情からこういう言葉を書いたのではない。
その根拠として、二月十一日付の各新聞の見出しを記しておこう。

雨の街、一夜さすらい
母親、後追い自殺　　身障の愛児殺し
（読売新聞）

マヒの子殺しの母親
自殺の〝決着〟
看病に年、疲れ果て
相次ぐ「身障児家庭」の悲劇
（毎日新聞）

痛ましい〝自殺落着〟
脳性マヒの息子殺し　母が投身
（東京新聞）

不明の母は自殺
身障児殺し　　養護学校近くのビル
悲惨な結果

（神奈川新聞）

重度身障の長男絞殺の母
　ビルから飛降り

（サンケイ新聞）

　　死を求め
　て一昼夜　びしょぬれ姿で

（東京新聞）

母親も飛び降り　知恵遅れの子殺し家出

（朝日新聞）

子供の学校近くで飛び降り
　障害児殺しの母

四　障害者を殺そうとするもの

障害者児殺しが起きる度に、「青い芝」神奈川県連合会は「私達を殺すな」と叫び続けている。そして、その度に社会から返って来る言葉は「思い余って殺した親を憎むのか」であり、「可哀相な親にムチを打つのか」であった。

しかし、考えてみればこれ程障害者（児）のすべてを無視したものはないのである。

私達は、いや、私は障害者である。歩けない障害者なのである。

その障害者である私が、同じ障害者（児）が親によって殺されたにもかかわらず、何故、殺した者を「可哀相」と思わなければならないのか。なぜ、「憎しみ」を感じてはいけないのか。

勿論、個々の事件自体にはそれぞれの事情もあるだろう。私はそのことまで否定する心算《つもり》はない。しかし、個々の事情はどうあれ、やはり障害者（児）を殺してはならないのである。私が殺されてはならないのである。

親たちがなぜ障害者（児）を殺そうとするのか。

それ以前に、なぜ親は子を産もうとするのか。

親が子を産む、或は産もうとする、これは種の保存、言い換えれば「自己拡大」の意識の表われに他ならない。親は子に「己」を見るのである。己の過去と未来とを同時に子の中に見るのである。己の飽くなき願望と期待を子の可能性の中に見出そうとするのである。この場合、子は未来と己とを繋ぐ「虹の橋」なのだろう。

障害児が生まれたということは、障害児を産んだということは、「虹の橋」の崩壊であり、己の崩壊なのである。己が信じてきたものの一切が崩れ去っていくことを知った時、人はどのような状況に落ちて行くか、これはもう、私が言うまでもあるまい。

では、なぜ障害児を産むことが己の崩壊に繋がっていくのか。このことをもう一度考えてみよう。

現在の社会、不況とインフレが同時進行していき、人びとが不安と絶望に打ち拉がれている状況の中にあっても、いやそういう状況だからこそ、権力は日本的資本主義体制を死守するために躍起になっているのだが、そうした社会にあっては、生産活動ができる人間だけが「存在価値」があるのだ。いくら人間的に優れていたとしても、その人が一本の釘をも造ることができず、一本の柱も建てることができなかったら、その人の社会的価値はゼロなのである。

己が産んだ子が脳性マヒ児であった場合、そうした現在の社会的価値をかかえた親たちにとって、そのこと自体己れの願望と期待がものの見事に崩壊していくのを見詰めなければならない。これは多くの親にとって耐えられないことなのではないだろうか。

そして、もう一つ言えることは、そうした期待できないもの、つまり「異物」「異形」のものを産んだことへの言いようのない恐れと恥ずかしさなのである。

先に私は、親が子を産む行為として種の保存だと書いた。そして、種の保存である以上、「ヒト」としての種の保存である以上、そこには能力の劣る者、或は「異物」「異形」のものの存在を許すことはできないのではないのだろうか。

そして人類の文明が太古から今日まで変遷し得たのは、そうした「異物」「異形」のものを排斥することのみによって行ないえた部分が非常に大きな位置を占めているのは疑いようのない事実である。

障害児を産んだ、ということはそうした人類文明の大きな流れに逆流することであり、そうしたこと自体、総体としての人類から糾弾されるべく運命づけられていると言ってもいい。

確かに、人間にはそうした種の保存のみに、「異物」「異形」の排斥のみに終始し続けたのではないという一面もあるだろう。私はそれを否定する心算は毛頭無い。

だが、人類の文明がそうした行為（「異物」「異形」の排斥）によって今日の姿を現わしたということだけは、私たちが忘れてはならないことなのだ。

親が障害者児を殺すということは、そうした人類文明への屈伏なのであり、そうした屈伏自体、やがて自らをも、人間をも滅ぼしていく結果となるのである。

五　周りが寄ってたかって殺した

勤君を殺した要因は、そうした人類の文明がもつ必然的な要素、それに何ひとつ疑問を抱くことのない自らをも生贄にしなければならなかった母親の意識などさまざまなものがあるだろう。だが、私はそのもっと大きなものとして……勤君を取り囲む人びとの交わり方の態度の問題があると思う。

二月二十五日の朝日新聞の朝刊には、この事件の背景を探った、伊中義明記者の「記者の手帳」が載っているので、人びとが勤君に対してどのような態度を示したかを考えてみよう。

（前略）……勤君はいつも独りぼっちであった。訪問学級の先生に、家の中で「いろは」や簡単な足し算を習った。

外で子どもたちの声が聞こえると、右半身マヒの体を激しく揺らしながら、力いっぱいビッコをひいて外へ出た。そして不自由な言葉で叫びながら、子どもたちの輪に入ろうとした。

しかし、幼い子どもたちは、勤君の不格好な歩き方や聞き取りにくい声を気味悪がって逃げてしまう。その後ろ姿を追いかけても、時には、目の前でドアをバタンと閉められてしまう。勤君にできるのは、あとはもう、精いっぱいの気持ちをこめてドアをたたき、その前に座り込むだけだった。そんな勤君の姿を、カヨさんは遠くからジッと見つめていた。

小学校は最初てんかん発作のため通学できず、訪問学級の授業を受けていた。ようやく去年四月、川崎市の高津養護学校に入学「センセ、アクシュ」。毎日帰り際、先生たちと両手で思いきり握手して回る勤君の姿は、学校生活の喜びを全身で語っていた。自分の背たけほどの勤君の手を引き、肩にかけて毎日バスと電車を乗り継いで送迎していたカヨさん。それはつらくもあったが、学校での元気な勤君の姿を見るたびに喜びでもあった。

……（後略）

私がこれ以上書く必要はあるまい。
ここに記された現実が、すべての障害者児を取囲む人びとの交わり方なのである。
右半身にマヒがあることが。
ビッコをひいて歩くことが。
言葉が不自由だということが。
それが何故、いけないのだろうか。
それがなぜ、気味が悪いのだろうか。
なぜ、バタンとドアを閉められなければならないのだろうか。
健全児たちは、障害児を知っているのだろうか。
障害児が、人《ひと》のナカマだということを知っているのだろうか。

*

怪獣映画を知らない人はまずないだろう。十数年前の「ゴジラ」にはじまって、テレビの前のチビッ子たちのゴキゲンを伺っているまいどおなじみの映画だ。

あの映画の中に出てくる怪獣たちの姿、動作から来るイメージは、障害者、特に私たち脳性マヒ者に非常に似通っている。そして、その障害者に似通っている怪獣たちが行うことと言えば、平和な、人びとがおだやかな暮らしを楽しんでいる街を、ある日、突然、何処からともなく沸きだして破壊しつくして人びとの生命まで危くさせるというパターンが常である。

しかも、そうした人びとの生活全体を危機に追い込んで行った怪獣たちは、必ず最後には、人びとの強い味方であり、正義の使者である○○マンによって亡ぼされ、この地上から消滅させられてしまうのだ。

こうした映画を、生まれた時から見続けて来た現代の健全児たちが、人間関係を持たないまま、いきなり障害者（児）、特に脳性マヒの障害を持った子供と出会った場合、とてもとても自分たち人間の子の仲間と捉えることができないのはむしろ当然と言ってもいいだろう。

一方、そうした子供の感覚、或は感情をコントロールし、人間とは何か、生きることは何かを覚えさせていくはずの親たちは、権力が与えるほんの細《ささ》やかな物質的なお恵みを得ることにキュウキュウとするばかりで、子供たちの生き方など考えようともしないばかりか、むしろ隣りの子を引きずりおろしても有名校に合格させなければということだけに目の色を変えているのだ。

そこには、異なった存在、異なった機能を持つ者の存在をそのまま受け止めて行こうとする姿勢など微塵もありはしない。

「あんな子と遊んではいけないよ」

「言うこと聞かないと勘ちゃんが来るわよ」

何人かの親たちは、恐らくこういった言葉を吐いただろう。

これに近い言葉を吐いただろう。

そして、その言葉を吐いた親たち自身、勤君の存在を、障害児の存在を、障害児を生み出したものの存在を否定し、疎外していったろう。

勤君は、母親によって殺されたのではない。

地域の人びとによって、養護学校によって、路線バスの労働者によって、あらゆる分野のマスコミによって、権力によって殺されていったのである。

第二章　障害者殺しの思想

一　殺されたほうが幸せか

一九七三年、それは非常に、去年（一九七七年）から今年（一九七八年）の状況と似通った面があった。

一九七二年国会に「優生保護法改定案」が上程され、胎内から障害者の存在を否定していく目論みが企てられ、それを支援する形でマスコミが障害者児を抱えた「家庭」の不幸を人びとに植え付けるため、ことさら障害者殺しや親子心中を書き立てて行くとともに、一方ではまた「福祉元年」と称して政治、行政による既成の福祉を大声で叫び続けていたのだった。

これは、一九七七年十月に厚生省の外郭団体として遺伝相談センターが設置され、徹底的な「優生保護」を人びとに押しつけようとし、それに対応する形で障害児者殺しが続発しはじめてきている状況と全く同じなのである。

私が、何の能力も持たないまま「青い芝」神奈川県連合会の会長に選ばれたのは、まさにそうした脳性マヒ児（者）にとって明日の生命さえ見通しが立たない時だった。

私が会長に就任したのは五月。その時点までに、一介の重度障害者でなんの情報網も持っていない私でさえ、既に七、八件の脳性マヒ者殺し（心中を含めた）を知っている。年が明けたばかりの元日、香川県で兄弟の脳性マヒ者が長兄に殺されたり、一月八日には広島で三十八才の息子が老母に心中させられたり、一月二十一日には岩手で二十七才の下半身マヒの青年がやはり老母と心中する、といった具合だ。また一方では、都立・民営の多摩更生園で起きた医療不備による死亡というカタチで施設内で行われている殺人、或いは家のなかの事故等。政治家さんたちのうたい文句とはうらはらに、脳性マヒ者は明日の生命の保障どころか何時殺されるかと一分、一秒ずつを、自らのいのちをいとおしみつつ、怯えながら送らなければならないのが現実の姿なのである。

何故、脳性マヒ者は殺されるのだろう。

なぜ、殺されなくてはならないのだろう。

そして、多くの人びとは「惨めな状態で生き続けるより、殺された方がむしろ幸せ」と考える。

何故だろう。

なぜそんなふうに考えるのだろう。

＊

「植物人間は、人格のある人間だとは思ってません。無用の者は社会から消えるべきなんだ。社会の幸福、文明の進歩のために努力している人と、発展に貢献できる能力を持った人だけが優先性を持っているのであって、重症障害者やコウコツの老人から『われわれを大事にしろ』などといわれては、たまったものではない。」

これは、『週刊朝日』七二年十月二十七日号「安楽死させられる側の声にならない声」という記事にある元国会議員で、「日本安楽死協会」なる物をつくろうとしている太田典礼の言葉だ。私たち重度脳性マヒ者にとって絶対に許せない、又、絶対に許してはならないこの言葉こそ、実は脳性マヒ者（以下ＣＰ者と云う）殺し、経済審議会が二月八日に答申した新経済五ケ年計画のなかでうたっている重度心身障害者全員の隔離収容、そして胎児チェックを一つの柱とする優生保護法改正案を始めとするすべての障害者問題に対する基本的な姿勢であり、偽りのない感情であることを、私はまず一点押さえておかなければならない。

今まで、ＣＰ者（児）が殺される度に繰り返されている施設不足のキャンペーン、或いは殺した側の親を救えという運動、その本質にある「無用の者は、社会から消えるべきだ」とする健全者社会の姿勢を捉えない限り、つまり、障害者を肉体的、精神的に社会から抹殺しようとしているのは、決して国家に代表される権力機構だけではなく、障害者福祉を大声で言い続けている革新政党、「障害者」解放を権力闘争への一過程として組み入れている新左翼の諸君を含めた、もっと言うならば、私たちを此世に送り出した直接の責任者である筈の親の心にゆらめく健全者の黝い炎群のなかに見据えない限り、障害者運動の出発はありえないのではないだろうか。今まで私たちが行なってきた、そして大多数の障害者が今でも行ないつつある、障害者を理解してもらおう、或いは一歩でも二歩でも健全者に近づこうとする運動が通用する程、現在の私たちを取巻く状況は甘くないことは確かなのだ。このことを二、三の事件、私なりに関わりあってきた幾つかの事実を通して、少し書いてみたい。

七二年十月十日、東京・北区で重度CP者が老父に殺された。この事件は七〇年の横浜の重症児殺しと違って、加害者にも同情されるべき点はある、だからと云って、TV、新聞を始めとするあの大げさなマスコミのキャンペーン振りはどうだ。しかもそのなかで、殺されたCP者の生命の問題がどれ程真剣に論じられたと云うのだろう。七二年十月十一日の朝日新聞の記事を引いてみよう。

十日朝、東京・北区、七十六才の老人が重症身体障害者で寝たきりの三十七才の息子の首をしめて殺し、警察に自首した。苦しい生活の中で五人の子どもを育てあげ、生後間もなく脳性マヒになったこの息子をとくにかわいがり、いたわり続けた老父だった。（中略）……高齢の身で病弱の家族を抱えるという「二重苦」の老人に救いはないのだろうか。

ここにあるものは、明らかに加害者側の老父だけの問題であり、しかも、その老父は救われなければならないという無条件な前提を踏まえた書き方でしかない。

更に、同新聞の十月十二日の社説にはこうした障害者自身を無視した健全者側の姿勢を、ものの見事に打出している。しかも、「弱い生命を守るために」と題して。

七十六才の老父が、三十七才の息子を殺した。息子は生れてまもなく脳性マヒにかかり、手足が不自由で口もほとんどきけなかった。十日、東京・北区で起った事件は、あまりにも暗く救いがない。

できるかぎりのことを、この老父はやってきた。老妻が胃病で倒れてからは、おむつのとりかえで夜も眠れなかったという。とうとう力の限界がきた。身障者施設にも足を運んだ。だが息子を入れてくれるところは見つからなかった。

このような重症心身障害者の家庭の八割はどこかの施設に入れてほしいと切実に希望している。収容を待つ障害者は一万七千人に近い。だが重症者のベッドは、国、公、民間立のすべての施設をあわせても、全国で八千人分しかない。

二倍以上の倍率というのは、この場合悲劇的な数字といわねばならない。

……（中略）……

重症心身障害者をどうするかは、とかくこのような暗いできごとの時だけ世の注目を集め、またすぐ忘れてしまうという宿命を持っている。それは、票田に結びつくような政治問題でもなく、また障害者をもたぬ家庭にとっては、身近に感じられる話題ではないからであろう。

しかしこの問題は、重症障害者自身というよりは、その周囲の家族問題なのである。症状の好転する見込みもうすく、まして社会復帰は絶望的といった障害者たちを献身的に看護することによって、多くの家族達はもう疲れきっているのだ。その人たちのためにも、重症障害者の生命は、国が肩がわりして支えてやらねばなるまい。

……（中略）……

それにしても、むかしなら到底生命を全うし得なかったと思われる赤子も、いまでは誕生し育っていく。それはたしかに医学の進歩であり勝利であるといえよう。だがその同じ医学をもってしても、なおなかなか癒《いや》し得ぬ病気がある。というのは悲しい現実である。生れてはみたものの、嘆きを医学が解決できるのはいつのことなのだろうか。

……（中略）……

弱いものの生命が、どこまで守られるか。それはその国の福祉度の、そしてまたその国民の心根をはかるバロメーターである。

今更、私が一つひとつ指摘する必要もないほど殺された側(障害者)の存在を無視した書き方だが、どうにもガマンできないのは、そうした障害者不在の考えを、あたかも障害者自身の幸せを考えているんだ、或いは、それが障害者の生命と幸せを守ることになるんだ、という健全者社会の思い込み、ないし思い上がりなのである。

「このような重症心身障害者の家庭の八割は、どこかの施設に入れてほしいと切実に希望している」と書き、一万七千の収容待ちに対して、全国で八千のベッドという「二倍以上の倍率というのは、この場合悲劇的な数字といわねばならない」という。この場合、何が悲劇なのだろう。

現在、障害者(児)を抱えた家庭の多くは苦しい生活を強いられていることは確かだ。家庭生活の苦しさはどうしても障害者(児)にシワよせされる。精神的抑圧をどれだけ受けねばならないか。私は、数多くの事例を知っている。悲劇とは正にそのことの筈であるし、そうでなければならない筈なのだ。ところが、事実は全く違うのである。

「しかしこの問題は、重症障害者自身というよりは、その周囲の家族問題なのである。」

健全者のいう悲劇とは、正に健全者の悲劇だったのだ。

「症状の好転する見込みもうすい」「社会復帰は絶望的」な障害者を看護することに疲れきっている家族達の悲劇を防ぐためだけに、収容施設は必要なのだ。だから、それがどんなに障害者の意志を無視し、主体性を無視したものであろうとも、施設は造られなければならないし、造られるのが「当然」なのである。そのことをなしえない現在下で起きたCP者殺しは、殺した親の悲劇であり、CP者の悲劇では断じてなかったのだ。この、ものの見事に障害者の人間としての存在を欠落させたままなされる発想の総てが、障害者を、死へ追い込んでいくこと以外の何物でもないのである。

この事件の場合、老父は本当に息子の「幸せ」を願って殺したのだろうか。先に書いた『週刊朝日』「安楽死させられる側の声にならない声」の中に、渡野川署における老父の供述調書の一部が載っているが、その中で、息子を殺した動機として次のようなことが記されている。

……それで、妻が入院してからは、私と隆三の二人で住んでおり、私かたは、玄関からはいって三畳と、その北側に四畳半の間、その奥が六畳と台所になっており、私は玄関よりの四畳半に布団を二枚並べて敷き、隆三と二人で並んで寝ておりました。ゆうべは午後八時ごろ、私は隆三の横に布団を敷いて寝ました。隆三は夜中に四回ぐらい私を起してオシメを取りかえさせ、私は良く眠れませんでした。今朝（十月十日）午前五時半ごろ起きて、オシメを取りかえてやりました。それで、妻が病院に入院して医者に「胃潰瘍の疑い」と聞かされましたので、隆三の顔を見て、今後一人で毎日このようなことをしてやらねばならないと考えているうち、私はいっそのこと隆三を殺してやろうと思いました。（後略）

つまり、老父は息子の世話をすることに疲れてしまったのだ。ただそれだけの理由で息子を殺してしまったのだ。事件としては、きわめて単純なものであったはずである。ところが、この事件がマスコミを通じて広く社会に知れわたっていった段階で、全く違った受けとめ方をされてしまった。

あまりに可哀想な老父さんです。警察署の方々にお願い致します。どうかこの老い先みじかい老人のお父さんを無罪にしてあげて下さい。私も老い先みじかい老女です。悪意でやったことではありませんから、どうか、そのへんを寛大にお許ししてあげて下さい。お願い致します。亡くなられた息子さんも父親に涙を流して感謝しておられるでしょう。お願い致します。一老女

という一通の手紙が示すように、老父が息子を殺したこと、つまり健全者が障害者を殺すことが障害者の「幸せ」になるのだという論理にかわってしまった。障害者は「涙を流して感謝しつつ殺され」なければならないのである。

二　本来あってはならない存在か

障害者は「殺されたほうが幸せ」なのだという論理が、やがて、障害者は「本来あってはならない存在」という論理に変わり、そして、社会全体が障害者とその家庭を抹殺していく方向に向かって行く。このことを、「青い芝」神奈川県連合会が行なった活動の中から実証してみよう。

一九七〇年五月、横浜市金沢区で二人の重症者をかかえた母親が当時二歳になる下の子を絞殺した事件があり、その事件のあと、「神奈川県心身障害者父母の会連盟」代表宇井儀一氏が横浜市長飛鳥田一雄宛に出した

施設もなく、家庭に対する療育指導もない。生存権を社会から否定されている障害児を殺すのは、やむを得ざるなり行きである、といえます。日夜泣きさけぶことしかできない子と親を放置してきた福祉行政の絶対的貧困に私たちは強く抗議するとともに、重症児対策のすみやかな確立を求めるものであります。

という抗議文や、地元金沢区富岡町町内会を中心とした減刑嘆願運動が行なわれていることを知った私たち「青い芝」神奈川県連合会は、こうした事件が起きるたびに減刑嘆願運動が行なわれることや、施設不足のキャンペーンだけでことを済まそうとする健全者の社会意識に強い怒りと同時に激しい恐怖を感じ、このままでは、いつ自分たちが「殺」されるかわからないという危機感が、身体障害者団体としては全国でも初めてと言われる運動に立ちあがらせたのである。

まず、私たちが最も怒りを感じたのは、重症児殺しの母親をとりまく地元富岡町を中心とした地域社会のあり方だった。母親を重症児殺しにまで追いこんで行ったのは、地域社会の「目」だったはずである。障害者がいるということだけで近所づきあいを拒否されるというケースは多くの家庭で味わっている現実の姿であるし、事実、裁判の進行する中でこの母親もあまり地域社会とのつきあいはなかったことが明らかにされた。

そうして、母親を重症児殺しにまで追いこんでいった段階で、彼らが行なったことは、何か。減刑嘆願運動であった。自分たちが地の底にたたき落とした母親を一度の署名、一つの印鑑を与えることだけで救えると思い込む。そして、それが善いことなのだと信じて疑わない。そうした地域社会の在り方こそ実は、数多く行なわれる障害者殺しや、

一九七二年に国家権力が障害者抹殺を明確に打ちだしてきた「優生保護法改定案」を生みだす土壌となっているのである。

＊

何故、障害者は「本来あってはならない存在」つまり、「悪」とされるのだろう。そして、その「悪」であるところの者を抹殺することが、身体障害者の「幸せ」なのだと断言してはばからない健全者の論理を、私たちは今一度確認しなければならないだろう。

この事実を一つの例をあげて説明してみよう。私たちの運動が、当時朝日新聞横浜支局の記者桑折勇一氏によって報じられたのは七月七日の地方版だった。

今日のように、障害者の運動体が全国各地に存在し、それぞれが闘いを進めている情況とは違い、当時の障害者団体と言えば、お互にグチを零《こぼ》し合ったり、菓子を摘んでシャベったり、せいぜい行政に対して自分たちの問題をオネガイするといった類のものが圧倒的だっただけに、自分たちの存在の問題を真向から振翳《ふりかざ》して健全者社会に迫っていく私たちの主張は、人びとにとって、驚き以外の何ものでもなかったのである。それだけにまた、反発も大きかった。

朝日の横浜支局にはぞくぞくと私たちに対する反論が寄せられたらしい。

そのうちのいくつかが七月十五日の地方版に掲載されているので、それを次に記してみよう。

まず、鎌倉に住むＳ子さんという名の女性からの発言をみていこう。

「私の妹は障害がもっとも重く施設にいる。私が週一、二回面会に行き、妹が年に一、二回帰宅するのを何よりの楽しみにしている。もし私が先に死んだら面倒をみる者がいなくなる。私は死ぬにも死ねない。自分は罪に問われてもいい。妹が一分でも先に死んでくれるのを望む……。若いお母様の気持がわかる。」

私は、これを読んだ時、思わず身体が振えるのを止めることができなかった。

鎌倉のＳ子さん。私は敢て言おう。

貴女が妹さんの死を自分のそれより先に望むのは些かも妹さんの幸せのためではない。ただただ自分の心の平安が欲しい、重い荷物を背中から下してホッとしたい。それだけ、本当にただそれだけなのだ。それを貴女は如何にもそれが妹さんの幸せである如く発言している。私が許せないのは、そういう自分をも誤魔化さなければならない貴女に代表される健全者の態度なのである。貴女が側に居ようといなかろうと妹さんが重度障害者として生きねばならないという事実は変えることはできまい。まして、自分より先に死ぬことがどうして重度障害者の幸せになるのだろうか。貴女がもし、本気でそんなことを考えているのならば、それこそ畏れを知らぬ思いあがりと言わねばならないだろう。そんな者に殺されたのでは、重度障害者は救われようがない。

貴女は「罪に問われても」と仰る。ゴリッパなことだ。しかし、その言葉の陰に「重度障害者を殺しても罪に問われることはないのだ」という確信が有るのを私としては見逃すわけにはいかない。それでなければ、何故私たちの運動に反対するのか。

貴女をそこまで追い込んでいった状況を考えることなく、ただ重度障害者である妹さんが死ぬこと（殺すこと）のみによって問題解決しよう、と言う貴女の思考がある限り、私たちは殺され続けていくのである。

「罪はどんなことをしても消えないが、若いお母さんはどんな生活をしていたか。……（中略）……健康な子どもより不憫で可愛いはず。しかし、いまは自分の罪を深く感じ、どんな裁きでも受けると心に誓っていると思います。残った母親にムチを打つのは可哀相です。」

これは、加害者と同じ富岡町に住むMという女性からの発言である。

冗談ではない。今更よくこんなことが言えたものである。

障害児を持った家庭がどれだけ世間から白い眼で見られているのか。障害児を持ったという、ただそれだけで、それだけのことでその家で何か悪いことをしたのだ、という眼で見られる。そんな事実を私たちは長い間、身をもって経験しつづけているのである。

殺された季子ちゃんが日向ぼっこをしている時、夜中に泣き出して加害者が季子ちゃんを背負って玄関の前をゆきしている時、誰か一言でも声をかけたのだろうか。

若い母親にムチを打ったのは一体誰なのだ。

私たちは加害者である母親を責めることよりも、むしろ加害者をそこまで追い込んでいった人びとの意識と、それによって生み出された状況をこそ問題にしているのだ。

事件が起きてから減刑運動を始める、そして、それがあたかも善いことであるのかの如くふるまう。なぜその前に障害児とその家族が穏やかな生活を送れるような温かい態度がとれなかったのだろう。私たちが一番恐ろしいのは、そうした地域の人びとのもつエゴイズムなのである。

＊

この事件が起きたのは、施設不足が招いた悲劇だという見方もあった。横浜のKさんもそのひとりだ。

「障害者の立場からすれば、今度の意見書が出て来ることがわかる。彼らのいう人命尊重は非常にきびしい正論だ。しかし彼らは社会に自己を主張するだけのエネルギーがあるが、私の子どものように重症者にはその力はない。子といっしょにやり場のない絶望の中で暮しているのだ。さまざまの障害者の事情を考えないこと、もっとも大きな問題である施設不備をあいまいにすることで減刑反対の意見はかえってためにならないと思う。」


私には、この発言こそ障害者を不幸にしている根本的な原因があるように思えてならない。

一体、一九七〇年の時点で彼らの言う施設とは誰のためにつくられなければならなかったのだろうか。

高度経済成長が華やかに謳歌され、働くことが、働けることが最も正しい存在として価値付られていた時点でつくられる施設は、障害者児の家族を生産の場に参加させ、資本主義体制の維持を図っていく効果以外の何者でもないし、また、障害者児を一ケ所に集めることによって「処理」するほうが何かと安上がりのうえ、イザという場合、山の奥なら、人びとの眼が届かなければ何でも行なえる。施設の効果とは、それ以外の何ものでもないのである。

それにしても、多くの健全者が加害者の気持が分かるとか、障害児が殺されるのはやむを得ない、とか、施設をつくれとか、施設に入れてしまえば、とか考えるのはどうしたことなのだろう。

やはり、障害者（児）は悪なのだろうか。

「本来、あってはならない存在」なのだろうか。

本当に健全者は、障害者が憎いのだろうか。

障害者は殺してしまえ、という論理なのだろうか。

三　障害者殺しの思想

国家権力は巧みに健全者の論理を利用する。その論理を己れの目的のために逆用していく。

現に「優生保護法改定案」を国会に提出した時の斉藤厚生大臣の説明の中に

「人工中絶をどうしてもやった方がいいという面もございます。たとえば妊娠中にいろいろな医学的な面から奇形児が生まれるであろう。重症の心身障害児が生まれるおそれがあるという場合には、これは、生命の尊重とはいいながら、そういう方々は一生不幸になられるわけでありますから、こういう場合には、新しく人工中絶を認める必要があるのではないか。……」

と言いきっている。国家権力が生まれてくる身体障害者の不幸を本当に案じてくれるならこんなお目出たい話はないのだが、私たちの側としてはそのような甘い話にひっかかるような気はさらさらない。生まれてくる身体障害者の「幸せ」「不幸せ」を口にする国家権力の真意がどこにあるか私達は身をもって知っている。

現体制を支えている日本的資本主義の下にあっては、物を作り出すことができる者、物を作り出して資本家を喜ばせる力をもっている者だけが正しい存在であり、その力の無い者は「悪」だとされる。現国家権力はそうした日本資本主義の論理を守っていかない限り、その体制を保つことができないのだ。それだから彼らは障害者を殺した親兄弟を実質的な無罪にしたり、障害児を胎内からチェックしていく「優生保護法改定案」を考えついたりする。それでなくてもこの二、三年来、心中を含めた障害者殺しは急速に増えつつあることは確かな事実なのだ。

＊

私たち「青い芝」はこれらの事実を確認した上で、私たちが生きていくことを守るために減刑嘆願運動阻止の闘いを進めて行くことになった。

一九七〇年七月、横浜で開かれた「青い芝」例会の中で私たちは真剣にこの問題を討論していった。さまざまの意見の出される中で私たちは、私たちCP者の置かれている肉体的、精神的な現状を知ることができた。

私たちの肉体は、生まれた時から、あるいは、CPとして発病した時から奪われつづけてきている。

言葉も意識も肉体のあり方を基として発想される。つまり、奪われた肉体であるところのCP者は、常に奪われた言葉と意識でしか物を見ることしかできないし、行動することもできないのだ。具体的な例を挙げれば、私は、重度CP者として、坐ったきりの生活を四十年つづけている。坐ったきりの私が見る世界は、常に下から上に見上げる世界であり、私をとりまく世界（健全者の世界）は常に私を見おろしたカタチでなりたつ。そこには、常に見上げる者との関係しかない。私の言葉も意識も下から見上げるものでしかないし、下から上に追いつこうとするものでしかありえないのではないか。そこには、本当の意味の自己意識の確立はあり得ないし、自己の世界の創造などできるはずもないのだ。

「青い芝」七月例会の中でみたCP者の世界は、まさに、下から見上げる世界をそのまま表した感があった。

次に、この七月例会の記録があるのでその中から主な発言の要旨を記してみよう。

四十五年七月例会報

議題　横浜のCP児殺しについて（主な発言内容）

会　長　父母の会では母親の減刑運動をしているが、我々の立場は殺される立場だ。無罪では納得できぬから、我々

副会長　の立場から意見書を出そうと役員会で話し合った。皆さんの意見はどうか？
広報部長　数年前、東京でＣＰ者を殺した父親が無罪になっている。
減刑することによって社会福祉政策の遅れをごまかそうとしている。
この根本問題にとりくみたい。
副会長　地元の町内会で減刑嘆願のサインを集め殆どの人がやったようだ。
減刑運動は一般常識となっている。我々の立場はその常識に挑戦する形となる。
会員Ａ　親が我が子を殺すというのは普通では重罪だ。障害児だからといって殺してもよいということは納得できぬ。
父母の会の減刑運動は間違っているのではないか。
会員Ｂ　障害児だから無罪というのは矛盾している。
会員Ｃ　親の立場からみたら障害児を養育するのは大変だ。
広報部長　ここで親の立場を言うべきでない。我々はＣＰであり、ＣＰ児が殺されたのだ。我々の立場を主張すべきだ。
副会長　親もかわいそうだ。しかし行動する場合どちらかをきらなければならない。
会員Ａ　障害者の子供が殺されるたびに社会で減刑運動がおこることが問題だ。
事務局長　親は子供に対して責任をもつべきだ。障害児ができたからといって殺してもいいということにはならぬ。殺した親は無責任だ。施設が足りないなどというのは他人に責任をなすりつけるものだ。親が障害児を殺しても無罪だということが常識となれば我々にも被害が及んでくる。
大規模の施設は必要ない。各企業の中で我々が働けるようになることが必要。
副会長　施設は必要である。しかし施設に入れて後は知らん顔というのでは重度者はますます疎外され、地域社会から隔離されてしまう。その地域に密着した小さな施設をあちこちに作ればよい。
事務局長　一方的に言うとカドがたつ。親の立場もわかるが我々の立場はこうだといったほうがよい。
会　計　最近とみに軍備第一主義の傾向が強まっている。障害者などは施設へつっこんでしまえばいいと考えている。
健全者優先の社会だ。

広報部長　検察庁では母親を起訴処分にするかどうか考慮中ということだ。もし起訴猶予になれば障害児を殺しても裁判にもかけられないことになる。法の下にすべての人が平等だという原則にたって裁判されるべきだ。

会　　長　単なる子殺し事件として刑法に従って扱うことを要求すべきだ。

この発言内容を見れば判るように、多くの仲間たちは、自分の問題というよりも親の問題として捉えている。自分が殺されるというよりも、やはり自分以外の障害児が殺されたのだ、という感覚が強いように私には感じられる。

「親は子どもに対し責任をもつべきだ。」

「一方的に言うとカドがたつ。親の立場もわかるが我々の立場はこうだといったほうがよい。」

これらの発想は、明らかに障害者の、脳性マヒ者のそれではない。

まったく健全者の発想であり、健全者の世界に追いついていこうとする意識の現れに他ならない。つまり、この問題を自分のものとして考えることができない。重症児が殺されたということは、全く自分とは別の世界の出来事であり、自分の生きることとは全然かかわりのないこととしてしかとらえることができなかったのだ。

＊

私たちは、こうした仲間と長い時間かけて話し合った。その結果、重症児殺しの母親に対する減刑嘆願書運動を阻止する方向に決まり、次のような意見書を横浜地方検察署、横浜地方裁判所、その他関係各官庁に提出した。

ＣＰ児殺し減刑問題に関する意見書

昭和四十一年五月二十九日横浜市金沢区富岡町でおきた重症児殺しについて被害者の袴田季子ちゃんと同じ脳性マヒ者の組織である日本脳性マヒ者協会神奈川県連合会より関係各位に対し意見書を提出することをお許し下さい。

現在多くの障害者の中にあって脳性マヒはその重いハンディキャップの故に採算ベースにのらないとされ、殆んどが生産活動にたずさわれない状態にあります。このことは生産第一主義の現社会においては脳性マヒ者はともすれば社会の片隅におかれ、人権を無視されひいては人命までもおろそかにされることになりがちです。このような働かざる者人に非ずという社会風潮の中では私達脳性マヒ者は「本来あってはならない存在」として位置づけられるのです。

本事件の被告袴田美保子においてもたとえ二人の障害児を抱えていくための生活上の困難があったにしろ、この「本来あるべき姿ではない」という一般通念が彼女に実際以上の精神的負担となっておおいかぶさり子供の将来、自分の前途を悲観し絶望的になってしまったものと思われます。しかしながら真の社会福祉とは、社会の一人一人、自分とは異なった姿の者、自分より弱い立場の者に対する思いやりをもち、その立場を尊重することではないでしょうか。たとえ寝たきりの重症児でもその生命は尊ばれなければなりません。本事件の原因を施設が足りないこと、福祉政策の貧困に帰してしまうことは簡単です。しかしそのことによって被告の罪が消えるならば即ち本裁判においてもしも無罪の判決が下されるならば、その判例によって重症児（者）の人命軽視の風潮をますます助長し、脳性マヒ者をいよいよこの世にあってはならない存在に追い込むことになると思われます。

私たちは被告である母親を憎む気持はなく、ことさらに重罪に処せというものでは毛頭ありません。それどころか彼女も又、現代社会における被害者の一人であると思われます。しかし犯した罪の深さからいって何等かの裁きを受けるのは当然でありましょう。

どうか法に照らして厳正なる判決を下されるようお願い申し上げます。

昭和四十五年七月十日

日本脳性マヒ者協会
神奈川連合会
会長　山北　厚

私たちは、右の意見書に基づく行動を開始することになった。横浜地方検察庁への意見陳述も行なった。しかし、この事件に対する検察庁の私たちに対する態度は冷たいものであった。

この事件が起きたのは、一九七〇年五月、それを検察庁が起訴したのは、七一年の六月である。実に一年一ケ月の時間をかけているのである。一方、一九七〇年八月に神奈川県大和市で起きた幼児殺し（健全者の）は一ケ月前後で起訴にふみきっているのだ。一体、これはどういうことなのだろう。

私たちの代表が検察庁へ出むいた時、担当検事は「今、全国の施設の状況などを調べて、起訴するかどうかを検討している。」と発言した、これは何とも訳が解らない話である。元来、施設の現状などというものは、弁護側が情状酌量を要求するために調べるなら話もわかるのだが、起訴をするかどうかの段階で検察側がこれを調べること自体、すでに施設不足の今日では、障害児は殺されるのが当然であるということを裏づけるために行なわれるものと私たちが受けとめたとしても、それは当然なことである。その後、起訴した段階で再び私たちの代表が検察庁をたずねた時、担当検事が、「君たちの言う通り裁判にかけたのだからそれでいいのではないか」と言い放してはばからなかった。

私たちがこの事件を問題にしているのは、殺した母親を裁判に掛けるかどうかということではなく、障害者が殺されるのが「当然」であり、救わなければならないのは母親のほうなのだとする健全者社会のあり方なのである。

そうした私たちの要求も、国家権力の現れである検察庁あるいは裁判所は少しも顧みようとはしなかった。従って当時の「青い芝の会」会長の横塚晃一氏の言葉に従えば、「この裁判では検察側と弁護側がそれぞれの立場を主張し激しく切り込むなどということは全くみられず、障害者或は、障害児を持つ家庭がおかれている社会的情況つまりこの事件の持つ社会的位置づけというものが浮き彫りにされるということは幻想に帰してしまった」ということになる。

また、意見書をもって各方面をまわった時も、「あなた方に、母親の気もちがわかるのか」とか、「母親にこれ以上ムチを加えるのか」とか、「施設が足りないことは事実じゃないか」とかいう意見が圧倒的に多かったのである。ここでは、殺された重症児そのものは完全に欠落してしまっている。従って、裁判の進行の中でも、検察官が懲役二年を求刑する刑法悪用を行なったのを始め、もっぱら情状論が大きく幅をしめ、殺された重症児の生命の問題、また、障害者をとりまく社会の状況などには、全くふれようともしなかった。その何よりの証拠として、私たちが裁判所に提出した意見書や、「青い芝」神奈川県連合会報『あゆみ』のこの事件に対する特集号などが、証拠物件の中から弁護側の一方的な要求に従って削除されてしまったことからも明白である。
裁判の結果、母親に懲役二年、執行猶予三年という判決がおりた。

判　決

昭和四六年　本籍　静岡県浜北市小松四、〇三五番地
十月八日　住所　横浜市金沢区富岡町二、二八七番地
宣告　無職
裁判所書記官　袴　田　美保子
平井　登　昭和一五年二月一七日生

右の者に対する殺人被告事件について、当裁判所は検察官佐々木実出席のうえ審理を遂げ、次のとおり判決する。

主　文

被告人を懲役二年に処する。
但し、この裁判確定の日から三年間右刑の執行を猶予する。
押収にかかる前掛一枚（昭和四六年押第二六六号）を没収する。

昭和46年10月
23日確定

理　由

（罪となるべき事実）
被告人は昭和三九年三月頃より、横浜市金沢区富岡町二、二八七番地に夫紀男と居住し、同人との間に二男一女を儲けたが、二男隆之（昭和四〇年一〇月一九日生）と長女季子（昭和四二年一〇月二三日生）が精神薄弱児であり、特に季子は重度精神薄弱児で知能および運動機能が著しく遅れていたので、八方手を尽し、大学病院など数箇所で治療を受けたが、回復の見込みもなくかつ、身体障害者保護施設への収容も不可能な状況にあったうえ、会社勤務の夫が昭和四一年六月より千葉県君津町の駐在員を命ぜられて同町に常駐し、毎週土曜日に帰宅して月曜日

に同町に戻るという生活を続けていたため、いきおい被告人において、手のかかる二人の精神薄弱児の看護養育を一手に引受けることとなり、肉体的精神的に多大の苦労を重ね、いっそのこと季子を殺して自分も死んだ方がよいと考えたことも再三あったが、昭和四五年五月二九日午前〇時頃、前記自宅奥六畳間の寝台に寝ていた季子が急に泣き出して顔を手で引掻いたりしている有様を見ているうち、自己および同児の将来に全く希望を失い、同児の将来のためには同児を殺害した方がよいととっさに決意し、傍らにあった前掛（昭和四六年押第二六六号）の紐を同児の頸部に巻いて強く絞めつけ、よって同児をその頃同所において窒息せしめて殺害したものである。

（証拠の標目）

一、被告人の当公判廷における供述

一、一回公判調書中被告人の供述部分

一、被告人の検察官に対する供述調書四通および司法警察員に対する供述調書

一、袴田紀男、松本正則、松本節子、矢木操、山田陽三、の検察官に対する、各供述調書

一、妹尾清一、袴田紀男、松本常子、杉沢秀夫の司法警察員に対する各供述調書

一、司法警察員西尾力作成の捜査報告書

一、医師伊藤順通作成の鑑定書

一、司法警察員作成の実況見分調書

一、押収にかかる前掛一枚（昭和四六年押二六六号）

（法令の適用）

被告人の判示所為は刑法一九九条に該当するので所定刑中有期懲役刑を選択し、犯情憫諒すべきものがあるので同法六六条、七一条、六八条三号により酌量減軽をした刑期の範囲内で被告人を懲役二年に処し、なお、情状により同法二五条一項を適用してこの裁判確定の日から三年間右刑の執行を猶予することとし、押収にかかる前掛一枚（昭和四六年押第二六六号）は判示殺人の用を供した物で犯人以外の者に属しないから、同法一九条一項二号、二項を適用してこれを没収することとする。

よって主文のとおり判決する。

昭和四六年一〇月八日

横浜地方裁判所第一刑事部

裁判長裁判官　野　瀬　高　生

裁判官　山　田　忠　治

裁判官　石　塚　章　夫

刑法第一九九条は次の通り記されている。

第一九九条　人ヲ殺シタル者ハ死刑又ハ無期若クハ三年以上ノ懲役ニ処ス

つまり、普通の殺人の場合、最低限懲役三年以上の刑に処せられるのである。ところがこの裁判では検察側の求刑自体懲役二年となっていた。

刑法第六六条に「酌量減軽」として次のようなことが記されている。

第六六条、犯罪ノ情状憫諒ス可キモノハ酌量シテ其刑ヲ軽減スコトヲ得

また、第六八条にはこの法律による刑減法として次のようなことが記されている。

第六八条　法律ニ依リ刑ヲ減軽ス可キ一個又ハ数個ノ原因アルトキハ左ノ例ニ依ル
一、死刑ヲ減軽ス可キトキハ無期又ハ十年以上ノ懲役若クハ禁錮トス
二、無期ノ懲役又ハ禁錮ヲ減軽ス可キトキハ七年以上ノ有期ノ懲役又ハ禁錮トス
三、有期ノ懲役又ハ禁錮ヲ減軽ス可キトキハ其刑期ノ二分ノ一ヲ減ス
四、罰金ヲ減軽ス可キトキハ其金額ノ二分ノ一ヲ減ス
五、拘留ヲ減軽ス可キトキハ其長期ノ二分ノ一ヲ減ス
六、科料ヲ減軽ス可キトキハ其多額ノ二分ノ一ヲ減ス

つまり、殺人の最低刑懲役三年も、情状によっては二分の一、すなわち懲役一年六ケ月とまで減刑されるというのだ。この事件の場合、情状を酌量するとしたら、殺された季子ちゃんが障害児だったという、たったそれだけのことでしかないのである。それに加えて、裁判所は執行猶予という「オマケ」までつけたのである。私たちがこの差別判決に大きな怒りをもったのも当然であろう。

四　減刑を許すな

私たちは、この裁判を通じてさまざまな形で重度ＣＰ者の存在を社会に訴えつづけてきた。横浜駅西口での二、三度にわたる情宣活動、「神奈川県心身障害者父母の会連盟」代表との話し合い、福祉事業従事者との懇談、裁判への欠かさぬ傍聴を通じて私たちの存在を訴えるなど絶えず行動しつづけた。特に私たちが訴えたのは、人びとが私たち障害者の存在を知らないことから生じる差別がこの事件を起させたのだ、ということだった。

次に、横浜駅西口で情宣活動を行なった時のビラがあるので記してみよう。

まず、第一回の情宣は、八月の末に行われた。ザラ紙の、手書きの謄写刷の粗末なビラだったが、仲間たちは真剣に路を歩く人たちに一枚一枚丁寧に手渡していたのを今でも覚えている。

我々に生存権はないのか！

去る五月二十九日横浜において、まだ二才の重症児が母親に殺されました。そして地元町内会などにより、減刑運動が起っています。事件発生以来三ケ月、横浜地検はどういうわけか加害者を起訴するか否か決めかねております。今までこの種の事件が起きる度に、施設の不備・福祉政策の貧困という言葉で事件の本質がすり変えられ、加害者は無罪となるのが常でした。加害者の無罪が当然とされるなら、殺される障害者の生存権は一体どうなるのでしょうか？

殺されるのが幸せか！

私達は本事件につき、たとえ働けない者でも、その生命は尊ばれねばならず、重症児抹殺を阻止する為にも加害者を無罪にはするな（刑の軽重は問わないが）という意見書を提出しました。「重症児は死んだ方が幸せだ」という意見も聞きますが、ひいては重症児の親までおおいかぶさり、働けない者は死んだ方がよいと考えるに至ったのです。この風潮は健全者といわれる人びとにもふりかかっております。自然の小さな生命を無視した生産第一主義は、種々の公害を生み、人類全体を滅亡に導くかもしれません。

殺人を正当化して何が障害者福祉か！

「重症児を殺した母親を罰するよりも先ず収容施設を作ることだ」とも言われます。しかしこのような発想から作られる施設が、障害者の幸せにつながる筈はありません。なぜならそれは重症児の生命を奪ったことをあいまいにし、障害者の生存権をも危くする思想から作られたものだからです。ここに福祉に名を借りた親達や社会のエゴイズムと差別意識が潜んでいるのです。

いま読み返えしてみると、私たち自身の問題の捉え方が浅いせいもあって、いささか中途半端な感じもするが、それまで親睦団体、お茶呑み会であった「青い芝」神奈川県連合会が兎にも角にも人びとに自己の存在、CP者の存在を訴えて行った初めての行動だった、という点では正に記念すべきビラと云えるのである。

二度目の情宣を行なったのは七一年九月下旬だった。

前にも書いた通り、横浜地検が加害者である母親を起訴したのは、事件発生後一年一ケ月たった七一年六月である。第一回目の公判が開かれたのが九月七日、だが、その裁判の進行過程の中では私たちが問題とした障害児の生命の問題などまるで取り上げられず、もっぱら母親の情状だけを中心として進められていた。

私たちは、こうした状況の中にあっては、いつ私達自身が殺されるかもしれないという恐怖感と、なんとかしなければ、という危機感から一週間ぶっつづけという、「青い芝」神奈川県連合会はじまって以来の情宣活動を横浜駅西口、国電川崎駅前で行なったのだった。

当時、横塚晃一氏と、写真家であり映画監督のタマゴでもある原一男氏と、ちょっぴり可愛くてすべてミニサイズの、これも映画プロデューサーのタマゴだった小林佐智子さんの三人と私が中心となって、それまでの「障害者映画」ではない何かを創り出そうと作業を行なっていたこともあり、この情宣活動はそうした意味でも重要な場面であった。

この情宣のビラは私が書いた。長い間詩らしいものは書きつづけてきたが、こうした形の文章を書くのは生まれて初めてなのでいささか緊張したことを今でも覚えている。

五　CP者の生命を守るために正当な裁判を

重障者は抹殺される

昨年五月、横浜で起きた重度障害児殺人事件は、私達のはげしい叫びの結果、事件発生以来実に一年四ケ月を経た九月七日、ようやく第一回の公判が開かれるに至りました。

しかし、裁判の進行状態をみるとき、私達のねがいや、期待とはうらはらに、高度成長のみを至上とし、人びとの生命や意識まで管理しようとする国家権力の手で、現代社会が必要とする生産性能力を持たない重度障害者を「施設もなく、家庭に対する療育指導もない、生存権を社会から否定されている障害児を殺すのは、やむを得ざる成り行きである」とする一部の親達の意見を利用して抹殺しようとする方向にむかっているのです。

私達が生きる自由を

私達は生きたいのです。

人間として生きる事を認めて欲しいのです。

ただ、それだけなのです。

もし、今度の裁判で「止むを得ざる事実」とし重症児殺しを容認する判決が下されるとしたら、全国の重度障害児（者）達は明日、いや、たった今から生命を脅かされ続けなくてはならないのです。

これでいいのでしょうか？


私達は叫びます。


重度障害児（者）も人間です。

重度障害児（者）も生きているのです。自由に生きられるのです。

この絶対的な命題の上に立った正当な裁判を。と、私達はくりかえし叫び、且、行動し続けます。続けなければならないのです。

それには皆様の御理解が必要です。

皆様、どうか私達のこの叫びと行動により深い御理解と行動のためのカンパに厚い御協力を下さいます様お願い致します。

日本脳性マヒ者協会
「青い芝」神奈川県連合会
代表　小山　正義

第一に、加害者である母親と話し合いの場を持てなかったこと。裁判進行中という極めて難しい時期であったとしても、本当に話し合う気構えがあればできないことはないはずだったのに、当時の私たちにはそうした発想が持てなかったのである。

それともう一つ、当時の減刑運動を行なった地元、富岡町内会の人びととの話し合いを力不足からもちえなかったこと。障害者が本当に地域の中で生きるとしたら、地域の人びととの関わり合いをこそ重要視しなければならないのではないだろうか。

こうした私たちの行動も、今からみれば非常に欠点が多かったと言える。

＊

障害者がなぜ殺されるのか、といえば、これは繰り返して書いてきたとおり、人びとが私たちの存在を、結局は自分たちの仲間とは認めない、異物・異形の存在だとする意識が大きく働くからに他ならない。

だとすれば、これを破るためには障害者それぞれが住んでいる場で他の人びとと如何につきあっていくか、障害者が生きるということは正にそうした人びととのつきあい方の問題であると言ってもいいだろう。

無論、私は全障研(注1)のいう「健全者と同化して」とか「障害者も発達しつづけるのだ」という融和主義・誤魔化しの障害者と健全者との共生を言っているのではない。

私が歩けないなら歩けないままに、言語障害があるならあるままに、相手の健全者が歩けるなら歩けるままに、喋べれるなら喋べれるままに、お互がその存在を認めあう、それでケッコウじゃありませんかと認めあう、そうしたつきあい方を言っているのである。減刑嘆願運動を行なうことで、障害児の存在を物の見事に異物・異形に仕立てあげていった地元、富岡町内会の人びととの話し合いを行うことは、そうした障害者と健全者とのつきあい方の問題を切り拓く絶好のチャンスだったはずである。それをなし得なかったことは私たちのそれからの運動面、また、今後の運動の進め方の上からみても、非常に大きなマイナスだったといえるだろう。

六　福祉従事者との話し合い

私たちが行なった福祉従事者との話し合い、「神奈川県心身障害者父母の会連盟」との話し合いなどは、神奈川新聞などはそのための特集記事まで組んでいるが、ここでは「県重症心身障害児（者）を守る会」との話し合いの記録が『福祉タイムズ』二二一号（神奈川県社会福祉協議会）に掲載されているので次にその一部を記してみよう。

身障児殺しをめぐって話し合い
生命の存在価値とは
「青い芝の会」と重症児を守る会

（福祉タイムズ二二一号より）

県心身障害児父母の会連盟（代表幹事　宇井儀一）から横浜市長あてに出されたという抗議文の内容に対して「青い芝の会」の人たちは怒った。

存在を否定された人間の怒り

「生存権を社会から否定されている障害児を殺すのはやむを得ざる成り行きである」という抗議文のことばに対して、いままで社会から余計者、例外者として見なされてきた彼らは、ついに怒りを爆発させたのである。

今までこのような事件が起きるたびに助命嘆願の運動が始まり、福祉行政の貧困、施設の不足がその事件の原因とされ、加害者に対してあまり罪を問われなかった。普通、母親が自分の子供を殺した場合、社会はその母親に対して非難の目をむける。それが被害者が障害児だと、どうしても逆に母親に同情が集まるのだろうか。そこには、この生産第一主義の社会にあって、その障害の故に生産活動に参加できない障害者を「本来あってはならない存在」―余計者―とみなす現代社会一般の風潮があるからだと「青い芝の会」の人たちは主張する。そして主張はこの日の「重症児を守る会」との話し合いの中でも、その親たちに対して鋭くむけられた。（話し合いの中で明らかになった事であるが「父母の会連盟」に「重症児を守る会」は、組織として参加してはいるが、この抗議文には、守る会はその作成過程では参加していないし、また抗議文の内容そのものにも必ずしも賛成していない。）

三つの問題提起

「青い芝の会」の人たちはこの話し合いに対して、①この重症児殺害の罪をあいまいにすることは障害者の生存権を危くすることではないか。②施設を必要としているのは親たちではないのか、その親たちの要求でつくられた施設でありながら障害者福祉とされるのは誤りではないか。③親が障害児を私物化したところにこの事件の原因があるのではないか。という問題提起を行なった。

許せない母親への安易な同情

「このような事件が起きるたびに無罪になるということが、殺される立場にあるわれ〳〵としては許せないのだ。」「もし、この母親を無罪にするならば、われわれはいつもナイフをつきつけられているということではないか。」という彼らのことばの中には、母親への安易な同情を拒否しなければ、彼らの存在を否定されるという彼らのきびしい立場をのぞきみることができる。

それゆえ「障害児をもつ親は必ず一度は一家心中を考える。」「殺すことはよくないが、それが起こる現実に問題がある。」という親たちのことばにも彼らは強く反発する。親たちも重症児をもつ故に負わされた苦悩をうちあける。しかし彼らは、心の中ではそれを受け入れながらも、自らのおかれているきびしい現実の故に、それを許さない。それを認めることが、障害者自身をますます社会の例外的存在にしていくことになるからである。

また、彼らは障害児を殺しても無罪にしてしまうその「背景」にも反発する。

生産第一主義の現代社会は、その社会構造のゆえに、生産活動に従事できる人間にのみその存在価値を与えている。その社会にあっては、非生産者である障害者はその存在を否定され、余計な存在と見なされるのである。

心の中にある差別意識

そして、また、多くの場合、人は「疎外」の原因を社会構造に求めようとする。しかし、多くの人たちが意識することもなくなっている「心のうちなる疎外―差別意識」を忘れてはならない。「青い芝の会」の人たちは、それを鋭く見ぬいている。そしてその差別意識こそが、彼らを「本来あってはならない存在」とみなす根本的な原因だというのである。

しかし、「重症児を守る会」の親たちにとって、それは予期せぬ言葉であったに違いない。それに対して自ら重症の子供をもち、障害児に対する理解は人一倍のものをもっているであろう親たちは「われわれはそのような差別意識をもってはいない。」と反論する。

「青い芝の会」の人たちの発言には、どうかすると強引と思われるものがある。しかし、そこには、今まで余計者と見なされてきた人たちの「叫び」に似たものを感ずることができないだろうか。

福祉行政の貧困が原因ではない

「守る会」のある親から「この事件は福祉行政の貧困がもたらしたものである。施設があれば起らなかったのではないか。」という意見が出された。

すると、「青い芝の会」のK氏は声をふるわせながら、「あなた方はこのような事件が起きると、すぐ福祉行政の貧困をその原因にあげ、施設があればこんなことにならなかった、という、しかしそれは根本的な問題ではなく、あなた方親の中にも存在する差別意識と障害児を施設に入れてしまえば解決するというような考え方が問題なのだ。」といい、そして「現在ある施設は親の要求でつくられたものであって、決して障害者の立場からつくられたものではない。」と断言する。

施設のあり方に問題

彼らは現在の施設があのコロニー構想にみられるように、障害者を社会から隔離し、「障害者収容所」的なものとしてつくられることに反発する。

「親兄弟からも地域社会からも隔離された施設というものが障害者にとってどういう意味をもつのか。」という彼らのことばの中には障害者は社会の一部として見られない施設を喜んではいないのだという意味が含まれている。

しかし、「重症児を守る会」のK氏は、このような「青い芝の会」の人たちの意見をふまえながらも、なお施設の必要性を説く。

「家庭にいるより施設にいる方が幸せになる重症児もいる。医療施設も完備し、専門の職員もいる。親の愛情に欠けるかもしれないが、それも解決する。」という彼も現在の施設には自分の子どもは入れないという。そして、いま述べた施設に対しても、家庭に設備があれば不要なものだという。彼は現時点での施設の必要性を説いているのである。

問題の本質は？

この事件のもつ根は深い。障害者の要求にたった施設の建設、障害児をもつ親を地域社会から孤立させないこと、施設を社会の中へ組み入れていくことなどは、このような事件をなくすために解決されなければ問題であろう。

しかし、この事件のもつ本質的な原因は、この生産第一主義の社会の中で、役に立たない人間は存在する価値がないという人間観の問題、つまり非生産者である障害者はこの社会では余計者であるとする「差別意識」が無意識のうちに、人間の心の中に入り込んでいる現実にあったといえないだろうか。

この「差別意識」を一人一人の人間が自らの中で解決していかないかぎり、この問題を本質的に解決することはできない。個々の人間が自らの内にある「差別意識」をとりのぞくことができた時、彼の心の中に、はじめて障害者の生命への共感が生まれるのである。


この記事を見てもわかるとおり、障害児をもつ親たちの考えと私たちの主張との間には一見同じものがあるような気がする、しかし、仔細に検討してみると根本的なところで大きなくい違いを感じた。

親たちの考え方の基本となっているものはやはり既成価値観であり「無用のものは消えるべきだ」とする概念なのである。

親たちは一見既成の価値観を越えた発言をしている。たとえば、ある親は、「私の子供などが親がオムツをとりかえてやる時、自分から腰を浮かせようと一生懸命になっている。それだけでも子供にとっては大変な労働である。」とか、「頭もだめ、体もだめ、しかしそれだけに重症児は生命そのものだ。その生命を守るために新しい価値観が必要である」とか言っている。しかし、では具体的な行動をどのようにすれば良いかということになると、「どうしても施設は必要」とか、「福祉行政の充実を」という発想になってしまう。

今さら私が言うまでもなく「福祉行政」あるいは、福祉施設などというものは物を作ることだけが正しいとされる既成の価値観を基として成りたつ国家権力の手によって行なわれるものなのだ。

「行政」による「福祉」は一方的に権力から与えられるものでしかないのである。

「行政」による「施設」とは権力の都合によって行なわれる棄民政策の現れでしかないことが東京府中療育センターや、多摩更生園で現実に起きた問題、あるいは、神奈川県の障害者福祉の新しい方向である七沢リハビリテーションセンターの問題をみても明白なのだ。

現状の「施設」は「権力」あるいは、「健全者」のために必要なのであって、障害者のためのものではない。施設の中で障害者がどれ程主体性を奪われ、可能性を奪われているか、「青い芝」神奈川県連合会々報に寄せられた多くの仲間たちの言葉によってもわかる。

つまり、親たちはそうした既成の概念あるいは価値観によってしか私たちの存在をとらえられないのである。その、親の既成概念こそ、私たち障害者を疎外し抹殺していく大きな原動力となっていることを私たちはもう一度改ためて確認していかなければならないだろう。

ある親が言った「オムツを代える時、自分から腰を動かす。それだけでも大変な労働である」という言葉の中にある「労働」の意味を「親」はどうとらえるのだろう。

「労働」とは単に「骨のおれる仕事・力仕事」という意味ではない。私たちの、いや私の考えでは、「労働」とは「社会参加」でなければならない。すなわち、自己の生命を強烈に燃焼させうる場としての社会に参加していくことではないのだろうか。重症児が自己の生命を燃焼させるという意味で「労働」という言葉を使ったのだとしたら「福祉行政の充実」とか、「施設は必要」などという発想はなされないと考えるのだが。

やはり「親」と私たちとの間には「労働」という言葉のもつ意味の受けとめ方一つにしても大きなへだたりがあるようだ。

この言葉の受けとめ方一つのちがい、つまり重症児には自己の生命を燃焼させる可能性を認めない、という捉え方のちがいが、七〇年の事件の裁判の中で母親が叫んだ「あの子には何を言ってもわからないのです。何もできないのです」という言葉につながるのであり、「障害者」殺しや、「優生保護法改定」を生みだす最大の力、いわゆる「社会の良識」なのである。

第三章　「優生保護法」とは何か

一　「優生保護法」とは何か

現行優生保護法(2)第一条にこの法の目的として次のように記されている。

第一条　この法律は、優生上の見地から不良な子孫の出生を防止するとともに、母性の生命健康を保護することを目的とする。

この第一条こそ国家権力が人民を管理し、他民族を物理的・精神的に侵略してゆくのだという意図の現れに他ならない。

現行優生保護法は一九四八年七月に公布され、九月から実施された。

この法律が作られた目的として当時の記録に次のように記されている。

……従来唱えられた産児制限は、優秀者の家庭に於ては容易に理解実行せらるるも、子孫の教養等については、凡そ無関心なる劣悪者すなわち低脳者のそれにおいてはこれを用いることをしないから、その結果、前者の子孫が逓減するに反して、後者のそれはますます増加の一途を辿り、あたかも放置された田畑に於ける作物と雑草との関係の如くなり、国民全体としてみるときは、素質の低下すなわち民族の逆陶汰をきたすこと火を見るより明らかである。また最近わが国では、精神病や精神薄弱者の増加が目立って著しく、それが各種の調査や統計の上に明らかに現われてきている。メンデルの法則や最近目覚ましい人類遺伝学の展開によって、かかる者の遺伝が如何に恐るべきものであるかは疑う余地もない今日、不良な遺伝分子を有する者の子孫の出生を防止するとともに……（略）……すなわち新憲法の精神に測り、母性の健康を保護する目的で、或る程度人工妊娠中絶の合法的適用範囲を拡大し、以って政策的に人口の急激な増加を抑えると同時に民族の逆陶汰を防ぐことは、我が国の直面する重大な問題である……。

ここに記されてある「劣悪者」とは何なのだろう。国家権力の方向に順応し、国家権力の目的に率先協力し、その推進力となるものだけを優秀とみなし、それのできないもの、あるいはすることを拒否する人びとを劣悪者と名づけることによって自らを正当化していくということではないだろうか。

我国で優生保護法なるものの原形ができたのは、一八八〇年刑法の堕胎罪が制定された時に始まる。一九〇七年刑法が改正され、堕胎罪はますますその罪を重くすることによっていわゆる富国強兵を図っていった。

一方、ナチス・ドイツはドイツ民族こそ世界で最もすぐれた民族であり、その民族こそ世界を支配することができるという思想からドイツ民族の純血を守るために、精神病、遺伝的素質を持った犯罪素因者、身体障害者を抹殺していこうと「遺伝病的子孫増殖防止に関する法律」なるものを作りあげていった。

この悪法を作りあげたきっかけのひとつとして、重症身体障害者をもつひとりの父親が、我が子の安楽死をヒトラーに嘆願したことによるといわれている。すなわちここでも健全者のエゴイズムが障害者抹殺の大きな道を開いたといえるだろう。

この法律が提出された時のナチスドイツの議会は、その立法理由として次の通り述べている。

遺伝的に健康なる家族が大部分子供一人主義又は子供を持たぬ主義に傾いて行って居るのに反して、無数の低脳者及び遺伝性素質者は無制限に繁殖して行き、その病的にして非社会的な子嫡が社会全体の重荷となりつつある……のみならず、毎年数百万の全額が精神薄弱者、保護児童、精神病患者及び非社会者の為に消費されて居るのであって、しかもこの費用は健康な子供に恵まれた家庭に依ってあらゆる種類の租税の形で支払れつつあるのである……断種が精神病及び重き遺伝性疾患を防止する為の唯一の確実なる手段であるが故に、断種を施すということは将に来るところの世代に対する隣人愛的予防行為であると見られねばならぬ。

この立法理由書が先に書いた現行優生保護法の提案理由と全く同じなのは、果たして偶然の一致であろうか。更にこの時の会議でナチスドイツの保健大臣ワーグナーは次のように言っている。

「遺伝病に苦しむ人びとによって生じる経済的負担は、国家及び社会に対して危機を醸成しています。二百万中のアル中患者と約四百万人の精神病患者の出資を除外しても、彼等の看護に充当するためには全部で三億百万マルクの出費が必要であります」。「われわれは自分の生命にとって危険な狂人や、からだを清潔にしたり自分自身で喰べることもできない白痴が多大な努力と膨大な経費で育てられ扶養されることは意味がないと言えます。自然においては、これらの被造物は生存することができず、神の法によって殲滅されるでありましょう。」

こうして作られた法律が、やがて障害者の抹殺に始まりユダヤ人虐殺という、数千万人にも及ぶ(3)といわれている人類史上最も恥辱に満ちた歴史を作りあげていったのである。

＊

一九三〇年代の始めから、中国大陸侵略を開始していた日本軍国主義は神話的歴史観のもと、日本民族の優秀性を誇り、世界における指導力を強めるためには、民族の純粋性、および優秀性を保つ必要があり、ナチス・ドイツの「遺伝病的子孫増殖防止に関する法律」に習った「民族優生保護法案」を一九三四年帝国議会に提出し、一九四〇年「国民優生法」として成立させた。

この法律が出された当時の状況から考えてみると、法の目的として二つのことがあげられる。一つは文字どおり民族の優生を保つこと、もう一つ、一九三〇年前半の不況時代にあって、貧困のためヤミ堕胎が増えつつあった現状から人口増加ののびが落ちつつあることを恐れた権力が、人口の増加を計るためにとった処置としても考えられるのではないだろうか。

この「国民優生法」の第一条には、法の目的として次のとおり記されている。

第一条　本法は、悪質なる遺伝性疾患を有する者の増加を防遏すると共に、健全なる素質を有する者の増加を計り、以て国民素質の向上を期することを目的とする。

いうまでもなく、この条文は現行優生保護法第一条と全く同じであることに気づく。すなわち、あの軍国主義による侵略のための大きな柱となった国民優生法の精神はそっくりそのまま現行優生保護法に引き継がれているわけだ。[4]国家目的のために働けるものだけが必要だとする論理は、必然的にそれを行なえない者、あるいは行なわない者を抹殺する方向に向かわせていく。

一九四九年、当時の経済的混乱状況から人民の不満が爆発することを恐れた国家は、優生保護法を改定すること、つまり人工妊娠中絶を認める条項に、経済的理由による中絶を加えることで、人民の目をそらそうとする。これによって低賃金への不満をおさえ、物質中心社会への人民の憧れを誘発していくことにより、大資本勢力を復活させていった。

一九六〇年、日本の人民がある程度目を開こうとした安保改定阻止の運動を恐れた国家は、所得倍増計画なる幻想を人民にふりまき、その幻想だけを追い求めていった人びとは、自分の周囲から幻想に追いつけないものを排除しようとし始める。作家の水上勉氏が当時の首相に宛てた「拝啓総理大臣殿」[5]という一文こそ形は違え、ナチス・ドイツに障害者抹殺の口実を与えた父親の運動と全く一致するものなのである。これを受けた国家は、一九六五年社会開発懇談会が、

①心身障害者は近時その数を増加しており、障害者は多く貧困に属しているので、リハビリテーションを早期に

おこなって社会復帰を促進せよ。
②社会で暮らすことのむずかしい精薄については、コロニーに隔離せよ。

と答申し、これを基として全国コロニー網の拡充、徹底した社会からの隔離政策・肉体的抹殺へと方向づけていった。彼らは口を開けば生命の尊重と言い、身体障害者の福祉を叫ぶ。だからこそコロニーは必要なのだと言う。しかし現実に立って眺めた場合、コロニーなるものが実は「うば捨て山」の発想と全く同じであり、しかも、公立でありながら、民間が請け負うという最も安上りなやり方で行なわれる棄民政策にしかすぎないのである。先にあげた作家の水上勉氏が次のような言葉を語っているのを私たちは注目しなければならない。

「今の日本では、奇形児が生まれた場合、病院は白シーツに包んでその子をすぐ、きれいな花園に持って行ってくれればいい。その奇形の児を太陽に向ける施設があればいいがそんなものは日本にない。いまの日本では生かしておいたら辛い。親も子も……」
「私は、生命審議会を作ってもらって、そこへ相談に行けば、子どもの実状や家庭の事情を審査し、生死を決定するという風にしてほしいのです。」

「白いシーツに包んで花園へ」なんという恐しい言葉だろう。白いシーツに包むということは。花園へ運ぶということは。身体障害者は生きるな、生きてはいけない、という健全者の論理を見事に美化したものなのである。私たちは白いシーツという言葉の意味を確認し、それを根底からくつがえさなければならない。

＊

そうした身体障害者を抹殺する論理の究極的な表われとして打ち出されたのが、一九六八年国会に提出された「優生保護法改定案」といえるだろう。
この改定案の大きな柱として、次の二つがある。

第十四条

都道府県の区域を単位として設立された社団法人たる医師会の指定する医師（以下指定医師という）は、左の各号の一に該当するものに対して、本人及び配偶者の同意を得て、人工妊娠中絶を行なうことができる。

（一、二、三略）

四、その胎児が重度の精神又は身体の障害の原因となる疾病又は欠陥を有しているおそれが著しいと認められるもの

五、妊娠の継続又は分娩が、母体の精神又は身体の健康を著しく害するおそれのあるもの

すなわち、現行優生保護法第十四条の四項にある妊娠の継続または分娩が、身体的または経済的な理由による中絶を認める条項から、経済的という箇所を削除すること、それと新たな条文として、障害者抹殺を明確に打ち出してきたのである。

先に指摘したとおり、この優生保護法は民族の優秀性を持続させることが最大の目的である。従って、現行法のあらゆる箇所に「劣悪者」を社会から抹殺することが記されている。第三条には優生手術を行なえるものとして次の人びとを掲げている。

①本人若しくは配偶者が遺伝性精神病質、遺伝性身体疾患若しくは遺伝性奇型を有し、又は配偶者が精神病若しくは精神薄弱を有しているもの。

②本人又は配偶者の四親等以内の血族関係にある者が、遺伝性精神病、遺伝性精神薄弱、遺伝性精神病質、遺伝性身体疾患又は遺伝性奇形を有しているもの。

③本人又は配偶者が、癩疾患に罹り、かつ子孫にこれが伝染するおそれのあるもの

さらに第三条は優生手術を行なう場合、本人の同意並びに配偶者の同意を有するとしながらも、未成年者、精神病者、精神薄弱者についてはこの限りではないと明記している。優生手術を行なうためには「都道府県優生審査会」の審査を受けなければならないが、この「都道府県優生審査会」なるもののメンバーが、元裁判官、警察医、検察官、民生委員、関係行政庁の官吏又は吏員、地方政界のボスなどで占められている現状を見れば、審査の内容なるものもおのずから明白であろう。

ここに記されてある精神薄弱者という規定は誰によって決められるのだろう。すなわち、国家の認定した医師によって決められるのだ。医師がある人を精神薄弱と決めつければその人は本人の同意を必要としないまま優生手術を強制させられるのだ。国家権力が己れの目的に反抗する人民を精神薄弱と決めつけることの容易さは私達が言及するまでもあるまい。

＊

私たちCP者の立場からは第三条の二項に記された遺伝性身体疾患という文字に注意しなければならない。なぜかといえば、優生保護法別表中に記された、遺伝身体疾患の病名中に「遺伝性小脳性運動失調症」というのがあることだ。

現在、全国でどれだけCP者同士の結婚が成されているか全然わかってはいない。私の限られた交友関係また交友関係を通しての情報などから考えて神奈川、東京などごく限られた範囲でも三十組以上はあるだろう。彼らがいかに「社会の良識」と闘いつつ自己の生命の確認を成しえたか、現在の困難な状況下にあっていかに懸命に生活を闘いとっているか、これはもう言及するまでもあるまい。彼らはそれぞれの場で強烈に自己の生命を燃焼させているのだ。そうした彼らの姿にどれ程若いCP者たちは力づけられていることか。「健全者」には思いもよらないことだろう。

彼らにはまたいわゆる「健全者」とよばれる子供をもつものも多い。「障害者の不幸は健全な子供をもったことに始まる。」とは「青い芝の会」全国常任委員会会長横塚氏の言葉だ。「社会の良識」からはじきだされたはずの者が健全な子供を持つことによって、健全な子供を通じて社会に立ち帰って行きたいという願望をもつことの危険さは、私もよく知っている。

一九七三年二月二十四日、東大で行なわれた優生保護法改定をめぐる公開講座「医学原論」の中で、Yさんという女性のＣＰ者が次のような発言を行なっている。

「あの私は、あの重度のＣＰの夫と結婚しまして、あの、子供が二人あります。で母親の立場から言いますと、あの、健やかな子供を望むのは、女の本当の自然な感情だと思いまして、そこにはあのー、その生産性がどうの権力がどうのっていうの、ちょっとおかしい、あの入ってくるのはちょっとおかしんじゃないかと思います。私もあのー、健やかな子供を望みましたし、ま、あの、もし私のような障害児を、障害者であって私のような生涯を繰り返すとわかったら、私は本当にあの自分を、その、否定したいと思うんです。でも、それを、その、するっていうことは自分自身を否定することになって、それからあの、ＣＰの仲間全体を否定することになっちゃうんです。それでその非常にジレンマに陥るわけなんです。それで、その、本当にどっちに……、自分が健やかな子供を望んで、その、望むっていうことは自分を含めた仲間の存在を否定することになって、本当にあのジレンマで、私は実は胎児チェックの反対に署名しなかったわけです。その、現在の優生保護法だけでいいんじゃないかと思います。適当に皆さん何か理由をつけて、やはり、ちょっとでも異常があると解った子供は中絶されているんじゃないかと思うんです。」

「……（前略）……それでも今日ここに出席されたＣＰの夫婦の方達がみんな仲間達が子供を連れて参加したわけです。そうすると五十組のＣＰ夫婦からは五十人から六十人の健全な生産性の強調できる子供が産まれてくるわけです。で、そうすると必ずしも我々の存在は、抹殺、処置されてしまうっていう、あれじゃないわけなんです。……（中略）……ですからこの健全な子供をあの、ＣＰの夫婦が抹殺されるっていうＣＰの夫婦が健全な子供を産んで社会に貢献できるとか、今権力側に協力しているかどうかそれは分りませんけれど私個人としてはうれしいと思います。社会に子供が出て行かれるっていうことは。それを言いたかったわけです。」

この発言には非常に重大な意味が含まれているのだが、今はただその言葉の中にある「障害者」が「健全な子供」を産む喜びについて一言だけ言っておく。

先にあげた優生保護法第三条の二項に記された遺伝性身体疾患という規定にかかって、今後、障害者が特に私たちＣＰ者が子供を産むことが大変困難になるのではないかという危機感が私の心の中にある。

二　遺伝相談センターについて

一九七七年十月、厚生省の外郭団体として「日本家族計画協会遺伝相談センター」が設立された。

私がこのセンターの動きを知ったのは、それより三ケ月ばかり前の七月十四日付の朝日新聞からだった。「また、つまらないものを創りはじめたな。これは気を付けなければ」と考えて、それ以来注意しながら見守っていた。

このセンターの果たす機能は、表面上は遺伝の問題に悩む人たちの相談を受け、専門家が「科学的」に指導を行なう、ということになっているが、実は厚生省が予算を出すということからも分る通り、「奇形」「障害児」を産ませないための機構であることは間違いないのである。

つまり、私たちがあれ程までに反対の闘いを繰広げていった「優生保護法改定案」の内容をそっくりそのまんま、と言うよりも、胎児（生命）にはならない前の段階で葬り去っていこうとする、悪賢いやり方なのだ。

このセンターの内容を、一九七七年十月五日付の毎日新聞によって調べてみよう。

世界保健機構（ＷＨＯ）の報告によると、生まれた子供の五％以上が遺伝と関係がある病気にかかるだろう、という。五％とは二十人に一人ということだ。この数字は、遺伝の病気が「一部の人の特殊問題」といえないことを示している。大倉興司、東京医科歯科大助教授（人類遺伝学）は「遺伝相談の需要は、年間二、三万人はあるだろう」と次のように説明する。

「わが国では、年にざっと百万組の結婚がありますが、うち近親婚は五％として五万組。その一〇％が相談に来ても五千人になる。また、一人の遺伝的疾患者がいると、兄弟・いとこ・めい・おいなど、その周辺には少なくとも五人以上の関係者がいますからね」

遺伝相談は、こうした人たちに、科学的根拠に基づいた適切な助言・情報を与えようというものだ。たとえば、ある遺伝病の因子を持つ親が、子供をつくるべきかどうか迷って相談に来たりする。その場合、遺伝カウンセラーは、子供が遺伝病にかかる危険率を算定して、相手に教える。危険率が一%というような低い数字だったら、妊娠をすすめるだろうし、危険率が四〇%もあって病気が重いようなときは避妊（場合によっては妊娠中絶）を助言するかもしれない。「その際、大切なのは相手が納得するまで説明してやることです。もちろん、最終の意志決定は当人がやることだが、そのようにして下した決定の結果は当人や家族に幸福をもたらすものであるべきです」と同教授は言う。

一日オープンした日本家族計画協会遺伝相談センターは、国が事業家した初の施設。東京・市谷、保健会館別館五階の同センターは、受付の奥に二つの相談室を備え、月曜－金曜に専門家が相談に応じる（相談はすべて予約制で、申込み方法は別掲の通り）。このほか遺伝カウンセラー（医師）の養成・遺伝相談に関する資料・情報の収集、全国の遺伝相談ネットワークづくり、遺伝相談の普及活動などを行う計画。半田順俊・和歌山医大教授（同センター遺伝相談担当理事）、大倉助教授（同運営顧問）ら関係者は、遺伝相談の全国的な中核機関の役目も果たしてゆきたい、と抱負を述べている。

上の表は、同センターが推薦する既設の遺伝相談施設。いずれも予約制で、相談料は保健所（無料）を除き、一回二千円－一万円。日本家族計画協会遺伝相談センターの場合は、一回一万円。ただし特別な場合（家系が複雑で調査が大変なとき、病気がむずかしくて文献調査に手間がかかる場合など）は、割増金をとるという。

このほか、同センターは、全国約百四十人の専門家（遺伝相談カウンセラーの研修を終了した医師）リストを備えており、遠隔地の人に対しては最寄りのカウンセラーを紹介する。

なお適切なアドバイスをするため、相談に当たっては①関係者の家系図をきちんと書いてくること、②病名を明らかにすること（はっきりしない場合は、病院を紹介。診断がついてから相談に応じる）、③ウソをつかないこと――が不可欠だと同センターはいっている。

＊

これが、現在生き続けている私たちを抹殺するものでなくて何だというのだろう。

特に私がこの時点で注意しなければならないと感じるのは、相談を申込む場合、その人の家系図を持って行かなければならないということである。

世界保健機構の報告によると、生まれた子供の五％以上が遺伝と関係のある病気にかかると言われているが、これがもし事実とすれば二十人に一人の割合で何んらかの病気を持っているということになるし、と言うことは、どんな人にもその可能性があるということなのだ。それをことさら家系を調べるということは一体どういう結果をうむことになるだろう。

現在、脳性マヒは遺伝しないと言われている。しかし一部の学者によっては、脳性マヒにかかりやすい体質は遺伝するのではないかということもささやかれている。今後もし「科学」が進んで、脳性マヒが遺伝する可能性があると証明されたら、私たち自身の結婚・出産はもとより、いとこ・はとこの結婚にまで差障る、ということになり、現在でさえ「あってはならない存在」とされる私たちがどのような目にあわされるか、考えただけでも恐ろしくなるのである。

私たち脳性マヒ者としては、絶対にこの遺伝相談センターの存続を許しておくわけにはいかない。何年かかってもこの闘いは進めていかなければならないだろう。

＊

国家の認定を受けた医師と権力との結びつきの容易さは先程書いた通りだが、その医師に診断された場合たとえその胎児が障害をもたない場合でも、医師の主観あるいは意識的に異常児であると宣告をあたえられる恐れは充分あることをＣＰ者自身しっかりと捉えなければならない。それに、現在私の子供を含めて障害者を親にもつ子供の数もふえてきているが、その子供たちが将来結婚し子供を産む段階に立った時、障害者を親にもったというただそれだけのことで妊娠中絶を強要される時代がこないとは誰にも保証はできない。

優生保護法でいう「不良な子孫」の認定権はあくまでも時の国家権力に握られていることを、私たちは繰返し繰返し確認しなければならない。

今日健全者であったとしても、明日国家権力の手によって「障害者」として規定され疎外、抹殺の対象とされる恐れは何人もまぬがれはしないのだ。

急進思想家、アルコール中毒、国家に反抗する一切の人びとを「精神病者」の名のもとに社会から隔離し、抹殺していった事例は諸外国の歴史的事実としても明白なのである。

三　優生保護法改正阻止闘争の記録

このように障害者抹殺の論理をものの見事に表わした優生保護法改定案の成立を、脳性マヒ者の団体である「青い芝」神奈川県連合会としては、どうしても許す訳にはいかなかった。

私たちは、この改定案が国会へ提出された事を新聞が報じた当時、疾走プロに製作協力して作った映画『さようならＣＰ』の上映運動を展開していた。

映画『さようならＣＰ』は、いわばＣＰ者の生きざま、ＣＰ者の存在を拒絶する現在の都市構造などを、不充分ながら写し出した最初の映画だったと言える。それだけに、一時期の激しい展開は下火になったとはいえ、まだまだ学生運動のなごりは留めていた当時の各大学の学生の自主組織によって、しばしば上映運動が行なわれ、「青い芝」の会員が参加して問題提起を行ない、討論をするというやり方を採っていた。

その上映運動の場に、私たちはこの優生保護法改定案についての問題提起を行い、この改定案が成立された場合、母親の胎内にいる障害児が抹殺されることは勿論、胎内にいる障害児を抹殺することは、つまり、障害者の存在そのものが「悪」だということになり、現在生きている障害者、特に私たち脳性マヒ者の存在そのものが危うくなるのでその成立を絶対許してはならないと訴え、「青い芝」神奈川県連合会は総力をあげて反対運動に取組んでいくことを宣言したのだった。

経済的理由の削除は許せないとする女の人の集団、この改定案は富国強兵を謀り、新たなアジア侵略の政策と捉えて猛烈な反対運動を展開している各セクトの諸君たち、障害者の存在を真剣に受け止め、障害者との共有の世界を模索していいる学生たち、私たちはあらゆる場を捉えてこの改定案反対の叫びをあげていった。
署名運動、街頭での情宣活動も盛んに行った。
今、その時参議院に提出した請願書があるので次に記しておこう。

請願書

第六八国会に提出され、継続審議となりました優生保護法改正案につきまして、私達重度身体障害者の集まりである日本脳性マヒ者協会「青い芝」神奈川県連合会は、身体障害者の立場から次の事を強く要求します。

優生保護法改正案中、第十四条の四、即ち「その胎児が重度の精神又は身体の障害の原因となる疾病又は欠陥を有している恐れが著しい、と認められるもの」に対して人工中絶を認める、と云う条項は、明らかに障害児と健全児を差別する思想から成立つものであり、法の下の平等を記した憲法第十四条の精神にもとることはもとより、私達重度身体障害者の生存権をも否定しようとするものとして、断じて許容する事はできません。

現在、経済成長至上主義、生産能力第一主義の社会にあって、私達重度身体障害者は「本来あってはならない存在」として物心両面にわたる抑圧のなかでの生活を強いられています。その上にこの法案が成立したならば、私達の存在は増々「あってはならない」ものとして抑圧され、やがて社会から精神的、肉体的に抹殺し去られる事は眼前の事実です。私達はそれを許すことはできません。

ここに、日本脳性マヒ者協会「青い芝」神奈川県連合会は、重度身体障害者の生存権の確立を求める事を目的として、優生保護法改正案中、第十四条の四項を削除する事を強く要求します。

何卒宣しく御取計い下さるよう願い致します。

昭和四十八年　月

日本脳性マヒ者協会

「青い芝」神奈川県連合会
川崎市川崎区桜本町二―二八　市営住宅C―二八
（小山正義方）

衆議院議長　殿
参議院議長　殿

街頭での情宣活動の反応は様々だった。ビラを受取ってそのままポケットにねじ込む人、内容が判ったのか判らないのかカンパ箱に黙ってお金だけを入れて行く人、そうした人達が多い中にあって、真剣に私たちと話し合いを行なったり、この法案のもつ意味を問いかけてくる人も少なくはなかった。そして、そうした話し合いがきっかけとなって今だに私たちとの関わりを持ち続けている健全者の人も何人かいることも事実だ。

しかし、それと反対に「これ以上障害者がふえちゃあ困るじゃないか。それ位のことが判らないのか」と怒鳴る人もいたし、「障害者が増えるということは、現在生活している障害者への福祉が薄くなるから結局困るのはあなた方じゃありませんか」と最もらしい顔で話しかける〝革新〟の顔をした人もいた。

私達は、そうした人達に対して、私達が生きてゆくことの意味を語り続け、叫び続けた。最初に行なった情宣活動のビラがあるので記しておこう。

「障害者」は殺されるのが当然か！
優生保護法改正案に反対する

「日本列島改造論」の蔭に

街を行く「市民」の皆さん。学生労働者の皆さん。発足以来「日中友好」や「日本列島改造論」等を華やかに展開している田中内閣の手で、密かに一つの法案が成立しようとしているのを御存知でしょうか。

それは、私達身体障害者（児）を母親の胎内から抹殺してしまう事を目的とした優生保護法改正案です。

この改正案で国家権力は「健全者」と呼ばれる人びとの人工中絶をきびしく規制する一方、進歩した医学を利用して母体を検診し、胎児が障害を持っている事が判った場合人工中絶を認める、（と言うよりむしろ勧める）方向を打ち出してきました。これは一体なにを意味しているのでしょうか。

「不良な子孫」の意味するもの

優生保護法第一条に、この法の目的として「不良な子孫の出生を防止」する事が記されています。「不良な子孫」とは何を指すのでしょう。

利潤追求、高度成長のみを至上とし、労働の能力を持って人間の価値を決める現体制では社会にあって生産活動の出来ない、従って国家権力にとって無用の存在である障害者（児）を始め、権力体制の維持に不安を与える一切の人びと、被爆二世、アル中を含めた精神障害者、精神病質の名のもとに保護収容を企だてられている急進思想家等である事は過去の歴史、諸外国の事例を見ても明らかです。今、「不良な子孫の出生を防止する」と言う美名に幻惑されてこの改定案を見過すならば、やがては人間の性（ＳＥＸ）や出産まで権力に管理される恐るべき時代が来ないと断言できるでしょうか。

「健全者のエゴ」こそ

一昨年五月、横浜で起きた障害児殺しを追及していった我々が見たものは、障害者（児）の存在を認めようとしない、障害者が産まれる事を「悪」とする「親」の姿でした。

現在の困難な状況下にあって障害者（児）を守り、育てていく事の大変さは身をもって判ります。しかし、ただそれだけで我々の存在を「悪」と考え抹殺していく、しかもそれが「障害者にとって幸せ」なんだと断言してはばからない「親」に代表される「健全者」のエゴイズムこそ、実は国家権力、或いは大資本勢力の策動を助挙する以外の何物でもない事を指摘しなければなりません。現に、ある資本家は週刊誌上で「当然、中絶します。

……（中略）……健康で、優秀な子どもだけを産んで行くのが人類の進歩につながると思います。そういう考え方を、差別とか、ナチスばかりだとかいう人は、のんきな人だと思いますな。」とまで言い切っています。これでは、我々はいつ殺されても仕方がない事になります。

こんな事が許されるのでしょうか。こんな事を許すほど「健全者」は我々「障害者」が憎いのでしょうか。

「不良な子孫」は叫ぶ

私達「障害者」も生きています。いや、生きたいのです。

事実、数多くの仲間達は苦しい生活の中を懸命に生きぬいています。

そして、その生き方の「幸」「不幸」は、およそ他人の言及すべき性質のものではない筈です。まして「不良な子孫」と言う名で胎内から抹殺し、しかもそれに「障害者の幸せ」なる大義名分を付ける健全者のエゴイズムは断じて許せないのです。

「市民」の皆さん、学生、労働者の皆さん。

私達は「障害児」を胎内から抹殺し、「障害者」の存在を根本から否定する思想の上に成立つ「優生保護法改正案」に断固反対します。

どうか私達のこの運動を共に闘って下さい。「健全者」のエゴを利用し、差別思想を助長しようとしている権力の意図が何処にあるか、考えて下さい。

私達は、この問題でいつでも皆さんとお話ししたいと思っています。

日本脳性マヒ者協会
「青い芝」神奈川県連合会
会長　小山　正義

連絡先　川崎市川崎区桜本町二―二八　市営住宅C―二八号

（尚、この運動の為の資金カンパにご協力いただければ幸いです。）
TEL　〇四五（二一八）三六四八

一九七三年四月二十二日、「青い芝」神奈川県連合会は厚生省交渉及び参議院に対して請願書を手渡すための決起集会を川崎市産業文化会館において行なった。

この集会は、当時の「青い芝の会」本部を始めとした、東京・茨城の「青い芝の会」代表、各地で様々な闘争をくりひろげている各団体十九が集まり、優生保護法改定阻止の決議表明を行なった。それ迄にも多くの集会の機会をもった「青い芝」神奈川県連合会ではあったが、この時の集会ほど量質共に優れた内容をもったものはなかったと言えよう。

この時、「青い芝の会」本部が行った決意表明があるので次に記しておこう。

本部決意表明

殺される、立場から　集会宣言

今、国家権力の手で企てられようとしている優生保護法改悪案は「不良な子孫」の名の下に障害者を胎内から抹殺し去ろうとするものであり、現在生存している我々CP者の存在も否定しようとする論理に通じる事は明白である。現国家権力のいう「不良な子孫とは、利潤追求のみを至上とし労働の力をもって人間の価値を決める体制内社会に於いて「あってはならない存在」とされる障害者はもとより、およそ権力体制の妨害となる一切の人々、被爆二世、アル中を含む精神障害者、及び精神病質の名で隔離収容を企てられている急進思想家等を意味する事は疑うべくもない。又、この法案は今後大量に発生が予想される水俣病、森永ヒソミルクなどにみられる各種の公害による病中、奇形など企業のつくりだす罪悪を事前に隠蔽することを目指していることは明らかである。われらはここにそうした抹殺の論理に基づく、人間の尊厳を無視した優生保護法改定案に断固反対すると共に、障害児が生まれる事を恐れ、ともすれば障害者の存在を否定しようとする「親」に代表される「健全者」のエゴイズムこそ国家権力の策動を助長する以外の何ものでもない事を指摘、告発し、生産活動にたずさわれない障害者を、悪すなわち、「不幸」と決めつける現代の価値観を問い直すことが我々の社会参加であると信じ、この改悪案が国会で成立すると否とにかかわらずあくことのない闘いを続けることを、ここに宣言する。

一九七三年四月二十二日

日本脳性マヒ者協会「青い芝」の会
会長　横塚晃一
東京都狛江市和泉一五〇都営アパート三四－一〇一　寺田純一方

＊

こうして集会の当日迄に集まった請願署名一万三千余名の用紙を持って私たちが厚生省及び国会行動を開始したのは五月十四日だった。

正午、厚生省についた私たちは合計五十名、ただちに一階ロビーで厚生省母子衛生課長に面接を申し入れ、課長が不在という口実で課長代理が私たちとの話し合いに応じた。

この話し合いでまず、私たちはこの改定案十四条の四項を厚生省としてはどう捉えているかと問いかけたのに対して、次のような問答を繰り返すばかりであった。

横塚　優生保護法改定案十四条四項について問いかける。

課補　基本的には妊娠した場合には子供を育て人工中絶はやめて欲しい。障害者だからと言って改正項目で自由に中絶されては困る。本人の意志による出産・中絶である。

青い芝　優生保護法の改定の十四条四項は障害者は「あってはならない存在」の法律による明文化である。

課　補　今迄より厳しくする事ではないし、むやみやたらに濫用しない。国会を通して充分意見を反映させる。

小　山　それでは具体的なものを掲げて欲しい。

課　補　決っして濫用はせず価値判断の根拠を定め、生命の尊重による運営をする。

小　山　現実に障害者の生命尊重は為されていないことを知っているのか。

課　補　医師が強制する訳はなく障害児の場合の中絶の判断は妊婦配偶者。障害者を手厚く保護し改正したらどうのこうのと言うことではない。条文には病名を明記していない。

青い芝　補足に明記してある。

課　補　厚生省は推薦している訳ではなくここで話しても何の効果もない。

横　田　生命尊重を言うならば今の段階でこういう案を出して来たのはどうしてか。今迄生命尊重を考えて来たのか。どういう訳で出したかということは精神衛生課の担当である。

課　補　縄張り根性を出すな、障害者がここまで来るのは大変なんだ。担当じゃないと言うなら精神衛生課を呼んで来い。

青い芝

こうしたことを繰り返した私たちは、三時半から「青い芝」の代表七名と精神衛生課長が話し合うという確約書を書かせた後、国会に向かい、参議院議員会館前で遅い昼食を取った後、衆議院議長、衆議院社会労働委員長、同じく参議院議長、参議院社会労働委員長に請願署名を手渡した。

一方厚生省では前に述べたように、「青い芝」の代表、「青い芝」本部及び神奈川県連合会、茨城支部、そして府中センター闘争有志グループ七名が厚生省当局と話し合ったのだが、その中で厚生省精神衛生課長（名前を忘れたのは大変ザンネンだが、もともと日本のお役人などと言うヤツは個人の責任など全くとり得ない権力機構そのものなのだから、個人名などはどうでも良いのかもしれない）が言った言葉は、ものの見事に権力の意図と「健全者」の思想とを表わしていた。

「予防と言うことが必ずしも今の医学の進展の段階では充分出来ない。すると現実の問題として、そういう重度の障害を持った子供さんが、まだ本当に私共残念だと思いますけれどもそういう可能性がある訳です。そういう場合にね……」

「本当にそう思いますよ、そう言ったことがなければどんなにこの我々の世の中が幸せになるか。」

この言葉は一体何を意味するのだろう。ここには障害者の存在を「悪」だとする、そして、その「悪」を予防する、つまり殺してしまうことが「健全者」社会にとって「最高の幸せ」なのだとする「健全者」の価値観を証明したものなのである。

「優生保護法」第一条に記されてある「不良な子孫」の定義についても、精神衛生課長は私たちの追及をたくみに逃れていたが、ついに本音を吐く結果になってしまった。この間の経過を記録から引用してみよう。

横塚　だから『不良な子孫』とはどういうことか。

小山　それをまず答えなさい。ね、「不良な子孫」とはあなた方はどれを指して言っているのか。それをまず答えなさいよ、まず最初に。

支援　さっき障害児は生まれない方がいいと言いましたけど……。

横田　言った。

小山　言ったね。

支援　それじゃ障害児イコール「不良な子孫」と云うことか。

小山　それは後で聞こうじゃないか。まず「不良な子孫」とはどれを指しているか、それを答えなさいよ。あんた方なら言えるんでしょ。

精・課　だから何度も申し上げる様に……。

横田　ふざけるんじゃないよ。

成田　ふざけるんじゃないよ。全然答えになっていないでしょ、その答えは。「不良な子孫」に全然答えてないじゃない。

精・課　今度の条文の改正は……。

横田　今度の改正じゃないよ。

小山　もう一度言いますよ。もう一度。「不良な子孫」とはどれを指してあなた方は言っているのか、それを明確に答えなさい！

（……中略……）

小山　そんなこと言っていないよ。そこっから貫ぬかれている優生保護法は、だからその根本的なものを「不良な子孫」と言うのは何か。

寺田　聞いていることの逆の……。

精・課　「不良な子孫」とは何か、こういうことなんですけれども「不良な子孫」ということについてエー定義と言うかね、はっきりしたこういう病気こういう病気、こういう病気と言う形ではある訳です。これはですね、時代〳〵によって、エー学問が決めるとこう考えています。

横塚　そういうこと……。

精・課　つまり病気を持っていてそしてですね、その病気がどうしても治らない。治らない場合にはどうしても治す方法を見つけなければいけないだろう。こういう風な人が生まれない様にする、生まれた人については全力をあげてこれを治す治療方法を考える。治す。その前に生まれない様にするということ、この二つのことだろうと思います。

横田　はい。

精・課　生まれて来た方については全力をあげて治療し、リハビリテーションへ行く、しかしその前の段階では出来るだけ医学的にこれを予防する方法を八方考える。これは医学の問題です。こういう風な……。

横田　だから、なるべく生まれて来ない方がいいんだと……。

寺田　だから、そういう治せない病気を持っている人を「不良だ」と言うことですね。

青い芝　（口々に）そうじゃないか。
寺田　そういうことを言っているんです。
青い芝　（口々に）そうじゃないか。
寺田　我々はずっと生まれてからそういう風に白い目で視られて来た訳だよ。殺されることを……そういう白い目で視ることを押し進めて来た訳だよ。そういう施設は、ということを法律で明文化することによって……頭が良くてエリートか知らないけど。少なくともあなた方は僕等より優秀だと僕らを劣っているんだという風な考え方が根本にあるから、そういうことが出て来る訳だ。
精・課　そういうことは絶対ございません。

＊

この厚生省当局との交渉が行なわれた後、「青い芝」神奈川県連合会と日本脳性マヒ者協会「青い芝の会」は連名で衆・参両院の社会労働委員全員に対して、この改定案に対する質問状を配達証明付書留郵便で送付した。この時の社会労働委員数は衆・参両議員六十一名、その内、回答が寄せられたのは、衆議院の社会労働委員長、当時はまだ自民党に所属していた田川誠一氏を始め九名、一政党だけのものであった。
ここではその中から政府与党の代表的な意見としての田川誠一氏の回答と、一応私たちの立場に理解する態度を示した社会党の金子みつ氏の回答を載せることにしよう。

質問状の回答

拝啓　御手紙を頂戴いたしました。優生保護改正については、私は慎重論であります。今回の改正の動機についても個人として反対であります。私の判断、見とうしでは委員会でも審議はされず廃案になるものと思います。
今回提出になった経緯につきましては長くなりますので省きますが、月曜日か火曜日（或いは日曜日）の朝日新聞の特集に出ていますからお読み下さい。大体真相を得ています。政府も決して改正案を出すつもりはなく、消極的でありましたが、ごく一部の宗教団体に影響された参議院の彼々の立場上、提出するだけということだ、このようになった次第であります。

こんどの改正案（特に十四条）は優生保護法の根幹にかかる重大な問題であり、医学界をはじめ身心障害者など関係者の意見を充分きいて指導すべき事柄であります。

また、「経済的理由」を削除し「精神的理由」を新たに入れることは精神が経済より一層これをはかる尺度がないだけに運用によっては際限なく狭くもなり或は広くもなります。これは人間の基本人権である妊娠出産に対して時によっては政治権力の介入を許す余裕を残すことになり危険であると考えています。

以上が私の基本的考えであります。

前述の如く改正案は本会を通ることはありませんが、私は委員長としてこれを通す意志はありませんので、御心配はいらないと存じます。

ただ、この種の問題はこれを機会に大いに真剣に論じ、人口問題を考えて行く事が必要であると思います。

詳細に書くいとまもありませんので、取り急ぎ私見の一端をのべさせていただき御返事といたします。　敬具

衆議院　社会労働委員会委員長

田川　誠一

五月二十四日

横田様

前略

日本社会党は、今回政府が提案してきている「優生保護法改正」に関し、別紙のような見解を発表しておりますが、改めて貴会のご質問にお答えいたします。

法の条文に示されている表面的な規定についても、それぞれ、党の見解（別紙）に示したように、問題はありますが、さらに、この改正の主旨の背景に存在する真意を推測するとき、まことにゆるがせにできない、由々し

い重大要素を認識いたします。

即ち、国と企業に都合のよい、生産性を高める人間だけを優生とする思想、また、わが国の人口問題という点からみれば、最近減少しつつある弱年労働者の不足を解消するという思わくなどが考えられますが、これは、生産第一主義の自民党政府の、国民を無視した政策のあらわれといえましょう。

特に問題であると考えられることは、中絶を許可することによって、生まれてくるこどもを選別差別する点であり、さらには、生む生まないの自由選択の権限を個人から奪い、法律によって決定するという人権無視、国家優位制につながるであろう発想であります。

これは、戦後ようやく定着しつつある民主主義の思想と行動を根底からくつがえすものであると同時に、かけがえのない生命、その生命の尊厳性または絶対性を無視した、非人道的思想以外のなにものでもないと考えます。もちろん、本来、中絶は行なわないことがのぞましいのでありますから、むしろ積極的に正しい家族計画（受胎調節）指導を行なうことが必要であるし、更には、妊娠したこどもは、安心して出産し育てることができるような社会福祉が充実することこそ、基本的な課題であるといえます。

私は以上のように考えるのでありまして、今後同法案の審議に際しては、全面否定、廃案に追いこむ決意で臨みますことを申し上げ、みなさまの力強いご協力をお願いしながら、ご一緒に目的達成をお誓いするものであります。

六月十四日

衆議院　社会労働委員
金子　みつ

＊

こうした私たちの運動の繰り返しの中で、七〇年国会の幕切れ、「靖国神社法案」をめぐっての混乱の中で、私たちの切実な要求を無視し、「優生保護法改定案」は継続審議となり、七一年国会に三度上程されることになった。「青い芝」全国常任委員会では全国の「青い芝」の会員を動員して、七四年三月二十二日、七三年末からの「石油危機」

に始まった動乱インフレ下にあえぐ「障害者」諸要求とともに、この「優生保護法改定案」への問いかけを二度厚生省当局に対して行ったのである。

当日は、私も「青い芝」神奈川県連合会の代表の一人として参加するはずであった。が、本当に残念なことではあったが悪性のカゼによる高熱のためについに行くことができなくなってしまった。従ってくわしい交渉の模様は知る術もないので、当日の要望書と経過速報が手元にあるのでそれだけを記しておこう。

厚生大臣　斉藤　邦吉殿

日本脳性マヒ者協会
「青い芝」の会
会長　横塚　晃一

要望書

戦後、かつてみられなかった悪性インフレの嵐の中で、今日、国民生活は根底からおびやかされており、特に弱い立場にある者ほど深刻な打撃をこうむっています。

とりわけ、戦後のどさくさの中で作られた障害等級制度の不備が、そのまま持ち越される中で、身障福祉の発展の歴史からも取り残され、放置され続け、働らかざる者人に非ずという価値観が支配する中で、やっかい者、あってはならない存在として位置づけられてきた私達脳性マヒ者は、この危機的状況の進行の中で、ますます無権利な状態に追い込まれつつあります。もし国がこれらの問題に対してこれ以上無為無策であり続けるならば、これまでも度々社会に問題を投げかけてきた脳性マヒ者が自ら生命を断ったり、親兄弟の手によって殺されるといった悲劇がいよいよ激増することは明らかです。

私達は、人間の生きる権利と自由は、まさにそれ自体として尊ばれ守られるべきものであり、決して能力の程度によって割引きされてはならないということ、そして重い障害者こそ人間の生きる権利の問題の最も端的な具現者であるという基本的な認識に立ちます。

私達は、脳性マヒ者に対するすべての施策は、その人が家庭の一員・地域社会の一員として生活できるように、しかも独立した一個の人格として尊重されるように、必要かつ充分な援助を保障するということを絶えず根本において組立てられ押し進められなければならないし、施設の拡充と運営においても、この理念がつらぬかれなければならないと主張するものです。

私達は、以上述べた観点に基き、全国で25万ないし30万はいると推定される脳性マヒ者の人間としての尊厳・生きる権利と行動の自由の確立を通じて弱い者を大切にする真の福祉社会への前進を願う立場から、次の諸点について早急に実現を計られるように切に要望致します。

記

1　障害者抹殺の思想のもとに作られた優生保護法改定案の撤回、または同法中の第14条4項を削除すること。（堕胎を認める条件として、「その胎児が重度の精神、また身体の障害の原因となる疾病または欠陥を有しているおそれが著しいと認められるもの」）

2　障害者福祉における最も重要な基準である障害等級制度を、現在の医学・生理学的体系から、社会的・経済的不利益の度合い基準にしたものに改めること。

3　すべての所得の低い脳性マヒ者に、等級にかかわりなく、当面生活保護基準と現在の障害福祉年金を加算したものと同程度の生活保障年金を支給すること。

4　脳性マヒ者に対して、相続税、贈与税・固定資産税を大幅に減免すること。

5　現在の生活保護法の医療券制度のような医療機関を限定される形ではなく、脳性マヒ者がどこでも無料で医療を受けられる制度を確立すること。

6　脳性マヒ者を公的機関が積極的に雇用すること。

7　介護を要する者の生活の場としての収容施設は、地域社会から隔絶した大規模な物を作るのではなく、地域ごとに小さな物を数多く作り、そこで生活する障害者自らが、施設の運営に参加できる権利を保障すること。
8　歩行困難な脳性マヒ者の行動の自由、生活圏を拡大するために、電動車イスを補装具として認めるとともに、電車やバスを利用して外出することが、困難な者にはタクシー料金を割引きする制度をもうけること。
9　日常生活に不自由のある障害者のための設備改善費、日常生活具の給付の品目を大幅に拡大すること。
10　福祉資金（貸付資金）を25万円（現行5万円）以内、ただし、特に必要と認められる場合は50万円以内とすること。

3・22青い芝要求運動
速報・22日の交渉の経過

Ⅰ　「優生保護法改定案」についての精神衛生課との交渉

……「もう国会に出てしまったから、……どうにもならない」といってみたり、「……実質審議に入っていないから、みなさんの要望が通るんじゃないですか」などと、……支離滅裂であった。……最後に障害者を抹殺することが、つまりは障害者の予防だという……本音をのぞかせた。

Ⅱ　「年金課・更生課・保護課」との諸要求についての交渉

1　年金について

「……障害福祉年金は、国民年金制度の中では、かなり異質な性格のものであって、これをあまり拡げるわけにはいかない。脳性マヒ者が福祉年金だけでは生活できないことはわかるが、その問題は社会福祉全般の問題で、年金課ではどうしようもない。」と徹底的につっぱねる態度をとりました。

2　等級制度の問題

……脳性マヒ者の代表を身障福祉審議会に入れる……ことを要求しました。……更生課の答弁は、……審議会の定員が、30名以内と規定で定められており、いろいろな分野の医者をいれなければならないことから、無理であること、また審議会に入れなければ、意見が反映できないとは思えないなどで、私達の要求を全面的に拒否しました。

3　障害者加算について

現在の等級制度は不備であるという現実をふまえて、……生活保護の障害者加算を、脳性マヒ者については、一～二級以外でも出す……よう要求しましたが、……保護課では、全体のつりあいの問題があるとか、今まで例がないなどとにげてまわり、まったく受け入れる姿勢をみせませんでした。

以下略

＊

この行動の後、「国民春闘」「弱者救済」の組み込みの一つとして行なわれた厚生大臣と「弱者集団」との交渉で「青い芝」全国常任委員会副会長小山正義氏が発した質問に厚生大臣斉藤邦吉氏は次のように答えている。

小　山　今、多くの女性を始め障害者の間で大きな問題となっている優生保護法改定案中第14条の4項について質問致します。

私たち障害者としてはこの優生保護法全体に反対しているものですが、特にこの改定案中14条の4項について、どのようなお考えをお持ちになっておられるか質問致します。

厚生大臣　今国会に出されているので何とも云えないが、しかし君たち障害者として大変な思いをして生きているのにもかかわらず君らと同じような境遇を背負った子孫を残したいのか。

小　山　それなら大学をでたから、大臣になったから優秀な子孫と云えるのか。

厚生大臣　そうではないが、そんなに腹をたてることではない。誰でも願うのは体が健康なことではないか。それならあなた方一人一人が国会議員に云いなさい。今は国会に出されているので何とも申しあげられない。

私は、これ以上この言葉に反論する気もちを失ってしまった。余りのヒドサである。私たちにとっては生命の問題なのである。

自己の生命の問題なのである。

何ものにも代えることのできない「生」の問題に対して真剣になることは当然すぎる程当然なのである。

これに対して「そんなに腹を立てることではない」とは……。

これが、国家なのである。権力なのである。「健全者」社会なのである。

こうして「役立たず者」「やっかい者」としての「障害者」を始め「現代医学」で治すことのできない者を「不良な子孫」として「社会良識」の明文化としたのが「優生保護法」の本当の姿なのである。

「不良な子孫」が「現代医学」でどうしても治すことのできない「病気」をもった者というのはどういうことか。私たちが抱えている「脳性マヒ」は今日の医学では完治することは不可能なのである。現在、いろいろと「脳性マヒ」を治そうとする試みがなされているが、まだ近い将来は無理だと言えよう。そして、大きな問題は「脳性マヒ治療研究」の名の下に、東京都立府中療育センターの敷地内に巨大な「脳研」が建てられ、その実験材料として府中療育センター内の重症在所生が使われているという風聞があることなのだ。

無論、私は事実を確かめたわけではないから、その風聞が正しいとは断言しない。

しかし、厚生省当局の私たちに対する考え方、脳性マヒ者の問題を医療の問題としか捉えていない態度から考えればあながち誤まった風聞であるとは思えない。

「完治」不可能な「病気」は脳性マヒだけではない。「精神病」の一部、「遺伝性奇形」と名づけられた「裂手、裂足」「先天性骨欠損症」、また「進行性筋萎縮症」「全色盲」など数えあげればきりがない。

おまけに、「改定刑法」で問題になっている「保安処分」の対象者「顕著な遺伝性精神病質」の「顕著な性欲異常」「顕著な犯罪傾向」までこの範囲にはいることはまちがいのない事実なのだ。

「顕著な犯罪傾向」の中味が国家目標に反対の叫びを挙げる「急進思想家」、現体制に同化できず落ちこぼれていく過程のやむを得ない「アル中患者」などを指すことは明白である。

このように考えていった場合、「不良な子孫」とは国家目標に協力しない、あるいは協力できない人を指し、しかもそれら「不良な子孫」を抹殺していくことなのだとする私たちの考え方に権力は反論することはできまい。

四　障害者は健全者から切り捨てられる

一九七四年五月二十二日、第七十一国会の幕切れ近く、衆議院社会労働委員会に於てこの「優生保護法改定案」が審議されることを知った私たち「青い芝」神奈川県連合会は、全国「青い芝の会」常任委員会の呼びかけに応じて、会員三十五名が国会行動に参加し、私たちの立場を強く訴えかけた。その結果として、社会党をはじめ野党側は委員会での質問を引き延し、採決は二十三日に持ち込まれた。

二十二日の私たちの行動がたまたま同じ抗議行動を行なっていた女性団体との接触となり、その関係で傍聴券十枚を手に入れることができたのだった。

二十三日、「青い芝」神奈川県連合会から傍聴に参加したのは、矢田竜司氏、小山正義氏、それに私の三名だったと記憶している。

社会労働委員会が開かれた部屋は、比較的狭かった。他の委員会の部屋がどれだけの大きさなのか知るよしもないので比較するわけにもいかないが、何となく私には日本の政治の中で福祉、労働の占める比重が感じられるようだった。

傍聴席にはこの法案に賛成する宗教団体「生長の家」の信者、法案反対の女性団体と私たち「青い芝の会」の会員とで満員だった。しまいには「Press」と書かれた報導陣の席にまで一般傍聴人が座る有様だった。

法案の審議はあっけない程短い時間で終った。

「反対だ。反対だ。こんな馬鹿な法案通すわけにいくか」

得意そうに声をあげる一革新政党議員の、四角い顔に細縁の眼鏡をかけた姿をジッと見詰める私の心は、煮え滾っていた。

彼は、当時の神奈川一区選出議員なのである。私の住んでいる県営住宅に同じ革新政党の党員がいて、その人との関わりから私もその革新政党にある程度接近して、と言うより接近させられていたのである。そうした関係で、その国会議員とも一、二回顔をあわせていた。

「優生保護法改定案」が国会に提出され、「青い芝」神奈川県連合会が反対運動を始めた時から、私は県営住宅に住む党員を通してその革新政党に法案反対を要請し、署名活動にも協力を呼びかけたのだった。

ところが、署名協力は党の決定がないとできない、ということでオコトワリ。反対要請にも、これは非常に難しい問題だから地区だけで決める訳にはいかない、ということでこれもまたオコトワリ。

そんなことがあって二ヶ月位たった或日、地区のキャップが訪れて、県委員会と衆議員社会労働委員会である国会議員に質問状を出してみたら、と言われ、人民の解放をかかげる革新政党の地区のキャップの言う言葉を信じて、「青い芝」神奈川県連合会が国会議員に送った質問状とほぼ同じ内容の質問状を提出したのだった。

一ヶ月たった。三ヶ月たった。半年、一年と時間は流れて行った。

ナシの飛礫。

地区のキャップもさすが面目を失なったのか、質問状を提出してから二年位たった時、県委員会と国会議員に問い合せたらしい。

県委員会からは今以って回答なし。

国会議員から秘書を通して回答があったのは、それから三ヶ月後のことである。

＊

前略、回答がたいへんおくれて申し訳ありません。四十八年一月二十日付でいただいた、あなたの○○○○議員宛のお手紙を、控室の陳情、請願等の文書控の中に、みつけることができ、さっそく御返事をさせていただくとともに、二年間ほど放置していたことを心からおわびいたします。

当時、ずいぶん多くの陳情等があり、必ずしも全部について回答しきれない状態にあり、未処理のまま、とりあえず整理され、そのままになっていたようです。たいへん申し訳ないと思っております。議員からも即刻、是非おわびかたがたお目にかかりたいとのことですが、とりあえず、部屋の事務担当をしているものとして、おわび致しますと共に、四八年度の優生保護法改正案に対して、○○党が廃案をめざして闘ってきた態度について、簡単にのべたいと思います。

当時の院内外の闘いの前に、優生保護法を何としても衆議院を通過させようとする自民党が人工妊娠中絶の要件のうち「胎児が重度の精神又は身体の障害の原因となる疾病又は欠陥を有しているおそれが著しいと認められる場合」の規定を削除させる修正を行なってきましたが、この点については、国会審議や身体障害者団体をはじめとする反対運動と、自民党側も、まだ一般の診療所、病院等で羊水検査など科学検査が容易に行うことができないという〝理由〟などで削除せざるを得なかったのは当然だと思います。しかし、この部分を削除したとしても、この法案の危険性がかわるものではないとして強い反対の態度をとってきました。

〇〇〇〇議員が〇〇党、革新共同を代表して衆議院社会労働委員会で五月二二日に優生保護法改定案に反対する討論を行なっていましたが、その一部の要約を紹介致します。

「現在、年間七〇万件以上の中絶の大半が、家庭の主婦の計画外の妊娠であり、物価高、住宅難などの国民の経済的な生活困難が依然として解決していない現状では、やみ中絶がふえることは十分予想され、母体が危険にさらされることは諸外国の例からも充分予想される」ということで改定案に反対しました。

また、反対討論では、さらに反対理由として「胎児に重度の障害がある場合に中絶できるとされることについては、障害者は生まれるべきでなかったという考え方になり、これは障害者の差別につながり、容認できないことである。」

などをあげ反対の立場をあきらかにしています。

同法案は衆議院を賛成多数で通過したものの最終的には参議院で廃案になりました。

院内での同法案をめぐる各党の動きについては、社労委員会の理事を担当している議員から詳しい説明があるかと思います。

私達は、今後とも、身体障害者のさまざまの要求実現のため奮闘していきたいと思っています。

ともに頑張りましょう。

○○○○秘書　○○○○

昭和五十年八月十七日

天災と回答は忘れたころにやって来た。

私たち障害者にとって、いや私にとってこの「優生保護法改定案」は自己の生存に関わる重要な問題なのである。少なくともこの法案が可決されることによって、年間何千人もの障害児が確実に胎内から抹殺されていくのだ。しかも、それは胎内の障害児の生を危うくするだけではない。障害児を胎内から殺すことは、私たち、現に生存している障害者の存在根拠をものの見事に崩していく結果を生むのである。

この法案が成立した時、それは、すべての健全者が、社会が、権力が、私に向って「死ね」と言うことなのである。

この、障害者にとって現実的に生命に関わる重要な問題も、革新政党の国会議員にとっては、控室の机の上の整理箱の中に二年間も放り込んで置く小さな小さな事柄だったのである。

結局、この「優生保護法改定案」は、この日の社会労働委員会で第十四条四項を削除した形で可決され、衆議院を通過したが、当時自民党議員だった田川誠一氏が「青い芝」神奈川県連合会の質問に対する回答の中で言明しているように、参議院に於て予定通り廃案になった。

当時の斉藤厚生大臣が本会議で「この十四条四項は、障害者団体の反対があり、考えなければならない。」と発言したとかしないとか聞いたが、権力がホンの小さな障害者の組織である「青い芝の会」が反対したところで通す心算ならば何のためらいもなく成立させたに違いない。

それなら、なぜこの法案を成立させなかったのだろうか。

胎児チェックの方法とか実践面での技術とかはこの当時すでに確立されていると言えるだろう。しかも、各地方自治体ではそれを当然のこととして現実的に行っているのである。何も反対を押し切ってまでこの法案を成立させる実際上のメリットはないわけなのだ。

現に、その後神奈川県に於ける胎児チェック反対の闘いを行なった時、一九七六年三月二十九日の交渉に於て神奈川県衛生部医療整備課長松浦氏は「こども医療センターで三年間で二十六例ぐらい行なっている」と言明している。

七六年三月の段階で三年間行なっているということは、七三年に「優生保護法改定案」が二度目に上程された段階ですでに行ない始めているということになる。つまり、この法案が成立しようがしまいが実際の運用面に与える影響がほとんどないばかりか、各自治体、各大学病院での胎児チェックを積重ねることによって社会の「良識」がやはり障害児は産まないほうがいい、障害者が生きることは間違っているのだ、という方向に傾いた時一気に成立させたほうが楽なのである。これは私の思い過ごしではない。

（その時は、革新政党も諸手をあげて賛成するだろうから。）

現に私立の大学病院で確実に行なわれているであろう胎児チェック、前に述べた遺伝相談センターの確立と普及、それらは一体何を意味しているのか、私たちは確実に見据えて行かなければならない。

国に「優生保護法」がある限り、胎児チェックがある限り、遺伝相談が堂々と行われる限り、私たちは生きて行けないのである。

社会のすべてが、障害者と共生する時が来るとは私には考えられない。

私たち障害者が生きるということは、それ自体、たえることのない優生思想との闘いであり、健全者との闘いなのである。

安易に健全者との共生を考えることは、すべての健全者が私たちを抹殺していこうとする限り厳重な注意を以って臨まなければなるまい。

第四章　障害者はどのように生きたか

一　障害者の歴史

日本の歴史書の上で障害者が現われたのは『古事記』上つ巻が初めとされる。

障害者の歴史を語る上でこれは今ではあまりにも有名になりすぎたので少しわずらわしい気もするが、やはり、一応必要なことと思うので書いてみることにする。

国土生みを始めようとされた伊耶那岐《いざなぎ》、伊耶那美《いざなみ》の二柱の神は、淤能碁呂島《おのごろしま》におり、そこで結婚することになった。

以下、原文によって障害者（CP者）誕生と抹殺の様子を見てみよう。


ここにその妹伊耶那美の命に問ひたまひしく、「汝が身はいかに成れる」と問ひたまへば、答へたまはく、「吾か身は成り成りて、成り合はぬところ一処あり」と答えたまひき。ここに伊耶那岐の命詔りたまひしく、「我が身は成り成りて、成り余れるところ一処あり。故《かれ》この吾が身の成り余れる処をもちて、汝が身の成り合はぬ処に刺し塞ぎて、國土生み成さむと思ほすはいかに」とのりたまへば、伊耶那美の命「しか善けむ」と答へたまひき。ここに伊耶那岐の命詔りたまひしく、「然らば吾と汝と、この天の御柱を行き廻りあひて、美斗の麻具波比せむ」とのりたまひき。かく期《ちぎ》りて、すなはち「汝は右より廻り逢へ、我は左より廻り逢はむ」とのりたまひて、約《ちぎ》り竟へて廻りたまふ時に、伊耶那美の命まづ「あなにやし、えをとこを」とのりたまひ、後に伊耶那岐の命「あなにやし、え娘子を」とのりたまひき。おのおののりたまひ竟へて後に、その妹に告げたまひしく、「女人先立言へるはふさはず」とのりたまひき。然れども隠処に興して子水蛭子を生みたまひき。この子は葦船に入れて流し去りつ。次に淡島を生みたまひき。こも子の数に入らず。

つまり、結婚をして始めて生まれた子が「水蛭子《ひるこ》」だったというのである。

「水蛭子」とは何かを「広辞苑」で調べると次のように書いてある。

〔ひる‐こ〕　蛭子　伊諾（いざなぎ）・伊再（いざなみ）二神の間に生まれた第一の子。三歳になっても脚が立たなかったと伝える。中世以後、これを恵比須（えびす）として尊崇。ひるのこ。

「ヒル」という虫は手も足もないグニャグニャとした無気味なものである。それが自分の体内から生まれた時、いや自分の体内から生まれたものだからこそよけいに不条理なものだとして受けとめたのではないだろうか。だから、彼らは「蛭子」を葦船に乗せて流したのだろう。この「不条理」なものを水に流してしまうという発想は日本人独特の物の見方であるらしく、そこからでたものが「厠《かわや》」という考えであり、今でもよくつかわれる「水に流す」という言葉に通じるらしい。

ともかく、こうして「蛭子」は流され抹殺し去られた。「蛭子」を抹殺に追いこんでいったものは「不条理」なものに対する「畏」であり、「恐怖」であっただろう。

この「不条理」な物に対する畏れと恐怖がいまも障害者を抹殺していく基本的な概念なのだと私は信じている。葦船で流された「蛭子」が「恵比須」として復活していく話もまた大きな意味を含んでいるようだ。

「恵比須」を「広辞苑」によって調べると次のように記されている。

〔えび‐す　恵比須・恵比寿・夷・蛭子〕　七福神の一。狩衣・指貫（さしぬき）に風折烏帽子（えぼし）を着け、左に鯛を抱え右に釣竿を持って鯛を釣りあげた姿をなす。商家の神とする。一説に事代主神ともいう。夷三郎。

「蛭子」が「恵比須」に変わったのは、葦船に乗せられた哀れな存在である「蛭子」を慰めようとした中世庶民の愛情の表われであるかもしれない。しかし、果してそれだけだろうか。それだけで「蛭子」を「恵比須」にしたのだろうか。私にはそう思えない。

自らの手で葬り去った者を「神」として祭りあげ、祭りあげることによって葬り去られた者の怨みを和らげ、むしろ自分に恩恵をもたらしてくれる者に転化するという思想は、洋の東西を問わず行われている。このことは、イエス・キリストや梅原猛氏の「法隆寺論」の、聖徳太子を例にあげるまでもあるまい。七一年国会において、自民党の強行採択による文教委員会の紛糾から国会の審議そのものがストップする混乱を生じる結果になった「靖国神社法案」、この法案が自民党の執念のような形で国会が開かれる度に持ち出されるのは何故だろう。何故戦没者の霊を国家が奉りあげなければならないのか。これらのことは何を意味しているのだろう。

葦船に乗せて海に流し去った「蛭子」（障害者）を「恵比須」（神）に祭りあげることによって、自らにかかってくるであろう怨みや災いを和らげようという考え方は、今も厳然と続いている事実なのである。

ともかく、こうして歴史に現れた最初から抹殺される宿命を背負わされてきた障害者のその後の生き方がいかに厳しいものであったかは想像に絶するものがあったであろう。

しかし、古代はまだ良かったかもしれない。同じ『古事記』の中に出てくる「久延毘古《くえびこ》」のように「山田のかかし」としての生き方、つまり村落共同体の内にあって水田の見張り番として労働したり、あるいは当時の生活に欠くことのできなかった「火」を絶やさないための火の番としての生活、若しくは洪水や干魃《かんばつ》等村落の危機に際しての「生贄」となるための身分保障など、さまざまな形での「障害者」の場があったことはいろいろな文献によって明らかである。「障害者」が「障害者」としての本当の苦しみを実感として感じられるようになったのは、恐らく明治以後いわゆる「文明開花」「富国強兵」の時代にはいってからではないかと私は考えている。

一八八〇年、刑法に堕胎罪が取り入れられた。この堕胎罪を我が国が採用した理由としては、キリスト教の影響が言われているが恐らく事実としては少しちがっているのではあるまいか。

当時の国家の方向としては欧米先進諸国の在り方を目標として、それに追いつき追い越すことを至上方針としていたことはまちがいのない事実であり、従来の日本の文化、思想等も、ともすれば否定する傾向が強かったような気がする。つまり刑法に堕胎罪を取り入れたのも決して思想的にキリスト教のヒューマニズムを理解してのことではなく、むしろそれまで「間引き」という形で半ば公然と行なわれてきた「子殺し」が欧米諸国に「野蛮な行為」として映ることを極端に恐れたのと、先進諸国に追いつくためには「富国強兵」を計らなければならず、人口の増加がどうしても必要だったのだろう。

そうした形で「富国強兵」を計っていった国家が、当時の障害者にどのような態度で接したか、これはもう私が言うまでもあるまい。

明治五年学制が領布され、全国民が等しく教育を受ける権利をもった中にあって、障害者は身体の障害というただそれだけの理由でその権利を奪われていったのである。

いや、奪われていったのは教育権ばかりではなかった。

当時多くの貧しい家庭にあっては、障害者は生活すること、あるいは食事するという、人間、いや生物にとっても基本的な権利であり欲求であるはずのものでさえ奪われていかなければならなかったのである。

日清・日露戦争を経て次第に帝国主義化していった国家は、財閥の力を利用し産業を発展させていくことにより他国を侵略する道を大きく歩み始めた。

そうした中にあって、障害者は「働けない（国家の役に立たない）」「優秀な兵隊にならない（他国侵略の役に立たない」ということで、増々圧迫、疎外されていかなければならなかった。

昭和にはいり、「満州事変」「日中戦争」と他国侵略を公然化していった日本帝国主義国家権力は、やがて二発の原爆とともに崩壊していく宿命をもっていた、と、私たちは考えていたのだが。

二　障害者はどのように生きたか

ここで、少し視点を変えて、日本の帝国主義がおこした満州事変の前後に生まれ、現在、資本主義の体制下にあって「本来あってはならない存在」とされている重度脳性マヒ者の一つの生き方の例として、私が歩んできた道を、少し書いてみよう。

それは、一九三三年五月十五日の夕方だった。

一九二九・三〇年の不景気が尾を引く中で、私が生まれようとした時、我が家の状況は必ずしも子供を産むのに適してはいなかった。

私の母は若い頃から心臓が弱く、数年間続いたと聞く我が家のトラブルで、普通に子供を産める健康状態になかったことは確からしい。

私が生まれる時は、母の陣痛がまる一昼夜続き、もう、体力の限界というところまで来ていた。その時に近くに住むKというおばさんが見るに見かねて「般若心経」を唱えたとたんに私が生まれたのだと聞かされている。

生まれてから十日余りは何ともないように見えた。が、十日過ぎてから急に泣かなくなってしまったのだそうだ。心配した家の者がほうぼうの医者に連れ回ったが、現在のように新生児医学が発達していない時では、生まれて十日位ではどうしようもないということで、多くの病院から見放されたが、たまたま最後に行った小児科医が私の足首を取ってさかさまにぶらさげ腹を手で押した処、やっと泣き声をあげたのだという。

今思えば、母の陣痛が長びいた時こそ、私の一生を決定づける瞬間だったのだろう。

私が普通の子供とは少し違うということを発見したのは祖母だったという。脳性マヒ児特有の、入浴の時に首が据わらないということでわかったのだから、格別祖母が偉かったということではない。

自分が他の人と違った者であると気づいたのは、何才の頃かはっきりしない。今私が覚えている一番旧い記憶は、なんでも私がお風呂からあがってきて、そのあがった処に「オシシ」がいていきなり頭からパクッとやられて大声で泣きだしたというシーンである。

一番旧い記憶が大声で泣きわめいたということだから、今でも大声で勝手なことをわめきちらしているということになったのも当たり前かも知れない。ともあれ、それからしばらくの間の記憶は脳性マヒ者であったという場面はない。

その私が、いくらか自分の体が変だと知ったのは、これも脳性マヒ者ならよく知っているはずの歯医者に行った時だった。私の家と人間関係のあるわりとやさしい歯医者さんだったが、どうしても首を動かし続ける私の歯をいじることができず、ほとほと困り果てた顔で母と相談をし始めた時、私の心の一点にポッツリと黒い汚みがつきはじめたのだった。

私が障害者とわかった時、両親がどういう気持をいだいたか。これは、両親とも亡くなった今ではうかがい知ることはできないが、その後の私の記憶と両親の行動から考えてみると、まず、「オドロイタナァー、モウ」というのが、偽りのない心境だったように思う。つまり、先に書いた伊耶那岐・伊耶那美たちと同じく自分たち二人の間から思いもかけず不条理なもの、理解のできないものが生まれてきたという驚きだけで、どうすることもできないという気持が強かったのではないだろうか。

私の場合、特にこの不条理なもの自分の思ってもみなかったものが生まれたという感情は、父のほうが強かったように思う。

「蛭子」を葦船に乗せて流したのは伊耶那岐・伊耶那美のどちらであったかは明らかではないが、私の二親がもしその立場であったとしたら、私を流したのは伊耶那岐のほうであったろうことは確信をもって言える。

私が障害者、しかも重度の障害者だとわかった時点で、母はいろいろな病院をかけまわったらしい。民間信仰、それも今思えばバカバカしいくらい迷信的なものでも母は懸命にすがっていった。

病院も、実に多くの処へ出かけた。東京の大学病院を始め、いろいろなところに出かけたが、当時は脳性マヒという言葉さえ確立されていなかった時だけに、治療などということにはとても及ばなかった。

母の心痛をよそに、私自身はすごくのんびりした生活を送っていた。歯医者で気づいたあの一点の汚みはその後も時折私の胸の奥をよぎることはあったが、その汚みも一定の大きさから広がることはなかった。

私の家が下町にあって、家の向い側が市営住宅（今のようなコンクリートの高層建築ではなく木造の二軒長屋がいくつかあるという風景です）なので、そこに住む子供たちとは毎日のように遊んだものだ。

私の記憶では、当時の子供たちに障害者差別は少なかったように思う。無論、中には私をからかったり、石を投げたりする子供もいたことはいたが、そんな子は逆に大勢の子供たちから排斥されるケースが多かったように思う。三十何年か前のことではあるし、想い出というものは楽しいことだけを覚えている性質があるので、障害者差別はなかったと断言することは非常に危険ではあるけれど、少なくとも現代っ子が私たちが外出した時にみせる、ものすごく悪意のこもったいやらしいからかいの記憶はない。現代資本主義のもつ能力第一主義の価値観が家庭を通して子供たちにまで広がって行き、「障害者」＝「悪」という概念が小さな頭まで占領し始めたとしたら、と考えると何やら寒気がするのである。

＊

イロハ積木というのを御存知だろうか。そう、平べったい木片に色を塗ってカナ文字が書いてあるあれだ。

私が文字を覚えたのは、確か五才の時だった。当時私のアニキは小学校四、五年のなまいき盛り、なにか人に教えたくって仕方がない。たまたまそのエジキにされたのがこの私、もちだされたのがイロハ積木というわけだ。

さあ、こうして一旦文字を覚えると本を読むのがおもしろくて仕方がない。家の中にあるやつを片っぱしから広げていった。アニキの教科書、少年雑誌、漫画、婦人雑誌、何とか捕物帳、果ては恋愛小説まで読みふけったのだから何とも恐るべきませたガキだった。菊地寛の「真珠夫人」を八才の時に読んだのは恐らく私だけだろうなんて、今でもつまらない自慢をしている。（だれですか「ポルノ・グラフィ」がなくてザンネンだったろうと言っているヤツは。）

私の親たちは、私がどんなものを読んでも決して止めようとはしなかった。格別、才能教育に努力しようとするような立派な親たちではなかったから、私がなにを読んでも干渉しようとしなかったことは、結局この子の頭には何を読んでも理解できるわけがない。つまり、悪影響を受ける程理解能力がないという差別的判断を下したのだろうと思う。

先に書いたように、私が障害者として両親の間に生存したということ自体大変不可解なことであり、恐怖に近いものさえ持っていたのだから、毎日ただオロオロするばかりというのが偽りのない感情であったろう。そうしたことで、小学校入学の通知が来た時も私には何とも言わないでサッサと入学免除の手続きをとってしまった。

私は「障害者」に生まれてきたこと自体、両親を怨む気持は多くない。いくら怨んでみても結局は「障害者」として生きなければならないことにはかわりないのだし、それだったら怨んでみたところで始まらない、という気がする。しかし、事、学校教育に関する限り、「聖人君子」である私もいささか一夕親様をオウラミ申スと言わざるを得ない。親たちが私を注意深く見つめていたら、そして、私の心の底に揺らめく何かを見つけることができたら、それを伸ばそうとする努力を少しでも払ってくれたとしたら、私の今の生き方もある意味で少しは変わっていたかもしれない。

私は「障害者」、特に重度と呼ばれている「障害児」こそ「健全児」と一緒に学ぶべきであると考える。「学校」は単なる「学問習得」の場ではない。人間として初めての「社会参加」であり、人間関係の在り方を自らの体内に奪い取るための場であるはずなのである。

人間の成長過程において最も大切な時期に「社会参加」を拒否され、人間関係の在り方を奪われていく重度障害者の生き方がどれ程歪んだ形をとらざるを得ないか。

よく「体は障害でも心は健全だ」という言葉が使われる。これも「健全者」が「障害者」を取り込む手段として使われるなら、まだ話はわかるし、私たちがそれにだまされることはないのだが、問題なのは「障害者」自身そう考えるのは正しいこと、「障害者」として生きるための最良の方法だと考えていることなのだ。

生まれた時から、あるいは幼い時点で発病した時から肉体を奪われ、その奪われた肉体でしか物を視ることのできない重度障害者が人間の最も人間らしい行動、「社会参加」を幼い時から奪われていったとしたら、どうしていわゆる「健全」な精神がもてるというのだろうか。

大体、「健全」とは何なのだろうか。

これは、時代の変遷、国家体制の在り方によってさまざまに変わってゆく非常に曖昧な概念なのだ。だから、「健全な精神」といった場合、その時点で国家体制に心身共に順応できる「精神」ということであり、その可能性の全くない重度障害者が「健全な精神」など持てるわけはないのである。

在宅の「障害者」や「障害児」は、過去も現在も教育の場から疎外され続けているのが現実の姿なのである。

現在、幼稚園、保育所への道は障害児には完全に閉ざされたものになっている。小・中・高校にわたっての養護学級・養護学校といった形で行われている徹底した差別教育、その差別教育でさえ受けられない多くの重度障害者たち

は、完全に教育の場を通じての社会参加を奪われ続けているのである。(6)

一体、「教育」とは何だろう。

「教育基本法」(7)第一条には法の目的として次の通り記されている。

第一条(教育の目的)教育は、人格の形成をめざし、平和的な国家及び社会の形成者として、真理と正義を愛し、個人の価値をたつとび、勤労と責任を重んじ、自主的精神に充ちた心身ともに健康な国民の育成を期して行われなければならない。

(傍点は《筆者》に注意されたい)

つまり「心身ともに健康」で柔順な「国民の育成を期し」て行われているものなのだ。だから、「心身とも」に「不完全」な障害者を教育する思想を国家権力に求めることは、もともと無理な話かもしれない。

「障害者」を教育の場から疎外することの明文化としては一九〇〇年の改正小学校令の第三十三条が初めてである。

第三十三条　学令児童ふうてん白痴又は不具廃疾ノタメ就学スルコト能ハズト認メタルトキハ市町村長ハ府県知事ノ認可ヲ受ケ学令児童保護者ノ義務ヲ免除スルコトヲ得、学令児童病弱又ハ発育不完全ノタメ就学セシムベキ時期ニ於テ就学スルコト能ハズト認メタルトキハ市町村長ハ其ノ就学を猶予スルコトヲ得

私の親たちはこの「小学校令」に基づいて私の就学免除を「願い出」たのである。まことに御苦労様としか言いようがないのである。

この一九〇〇年の「小学校令」三十三条の思想は一九四七年制定された学校教育法二十三条に見事に受け継がれている。

第二十三条　前条の規定によって保護者が就学させなければならない子女（以下学齢児童と称する）で病弱、発育不完全、その他やむを得ない事由のため、就学困難と認められる者の保護者に対しては、市町村の教育委員会は、監督庁の定める規定により、前条第一項に規定する義務を猶予又は免除することができる。

こうして教育の場から完全に疎外された私は、もっぱら読書とラジオの学校放送を教師代りとして知識を（歪んだ形だったかもしれないが）深めていった。

近所の子供たちとも割合によく遊んだ。天気の良い日は私の高級乗用車であるウバグルマに乗って母に家の前まで出してもらった。するとどこからともなく顔見知りの面々が現われて、乗用車ごと五・六十メートル離れた広い空地にユウカイして夕日が低い民家の屋根を嚇々と燃やすまで遊んだものだった。

当時の子供たちがなんで障害者である私を遊びの仲間にいれたか。また、今「健全児」と呼ばれる子供たちが何故「障害児」を受け入れるのがむづかしくなったのか。これは二度も三度も考えなければならないことだと私は思う。

＊

私の身体が普通の状態でないとわかった時から、両親はいろんな試みをして私を治そうと努力したらしい。かすかな私の記憶の中でも、ほの暗い祭壇の前に揺らめくろうそくの灯や、祈禱師の無気味な掛け声などが残っている。

無論、いろいろな病院にも出かけた。

東大病院、慶応病院をはじめ名高い医者がいると聞けばどんなに遠くまでも私を背負って出かけていった。

当時の我家の状況を考えた場合、肉体的、精神的な負担の他に現実的経済の面でもものすごい重荷だったろうと思う。この経済的負担が障害者家庭をどれほど圧迫しているか、それによって障害者自身も肉体的な損害、家族への精神的な屈服を強いられなければならないのだ。

現在、リハビリテーションという形で行なわれている障害者の治療は、リハビリテーションの訳語「社会復帰」が示すように「社会」すなわち「経済が支配する現代社会」への「復帰」を目的とする治療であり、その可能性の少ない陳旧慢性障害者（その多くは脳性マヒ者）はとかく切り捨ての方向に向かうか、「医学の進歩」なる大義名分の下に実験材料として使われているのが実情なのである。

昭和四十五年五月に施行された「心身障害者対策基本法」[8]なる法律の中の第六条には「自立への努力」という名目で次のように記されている。

第六条① 心身障害者は、その有する能力を活用することにより、進んで社会経済活動に参与するように努めなければならない。

② 心身障害者の家庭にあっては、心身障害者の自立の促進に努めなければならない。

「心身障害者」は社会経済活動に参与しなければならないのである。それを行う「心身障害者」には「個人の尊厳が重んぜられ、その尊厳にふさわしい処遇を保障される権利を有す」るのであり、それのできない「重度心身障害者」は第十一条によって丁重に社会から疎外・隔離されるのである。

（重度心身障害者の保護等）

第十一条 国及び地方公共団体は、重度の心身障害があり、自立することの著しく困難な心身障害者について、終生にわたり必要な保護等を行なうように努めなければならない。

この条項に基づいてできたのが国立高崎コロニーであり、一九七三年八月開所された神奈川県の七沢リハビリテーションセンターなのである。

日常的な生活の中ではやはり障害の状況が少ないほうが「ベンリ」なのである。文字を「書けない」よりは「書けた」ほうが少なくとも自らの意思を相手に通じさせることができるのである。そしてそれが「できる」ということで、精神的な抑圧が軽くなることも事実であろう。

だが、ここで問題となるのは「できる」ことが「正しい」と思い込むことの危険なのだ。「できる」ことが「正しい」とされるならば、それが「できない」ことは「正しくない」すなわち「悪」なのだという論理に通じるし、そうだとすれば「できない」者、脳性マヒ者は「悪」だということになる。

脳性マヒ者をはじめとしたいわゆる陳旧慢性障害者の医療はどこまでも「ベンリ」さの問題、「障害者」の精神的抑圧からの解放という視点で行なわれなければならないのではないか。

ともかく、こうしていろいろな医療機関を廻った揚句、どうしても私が治らないとわかった時、両親の嘆きは大きかった。

何故だろう。

なぜ、私が治らなくてはいけないのだろう。

なぜ、歩けないままの私ではいけないのだろう。

大学病院からの帰り道、立ち寄った小さなお寿司屋さんの隅の席で母がしきりに涙をぬぐっているのを眺めながら、私はなんとも言えない悲しみと同時に、何故母が私の歩けないことを嘆くのかと大きな疑問が胸の奥へ小さな汚みを広げていくのをしきりに感じていた。

*

母の嘆きと、学校に行けないことのくやしさを除いては、しかし私は元気だった。

遊び仲間は適当にいるし、大人の本を読んでも叱られないし、身体が不自由なのだからあんまり激しいいたずらはできないのでそういう点でもアニキより叱られる可能性は少ないし、ということで毎日のんびりと暮らしていた。

ただ、たった一つがまんできないことがあった。それは食事の時のことである。

食卓には一緒に着くのだが、実際に私の口に入るのはみんなが終わった後なのだ。つまり、みんながうまそうに食べている間は黙って眺めていなければならなかったのである。それだけならばまあどうにかがまんできたろう。

さて、みんなが食べ終わった後、私の口にはいる時はご飯もおかずもすっかり冷めきっている。CPの特徴で熱いものは苦手だから、そのこと自体は一向にかまわないのだが、ご飯とおかずが同時に口の中にとびこんでくるのにはまいってしまった。

ご飯とおかずが同時にとびこむなんていうことは、健全者の子供には考えられないことだろうけれど、食べさせてくれる人の「ベンリ」さということだけでスプーンの上におかずとご飯を一緒にのせて口の中にほうりこまれる時の屈辱感みたいなものはいくら私が小さな子供でも耐えがたいものであった。

それにしても、いくら幼いとはいえ、障害のもつ不自由さや屈辱感は他のことでも限りなく感じているはずなのに、どうして食事の時のくやしさだけを覚えているのだろうと今時々考えては「食いものの怨みは怖い」ということわざは本当だなァーと苦笑している。

ともかくそれがくやしくて「ガンバラナクッチャアー」とはりきって、どうやら一人で食事ができるようになったのは、十才を越えた頃だったと思う。

十才を越えた頃と言えば、日中戦争から太平洋戦争へと進んで、世の中はなんとなくどす黒い風景を生みだしていった時代である。

そのどす黒さは、戦争とは何のかかわりももたない幼い障害者である私をも次第にまきこんでいった。

女の人の服装が華やかな着物姿から国防色やカスリのモンペ姿に変わっていく味けなさを感じるのにはまだ少々早かったので助かったけれど、食物が少なくなっていくのにはまいってしまった。

私は甘いものが大好きだったのである。親類の人や知人等が私のうちをおとずれる時のおみやげは必ずと言って良い程、「ヨウカン」だった。兄弟と言っても私には兄が一人いるだけなので、ほとんど私が一人で食べていたのだが、だんだんとその「ヨウカン」の体が痩せ細ってゆき、その痩せた姿さえごく稀にしか見ることができないようになっていったのにはものすごい心細さを感じたものだった。

そして、一九四四年、生まれてからずっと住んでいた我家が「強制疎開」という名の暴力で破壊されることになり、長いこと一緒に遊んだ友だちたちともそれぞれ離ればなれになっていった。男の子たちとの別れはなんとも思わなかったけれど、数少ないガールフレンドの中でも特に仲良しだった栄子ちゃんとの「サヨナラ」は本当につらかった。栄子ちゃんとはよくケンカもしたが、やはり私の障害を最もよく理解してくれた一人だった。

その後の風の便りでは栄子ちゃんは千葉県の漁師町に行ったという。私より確か二つ三つ年下のはずだから今は彼女も女盛り、きっとたくましい漁師の「オカミサン」になっていて、丈夫そうな子供を四、五人も生んでいて、昔一緒に遊んだ障害者の私のことなどもうすっかり忘れきっているだろう。

障害者と健全者との関り合い、それは、絶えることのない日常的な闘争《ふれあい》によって、初めて前進することができるのではないだろうか。

たくみな差別構造の利用によって分断化された「障害者」と「健全者」との間を止揚するためには、まず、「障害者」が自らの位置を確認する、つまり、現代資本主義の下にあっては、その疎外された肉体性によって「本来あってはならない存在」とされた位置を確かめ、逆にその位置を武器として「健全」な肉体を与えられたと思い込まされている「健全者」の社会への闘争《ふれあい》を働きかけることではあるまいか。

つまり、平ったく言えば、私は「栄子ちゃん」と離れてはいけないのである。私が「栄子ちゃん」のそばに存在し、自己の肉体を主張することによって「栄子ちゃん」は障害者を自己の内に自然な存在として受けとめ、そのことにより私と「栄子ちゃん」との関係は保たれていたのだ。それが強制疎開という形によって私の肉体的な存在が失われていった時、「栄子ちゃん」の内部での障害者は「障害者」に変化し、やがてその「障害者」の存在さえ消え去っていったということなのではないだろうか。

＊

一九四五年四月十五日、京浜工業地帯を襲ったB29の大群によってものの見ごとに我家は灰になってしまった。(あの時燃やしてしまったのらくろや子グマのコロスケの漫画は今もってくやしいです。)

私の両親には本当の意味での故郷《ふるさと》がない。従って我家が全焼してしまってもどこに行ったら良いか、ということになり遠い親類を頼って岩手県北上市の郊外へ私を背負っていくことになった。

確か四月二十三日だったと覚えている。焼けた後一時泊っていた鶴見の親類の家を出発して上野駅に着いた時、あまり大勢の被災者がいたことを何か人間の惨めさと強さが同居しているような感じで、今でも時々思い出すことがある。

北上駅（当時は黒沢尻駅）に着いたのが夜中の二時頃、私を背負った父と荷物を持った母や兄たちが二キロぐらいの道を文字通りトボトボと進んでいった。

四月の末である。

北国の夜風は背負われた私の手足に冷えびえとした寂蓼感を運んできた。

初めてみる水田の隅の苗代の小さな緑が月の光に照らされて、小さい声で鳴く蛙の声と共に私の心に泌みた。

この岩手での生活の様子を少し書いた二十年前の私の文章があるので次に引用することにしよう。稚い文章ではずかしいのだがこれも成長の過程としてお許し願うことにしよう。

三　岩手の空を想う

毎年、僅かばかりの庭に小さい草が顔を出す頃になると、僕は懐しい岩手の事を思い出す。

それは、あの激しかった戦争がようやく敗色濃くなった昭和二十年四月の末、京浜地区の空襲で焼け出された僕達一家は遠い親戚を頼って岩手に疎開したのだった。

汽車が小さな駅に着いたのは夜中の二時、四月の末とは云え北国の夜風は流石に冷たい。当時十三才だった僕は、父に背負われて町外れの長い橋を渡る時、薄絹をかぶった様に霞がかった月が川の流れを見守る様に光って居るのを見ると、何とも云えない淋しさを感じた物だ。

しかしそんな淋しさも暫くの間で、僕は次第に田舎の生活が楽しくなって来た。

朝、小鳥の声でめざめる爽快さも此処に来る迄は知らなかったが、それよりも僕を一層喜ばせたのは広い青空だった。

天気の良い日などよく母に連れられて近くの土手に出かけた。

土手の上に「ござ」を敷いて坐ると、胸の奥までスーっとしてくる様だ。

ここには、連日の空襲で疲れ果てた顔も、凄まじい焼跡も無い。

有る物は素朴な人情と、見渡す限りの青田と、緑のケープを羽織った様な山々だ。

何処までも何処までも青い空だ。有るか無しかの風が吹くと土手の近くに立って居る杉の木の葉がサラサラと鳴り、強い草の匂いがプーンと鼻をつく。ござの傍に生えている草をむしり取ってサクサクと噛むと、鋭い苦味が頭の中まで爽かにさせる。下町の汚れた空気と、人びとの軽蔑の眼と嘲笑の中に育った僕は、自然の恵みの大らかな温かさを知って大きな喜びを感じた。しかし下町暮しの長かった母は矢張り田舎の生活が厭らしく、遠くの鉄橋を渡る汽車を見つめては、「早く横浜へ帰りたいねえ」と呟いていた。あれから十年たった今、母はもう居ない。

僕は今下町のごみごみした家の中で坐ったきりの暮しを続けている。毎年春になるとあの時の青空を思い出し、そして二度と味わえないだろうあの草の匂いを思い浮べながら。

*

私が本当の意味での人生、というか障害者としての生き方、というか、そうしたものと取り組んでいかなければならなくなったのは一九六三年秋、父が交通事故で労働不可能になり、長いこと住んでいた家をたたみ、とうの昔に結婚し、同じ区内とは言え相当離れた処にある兄の家に移らなければならない状況に追いこまれていったからだった。

父が交通事故にあった一九六三年の春、『しののめ』[9]の編集長花田春兆氏の代理として、私の目の前に一人の偉人（異人?）が現われた。それが、その後の私の生き方を決定づけ、これからの生き方をも思想的に方向づけていくであろう大仏空《おさらぎあきら》師だったのである。

私が大仏空師の呼びかけに応じて何故身障コロニーに参加することになったか、客観的な事実がいくつかある。

父の事故による転居、これは私にとって単なる空間の移動ではなかったのだ。大げさに言えば全存在の破壊に近い状況を意味していた。

私の母は、一九四六年十二月脳溢血で倒れ四年間病床にあった後、一九五〇年七月に死亡した。母が倒れてから父の交通事故で転居するまでの約十八年、私は同居していた母の妹夫妻の手で世話されていたのである。二人とも大変良くできた人で、私に対する扱いも障害者であり、決して「障害者」ではなかった。

小さい時から「真珠夫人」を読んでいたオカゲで、青年になるころにはどうやら普通の文学書ぐらいは読めるようになっていたし、従妹たち二人の小中学校の「カテイキョウシ」ぐらいはどうにか務まっていたので、そういう意味でも私には私なりの「場」があったのである。

いや、「場」があった、などと思うのは私の幻想なのだろう。

私は、私なりの努力で「場」を獲得していったのだと思っていたし、今の今までそれを信じ続けていたのだけれど、『「場」があった」と書いた瞬間、それが私の思い込みで、しかもそれを思い込みと気づくのが怖いという意識が私の生き方そのものの根底を支えてきたのではないかと気づいた。

やはり「保護」されていたのである。

叔母たちの巧みな「愛情」で「保護」と気づかせない生活を送らせられていたのではないだろうか。叔母たちに悪意があったわけではない。しかし、その悪意のない「愛情」こそ障害者のもつ人間としての本質まで奪ってしまうことになるのだ。そして、ここで問題となるのはそれが単に私一人の問題だけではなく、現在さまざまな形で問われている障害者問題の根源的な部分であるということなのである。

ともあれ、こうした幻想に支えられての生活ではあったが、十八年近い生活の転換は私にとってやはり大きなショックだった。

兄には兄の「家庭」があり「生活」がある。兄が父の家を離れて「家庭」を作るまでにはそれ相当の複雑な状況があったのである。そこに私たちがはいりこむ余地が果たして残されていたかどうか。

ここでは、私は初めから「障害者」だった。

幻想としての「場」さえ持つことを許されはしなかった。

本来、人間とは孤独な者である。などと今さら私が言う必要はあるまい。しかし孤独であると同時に一人で生きていけないのもまた人間の宿命なのである。

母屋から離れた四畳半の部屋での父と二人だけの生活、三度の食事も兄嫁が盆に乗せて運んでくるのを黙って食べなければならない生活、コミュニケーションの途絶えた青い壁と毎日にらめっこしているだけの生活、そうした生活を続けていくうちに私は名状しがたい危機感に襲われ始めた。

このままではダメになる。

このままでは、人間としての本性まで失ってしまう。この危機感が私を身障者コロニー運動に駆立てていった大きな原因の一つだった。

もう一つの原因は「女性」である。「おんな」なのである。

映画『さようならＣＰ』でも語った通り、私にとってセックスはタブーであり、「女性」を考えること自体許されることではなかったのである。それだけに、私の周りに初めて「女性」として現われた彼女の存在は大きかった。

この間の経過を書いたものが『しののめ』五十六号に載っているので次に引用しよう。

四　流しびな

風が強く、海はいちめんの朝焼けだった。

そのなかで、あの人のひとみが、全身が、きらきらと光っている。

浪が大きくうねりながら砂浜に付けたばかりのあの人の足跡を、遠く海底に運びさっていく。それは、どうしても結び合う事のないあの人と私の姿を示す以外の何物でもなかった。

淡いランプの光りの中にあの人をみいだした時、私は何と云うことなしに胸がときめくのを感じた。いい齢をして、と思いながらどうしようもない感情だった。

あの人と会った最初は、私の家で開かれた「しののめ」の同人会だ。予定の時刻より三時間も前に、まだ身仕度もととのえていない私をすっかりあわてさせたあの人の訪れだったが、その時のいたずらっぽい笑顔と、いい加減な生き方しかしていなかった私の在り方を鋭く突いて来た姿が、私のこころに仄かな波紋を広げていった。

閑居山の夏は涼しい。風と、水と、空とそれらが全て都会の作られた物とは違って自然そのままだ。

淡いランプの光のなかにあの人をみいだしてから二ケ月近く、こころの波紋は少しづつ深くなって、胸の奥に秘めておくには、もう限界に来ていた。

プロポーズ・結婚、重度者の私にとってそれはタブーの筈だった。人間として当然すぎるほど当然な、誰もが何気なく作っている「家庭」それを持つ事が、それを要求する事が許されないのか。なぜ私一人だけに……。

私はなぜ愛を結婚を望むのか？　なぜ何故に、それは一つの神話であり伝説である。

男が女に愛を求める。オスがメスに精を挿入して細胞分裂を起させるのは、聖書以前の古事記以前の神話なのである。私はその神話のディオニソスの信徒として狂騒の中で生成と消滅の一現象として私は恋愛し結婚し、自己の細胞を更に分裂させたいと望んで居る……らしい。

恋愛・結婚は細胞分裂も含めて、自己の拡大そして子孫と云う形での自己の復活、そしてその為に十字架を背負い、そしてついに、処女懐胎、これは神話の逆転フィルムであろう。

要するにオスとメスでも、プラスとマイナスでもそれは結局、神話なのである。神話は神の人への強姦（合歓？）によって始まる、神が人間の中に、そして人間が神の中に生きることによってのみ、新しい生命は産まれる。農民の画家ミレーが描いた、あの晩鐘の絵の中に謳われた〝お告げの祈〟の一節

〈しかして御言葉（神）は人となり給い我等のうちに住み給えり　（ヨハネ　一の十四）〉

私はあの人の中に私を見たのである、と云うより、あの人の中に私を創造したかった。その神話が完成しなければ最後の審判の日は来ないのであろう。審判を受けない人間は、つまり、天国の門をくぐる資格を持たないのだ。私はついに天国の門まで来ながら挫折した。ついに神話は完成しなかった。三途の川の段階で足の悪いばっかりに渡し舟から転落し突き落とされて溺れて死んだ、屍は流れた。

〝流しビナ〟と云うものがある。生きて居る人の代りに、この世の不幸と汚れを背負わされて海に流されるとか、私の屍は、私の不幸を背負って流れた。

何時の社会でも最底辺の特殊民・賤民を人為的に（政治的に）作り出すことによって、他の人びとの社会的不満を中和させて居る。生理に摂取と排泄がウラハラな様に、人類は一部の人間を〝人間外〟に排泄することによって、人間が人間らしく生きて来たのだ。

〝流しビナ〟は人類の十字架を背負わされた賤民であろう。

私の屍は流れて西の海へ去った。海辺の砂浜にはあの人の足跡はすでになく、遠く遠い海底に去って、赤い小さなほたて貝になったと云う。


（一九六五年四月）


しかし、事実は右の文章よりもっと単純で、人間のもつエゴをさらけだした形で私の恋愛は発足し、展開し、挫折していったのだった。

私は、始めからコロニー造りなど考えなかったのかもしれない。前述の通り、私は当時私の置かれた状況からどうしても逃れたかったし、大仏師の体力が私の移動にとって甚だ好都合だったし、閉じこめられていた空間を広げたいという願いが強かったし、それにタブー化されていた「女性」の肉体を自由にできるかもしれないチャンスであったし、それだけ、本当にただそれだけで茨城県新治郡千代田村上志筑の閑居山願成寺に建設された閑居山「マハラバ村」に参加していったのである。結果は、自から明白であろう。

私は、大仏師を裏切った。

多くの同朋《とも》を裏切った。

恋人を、裏切った。

そして、
今、私は多くの裏切りの末にようやく守り得たと思い込んでいる「幻想」を抱だきつづけながら今日を生きている。

私は、私の淵を意識せずにはいられない。

そこには、絶えず様々な貌が揺らめく。

その揺らめきが、絶え間のない振幅を繰返すことはあっても、蒼黒い淵から決して消え去ることはあるまい。

これからも、私は行動を繰返していくだろう。そして、その行動の度に私の淵には貌が増え続けていくだろう。

私は、しっかりとその貌を見据えながら生きて行かなければと思う。

これまで書いてきた私の生きた道、これは決して私だけの姿ではないと思っている。

生まれてから絶えず繰返される様々な抑圧、疎外、差別の中でしか生きることを許されはしない「障害者」、それがどうして「健全」な精神を持ち得よう。

*

三十年・四十年と家の中だけで坐ったきりの生活を強いられている者が、エリートビジネスマンと同じ世界を共有できると言うのだろうか。もしもそれができるという者があるとしたら、それはあくまでも観念上の遊戯にしかすぎないのである。

だとしたら。

肉体の在り様がその者の世界を構成するとしたら、ＣＰ者はどのように生きるべきであろうか。己れの世界を武器として「健全者」の社会に迫っていくためには一体どうすれば良いのだろうか。

第五章　われらかく行動する

一　われらが生きるために

一、われらは自らがCP者であることを自覚する。

われらは、現代社会にあって「本来あってはならない存在」とされつつある自らの位置を認識し、そこに一切の運動の原点をおかなければならないと信じ、且つ行動する。

一、われらは強烈な自己主張を行なう。

われらがCP者である事を自覚した時、そこに起るのは自らを守ろうとする意志である。われらは強烈な自己主張こそそれを成しうる唯一の路であると信じ、且つ行動する。

一、われらは愛と正義を否定する。

われらは愛と正義のもつエゴイズムを鋭く告発し、それを否定する事によって生じる人間凝視に伴う相互理解こそ真の福祉であると信じ、且つ行動する。

一、われらは問題解決の路を選ばない。

われらは安易に問題の解決を図ろうとすることがいかに危険な妥協への出発であるか、身をもって知ってきた。われらは、次々と問題提起を行なうことのみがわれらの行いうる運動であると信じ、且つ行動する。

右に掲げた行動宣言[10]こそ、私たち重度CP者の解放を進めていくための旗印なのだと私は信じている。

この行動宣言は、一九七〇年の重症児殺しに対する「青い芝」神奈川県連合会の運動を進めていく中から次第に具象化されてきたCP者の基本的テーゼなのである。

この行動宣言は、「青い芝」神奈川県連合会報『あゆみ』十一号に私が試案として載せたことに始まる。

当時、私は『あゆみ』の編集を担当していた。普通、会の機関誌は会の中央機関全体の編集方針によって内容が決められるのだが、私の場合は全く自由に仕事が出来たので、そうした意味では比較的私の思想を反映させる事が出来る「場」であった。

十一号の一ページ全体にこの行動宣言が掲げられた時、当時の執行部から私はヒドクお叱りを受けた。

「なんて乱暴なことを書いたんだ」

「こんな過激なことを書いたら、後始末が大変だゾ」

「会員がついてこなくなる」

周りからメッタメタに叱られて、私はすっかり考え込んでしまった。

そんなにこの考え方は過激なのだろうか。私とすれば、当り前のことを当り前に言ったまでなのである。

脳性マヒ者が、脳性マヒ者として生きようとする場合、やはり脳性マヒ者の思考がなければならない。健全者とは異なったものの見方をしなければならない。というより、少しオーバーな言い方を許して頂けるならば、人類文化そのものの見方、捉え方自体、健全者とは異なった視点でなければならない。

脳性マヒ者の存在自体が人類文明の矛盾の結果生じたものとも言えるのである。

他の動物、哺乳類にも、魚類、爬虫類にも脳性マヒ、少なくとも成長した脳性マヒの存在を見ることはまず考えられない。そうだとすれば、脳性マヒ者の存在こそ人類文明が生み出した矛盾、そして人類文明が存在する限り永続する矛盾なのだと言えよう。

そうした人類文明の矛盾の具現者として脳性マヒ者の存在理由がもしあるとするならば、それは、矛盾そのものを問い続ける作業を行なう事でしかないのではないか。

この行動宣言は、そう言った意味での矛盾を問い返す作業の、ほんのささやかな第一歩にしかすぎないのである。

*

この行動宣言のテーゼの第一として

まず、自らがCP者であることを自覚するということがある。

これまで、繰返し繰返し書いてきたように、現在の日本資本主義体制の社会にあっては私たち身体障害者、特に重度CP者は「本来、あってはならない存在」として疎外の対象となっている。

一九七三年八月六日、川崎市多摩区中野島で起きた脳性マヒ乳児殺しを、七日付けの朝日新聞記事から引用しよう。

六日午後二時半ごろ、川崎市多摩区中野島、会社員新宮克明さん方で、妻俊枝（二九）と長男英征ちゃん（十カ月）が倒れているのを、同居している俊枝の父、農業古谷勇司さん（六二）が帰宅して見つけ、川崎・多摩署に届けた。二人は近くの病院に運ばれたが、英征ちゃんは首を腰ヒモで絞められ、死んでいた。俊枝は精神安定剤を多量に飲み、意識不明だったが、命をとり止めた。同署は俊枝の回復を待ち殺人の疑いで逮捕する。

調べでは、英征ちゃんは四月、東京狛江市の慈恵医大附属病院で軽度脳性小児マヒと診断された。まくら元に「お父さん、お母さんごめんなさい。育児にすっかり疲れました」との遺書があり発作的に無理心中を図ったらしい。

その後私たちが調べたところでは、被害児の家は家庭環境、経済状況共に現在の社会にあってはまず申し分のない暮らしだったようだ。被害児の障害もごくごく軽度であり、しかも日常的な世話は祖父母たちが引き受けていたという。考えようによっては障害児にとってまれに見る恵まれた状況であると言えよう。

そのCP児が殺されたのである。

これは、一体何を意味するのだろうか。

やはり伊耶那美以来の「異物」排除の論理が加害者(「健全者」)の意識下に厳として存在しているのである。

ただ、それだけのことなのである。

加害者は、己れの体内から産み落とした「異物」「不条理な物体」「ダメな肉体」によって己れが疎外されることにがまんできなかったのだろう。

「ダメな肉体」とは何を基準として定めるのか。これもその時代によってあるいは国家体制によってその価値を変えてはいるが、大前提として「働けないこと」「労働による報酬を基とした生活ができ得ないこと」があると言えよう。殊に日本資本主義体制の下では、「働ける」ということは剰余労働の大きさをもってそのものの価値を決めるのである。

つまり、剰余労働をもたらさない者は「ダメな者」「ダメな肉体」ということになり、その者は現代社会に「本来、あってはならない存在」ということになる。

私たち脳性マヒ者は、軽度・重度とを問わず剰余労働をもたらすことのできる者はごく少数と言わなければならない。

最低賃金法という法律がある。

この法律の第八条[11]には次の通り記されている。

(最低賃金の適用除外)

第八条　次に掲げる労働者については、当該最低賃金に別段の定がある場合を除き、労働省令で定めるところにより、使用者が都道府県労働基準局長の許可を受けたときは、第五条の規定は、適用しない。

一、精神又は身体の障害により著しく労働能力の低い者

二、試の使用期間中の者

三、四、省　略

つまり「精神・身体障害者」には、この法の目的である「労働者の生活の安定」に価する最低賃金を支払わなくても良いのである。

私自身は障害が重度のため、今日の資本主義の論理下で、就労は不可であるが、私の友人の例から見たCP者の就労状況を書くと。

一ケ月二十五日以上の労働、しかも一日八時間以上の肉体労働を要求されて、しかも賃金は「健全者」の五分の二程度、一九七七年現在の賃金額で言えば四万〜五万という額が多いのである。

それに加えて、「障害者」の就労は国家権力の景気調整政策の安全弁として既婚女子のパートタイムと同じ役割を務めさせられている。

剰余労働をもたらさない「障害者」は結局、景気調整策のためか一般労働者の低賃金政策の支えとなるしかないのである。

「障害者」は資本家に利益をもたらさない「肉体」なのである。その「肉体」は「ダメ」な物として規定されるのだ。そうした日本資本主義の論理は巧みに「健全者」の「異物」「不条理物」排斥の思想を先鋭化していく。川崎市多摩区で起きたCP乳児殺しは、そうした論理と思想がものの見事に表面化したものなのだ。

現在の社会体制下はもとより、人類社会そのものによって「本来、あってはならない存在」と規定されているCP者の位置を私たちは、強く確認しなければならない。

「健全者」の世界に同化することを夢みたり、「健全者」に理解を求めるとかを考えることは自ら疎外、抑圧の道を歩むものと言わなければなるまい。

各々の立場性を充分に把握し、そこから何をなすべきか、を捉えなければ真の意味の自己解放への門は開かれないだろう。

繰返し言うが、今、私たちに最も必要なことは、人類社会にあっては「あってはならない存在」とされる自らのCP者であることとの確認だろう。

＊

第二として

強烈な自己主張を行うことである。

私たちが、「本来、あってはならない存在」とされている自己を認識した時点で、では、一体何を行うべきであろうか。自己の存在、それは何ものにもかえ難い自己そのものなのである。

肉体の差異、精神の在り方などは全く関わりのない自己の「いのち」そのものなのである。

肉体の差異によって、あるいは精神の在り方によって自己の存在価値を規定されて、その価値判断の下に、差別、抑圧、抹殺される現状に対して、私たちは毅然とした態度で闘いを進めていかなければならない。

私たち「障害者」、特にCP者たちは日常的に「健全者」の「保護」がなければ「生かされない」現実がある。食物を摂ることから排泄まで一切「健全者」の手を煩わさなければ行ない得ない現実がある。

そうした日常的な現実の繰返しの中では「障害者」の精神は、ともすれば、「健全者」に屈服し、「健全」に同化しようと思考し、「障害者」を理解してもらうことが「障害者福祉」の正しい姿であると思い込んでいる。

「健全」に同化しようとすることは「健全者」によって規定されている「障害者」を認めることであり、自己を自ら「本来、あってはならない存在」と規定することではないのだろうか。

事実、多くのCP者たちは、この「同化」への道を歩むことにより、自ら苦しみを深め、自己の「肉体」の否定、つまり、完全な自己否定にまで追いこまれていってしまうのである。

私たちの優生保護法改定案反対運動の中で、私を驚かせたのは、この改定案の持つ独占資本と国家権力との結合、それに伴う劣悪者排除の本質を見ぬいたのは「健全者」の中の若い人びとの一部であり、大多数の「障害者」は基本的にこの改定案に賛成だったということである。

「こんな体に生まれなかったほうが良かった」

「障害者だったためにこんな苦労をするのだから、私の子供が『異常』だったら中絶する」という発想が多くの障害者によってなされており、私たちの改定案反対署名にも冷たい態度をとりつづける者が多かった。

しかし、これは他の障害者の問題ではなく、私自身の心の底にもあるものなのである。

重度CPなるが故に、私はさまざまな抑圧を受けつづけて生きてきた。「足が悪いばっかりに渡し舟から転落し突き落とされて溺れて死んだ」という状況を何度繰返したことだろう。そして、行きつく先は自己存在の否定という形をとらざるを得なくなるのだ。

しかし、これで良いのだろうか。

こんな自己否定を繰返してみたところで、現在、今生きている自己の問題を少しも前進させはしない。

捉らえた現実を基として、その現実を高らかに詩《うた》いあげてこそ初めて人間としての存在があるのだ。

その詩《うた》は哀しみの涙であるかもしれない。

絶望の叫びであるかもしれない。

しかし、この叫びこそ、この自己主張こそ、私たち「障害者」が生きる為に欠くことのできないものなのではあるまいか。

時として、それは「障害者エゴイズム」といわれるような形態をとらなければならない状況もあろう。

その「障害者エゴイズム」と私たちを抹殺の対象としている「健全者エゴイズム」との闘争《ふれあい》こそ、私たちを自己解放へと導びくための手段となるのだと私は信じている。

*

第三として
愛と正義を否定することである。
私たち生きとし生ける者は、親の「愛」によって成長してきた。
「愛」なくして生き物の存在はあり得ないとも言えよう。

「愛」、特に「親」の「愛」とは、では一体何なのだろう。

生物が子を産む、あるいは産もうとする意志を持つことは「種」の存続を図ろうとする行為であり、自己を拡大しようとする意識の表われに他ならない。つまり、自己執着なのである。

「親」の「愛」の基本的出発点が自己執着であるとしたら、そこには「愛」の対象としての「子」の「個」とは全くかかわりあいのない視点で行なわれる「エゴ」にしか過ぎないのではないか。

「親」の「愛」だけではなく、およそ、「愛」と名のつく行為がいかに自己本位な思い込みであり、自己執着であるかは、変愛中の女と男の間の「幻想」を見るまでもなく明白な事実なのである。

エゴを原点とした「親」によって私たち「障害者」はどれ程の抑圧、差別を受けているか。しかも、「愛」という名分の下にどれだけの「障害者」が抹殺されていることだろうか。

一九七〇年の横浜の事件でもそうだった。一九七二年の東京北区の重度者殺しもそうだった。ごく最近の横浜、港北区の障害児殺しもそうだった。

今こそ、私たちは「愛」を否定し去らなければならない。「愛」の本質に潜むエゴを見据えなければならない。そして、所詮自己執着から逃れ得ない人間の哀しみを確認し、その時点からの叫びをあげなければならないのだ。

「正義」、これはもう私が説明するまでもあるまい。

「正義」とは絶対多数者の論理であり、「抹殺する側」が「抹殺される側」の論理を屈服させる為に用いる名目である。現代社会にあっては「健全者」は絶対多数であり、その絶対多数者の思想と論理こそ「正義」と名付けるのである。

「障害者」を巨大コロニーに隔離収容することも「正義」であり、「障害者（児）」殺しの親たちを減刑運動という形で社会に組みこむことも「正義」であり、もっと言うならば「優生保護法」で「不良な子孫」を防止するとかが最もすぐれた「正義」ということになるのである。

「正義」によって疎外され、抑圧される「障害者」である私たちが何故「正義」を肯定しなければならないのだろうか。

私たちは「正義」が絶対多数者側の論理である以上、断固としてこれを否定しなければならないのである。

「愛」と「正義」の否定、これこそが「障害者」の基本的な思想であり、これを血肉化した精神をこそ「障害者」

は持つべきであろう。

第四として

問題解決の道を選ばない、ということである。

これまで数多くの障害者団体があった。

そして、それから多くの障害者団体の活動方針といえば、障害者（児）の要求、というより障害者（児）の親の要求を取りあげ、「こうすれば障害者（児）は幸せになるのだ」とするか、或いはまた「こうすることが、障害者（児）の解放に結びつくのだ」とするか、いづれにしても行政相手の要求実現交渉か、せいぜいいって裁判闘争を行なうか、どっちにしろ問題解決を計ること自体、常に妥協への出発点であることを知らなければならない。

私たちが成し得ること、それは次から次へと問題提起を起すこと以外にないのではないだろうか。

私たちは安易な妥協を行ってはならない。これは、数多くの障害者運動の歴史、というより「青い芝の会」自体が背負ってきた、背負い続けている歴史でもあるのである。

＊

右に掲げた行動宣言を基本テーゼにすえて、私たちはこれから何を成すべきかを考えなければならない。

繰返し言うが「障害者」は「抹殺」される存在であり、「本来、あってはならない存在」と規定されていることを認識して行動しなければならない。

これは、対権力の闘い、「健全者」への闘いは言うまでもなく、現在「障害者」解放闘争を、対権力闘争の一部として組み込んでいる各セクトの運動家諸君への問いかけとして徹底的に行なわなければならない。

「革命」の論理が少数者の論理であることはほぼまちがいのないことだろう。

しかし、各セクト諸君の考える「少数者」の中に果たして「障害者」がどのように位置づけられているのだろうか。

ここ五、六年来の各セクトによる「障害者」解放闘争の挫折と失敗は一体何を意味しているのだろうか。

無論、「障害者」側にも基本的な問題はあるだろう。社会性の欠除、生まれて以来の自己喪失がもたらした主体性のなさ、それらが「障害者」解放闘争の中で拡大された現象として打ち出された時、やはりその闘争は「健全者」ペースで進まざるを得なくなるのがどうしようもない現実なのである。

しかし、そうした「障害者」側の問題とは別に、「革命」の中で確立した「障害者」の位置付けがなされない限り、はっきり言うならば、寝たきりで食事から排泄まで人手を煩わさなければならない人たちを人類の中にどう位置づけるか、という作業がなされない限り、その「革命」はすでに堕落への道を歩み始めたと言っても過言ではないだろう。

車イス介助の時、「障害者」の意思とかかわりなく闘争地点に「連行」していったり（甚だしい例に至っては在宅の重度障害者を「映画に連れていく」という形で暴動に参加させたというケースもある）、そうした意識で進められていく「革命」が「障害者」にとって解放に結びつくのかどうか。セクトの諸君も「障害者」側も二度、三度と考え直さなければならないことだろう。

「障害者」の位置を確立する作業がなされた時点でこそ始めて「障害者」と「健全者」の連帯はなされるのであり、今、安易な形でセクトペースすなわち「健全者」ペースでの闘争は「障害者」側として厳重すぎる程に注意していく必要があろう。

対権力への闘いも、対社会への働きかけも、最後には障害者自身が行なわなければならないし、またそれをなし得ないところに「障害者」解放などと言うのは「解放」の本質を知らない者の「迷い言」と言わねばなるまい。

「解放」とは、所詮、己れだけのものでしかあり得ないし、己れがつかみとる以外方法はないのである。

私たち重度CP者が「障害者」として、制度的にも、体制的にも、「健全者」の思想の上からも抹殺、疎外、排除、抑圧を受けつづけている限り、私たちは闘いぬいていくだろう。

完全な自己の解放、「障害者」解放をめざして。

二「福祉の街づくり」について

最近俄かに脚光を浴びてきた街の改造「身障者のための住みよい街づくり」の問題は「障害者」にとって様々な問

題を含んでおり、これを見逃すわけにはどうしてもいかなくなったので少し書くことにしよう。

この、「身障者のための住みよい街づくり」が叫ばれ始めたのは、ここ五、六年来のことである。

今手元にある資料によると一九七一年の末に京都市が「車いすで歩けるモデル街づくり」なるものを発足させたのを始めとして、その後各地方自治体の間にこの運動が急速に広まっていった。

これに応えた厚生省は昭和四十八年度国家予算で「身障者モデル都市」づくりをわずか六千万円で開始した。

朝日新聞一九七三年一月十六日の記事を引用しよう。

まず〝先進〟の三市
身障者モデル都市候補
厚生省が熱意買う

からだの不自由な人も社会活動のできる町——「身障者モデル都市」づくりの四十八年度予算は三市六千万円と決まったが、厚生省は十五日、第一次候補地として仙台、下関、北九州の三市を選ぶ方針をほぼ固めた。三市とも国の計画に先がけて車イスの身障者が働きやすい施設や街の改善を進めている〝先進自治体〟で、熱意が買われたわけだ。

身障者の収容施設、身障者用住宅の建設などはここ数年、急速に進んでいる。しかし、それだけでは身障者や盲人の日常の社会活動を保障することにはならない。多くの街は、からだの不自由な人にとっては危険なジャングル。北欧の諸都市に範をとった「身障者を気遣う街」づくりという考え方が広がりつつある。

厚生省も、それをとり入れ、五都市に各三千万円の奨励金を要求した。大蔵省内示で三市六千万円がつき、復活は大臣折衝まで持込まれたが、大蔵省は「これ以上は一銭も……」としぶり査定で三市分と決った。

仙台、下関、北九州三市は、独自に実験をはじめている。たとえば仙台市、市内の身障者約六千三百人。市相談室につどう住民運動グループ、身障者実行委の要求を吸上げ、昨年十一月までに市役所はじめ市の施設、宮城県庁、市内四ヵ所のデパートに身障者用のトイレを増設したほか、出入り口を車イスで通れるようスロープ化している。

今後、市が建てる施設はもちろんのこと、民間のビル、新幹線仙台駅などにも設計の段階から、身障者用トイレの付設と出入り口のスロープ化を申し入れる方針。

下関、北九州の二市も昨年から公共施設の出入り口のスロープ化をすすめているが、下関市は繁華街の横断歩道につくられている信号機の一部を盲人でも扱える「触知式振動信号機」に取替えたり、といった具合だ。

この厚生省予算で行なわれるモデル都市とは別に郡山市、宮崎市など地方都市を中心にこの計画が進められている。東京都では中期計画の中で「総べての地域における望ましいコミュニティーの形式」という方向でこの計画が進められている。

この「身障者のための住みよい街づくり」計画の特徴として次のことが言えよう。

一、歩道と車道の段差解消
一、公共建築物の車イス利用者のための改造
一、一部の駅に車イス専用の改札口を設ける
一、点字ブロックの評置

全国の身体障害者数、特に肢体不自由者の数は一九六〇年以来急速に増えてきている。

これは、日本資本主義体制の矛盾がようやく人びとの前に明らかにされかけた「六〇年安保」を隠蔽するために、「所得倍増計画」「高度経済成長計画」なる「幻想」を人びとにおしつけていった権力の企みが、職場災害、交通事故災害による「障害者」を急速に生んでいったためであろう。

「日本の障害者福祉政策は、昔も今も傷夷軍人を対象にしている」

これは、私の師である大仏空師の名言である。

国家目標のために率先協力し、そのために傷ついた者たちは、国家の名誉にかけて救わなければならない。つまり、新しい形の「傷夷軍人」である職場災害者、交通事故災害者はリハビリテーションによって救わなければならないのである。

しかも、そのリハビリテーションなるものも、神奈川県での例をとれば、県立民営という形をとった安上り施策であり、決して充分な費用を「障害者」に与えることはしない。

しかも、問題となるのは、このわずかな費用さえ企業公害によってなされた障害者「胎児性水俣病患者」「イタイイタイ病患者」「森永砒素ミルク被害児」「カネミ油脂患者」「サリドマイド児」などにはほとんど使われないということだし、もっと大きな問題としては、あの太平洋戦争での最大の犠牲者であるはずの「原爆被爆者」、特に「被爆者二世」がほとんど放置された状況にあるということなのである。

そして、そのリハビリテーション後の「障害者」は「残存能力」なるものを「身体障害者雇用促進法(11)」の下に日本資本主義体制に吸収されて行く。

このところの急速な「身障者のための住みよい街づくり」はそうした体制の下に「働ける」「稼げる」障害者を「街」の中に組み込む作業の表れでしかないのである。

一体、今の社会に「まち」があるのだろうか。

都市構造そのものが資本に組み込まれ荒廃した巨大な姿をさらけだし、なおふくれあがりつつある現状、その中で人間性は奪いつくされ、疎外されつくされている「都市」。

コミュニティーは崩壊し、人びとはどうしようもない不信の呻きを挙げる。

脳性マヒ者の多くは、そうした荒廃した都市の中の破壊されかけた「家」によって抹殺への道を歩いているのである。

＊

「身障者のための住みよい街づくり」はあくまでも「働ける」「稼げる」障害者のためのものでしかないのである。

あふれる自動車の問題、荒廃した人間性の問題、社会制のもつ価値感の論理、これらを真剣に考え直さない限り、いわゆる陳旧慢性の肢体不自由者、特に脳性マヒ者は増々「まち」の疎外を受けなければならないだろう。

このことに関して、日本脳性マヒ者協会「青い芝の会」全国常任委員会では脳性マヒ者の立場から東京都にむけて意見書を提出した。そしてその意見書を基本的に据えながら「青い芝」神奈川県連合会独自の考え方をとりいれた「福祉の街づくりの要請書」があるので次に記そう。

「福祉の街づくり」について　要請書

私達は重度脳性マヒ者を中心とした、第二種社会福祉事業団体日本脳性マヒ者協会「青い芝」神奈川県連合会です。

私達の会は過去十数年に亘って脳性マヒ者の生存権の確立、社会的地位の確立等を目標として、様々な運動を進めて来ました。

その間にも私達脳性マヒ者は一九七〇年五月の横浜市金沢区で起きた重症脳性マヒ児殺しを始め、一九七三年八月六日川崎市多摩区中野島で起こされた脳性マヒ乳児殺しに至る迄、種々な形での抹殺、差別を受け続けております。

私達は、それらが起こされた大きな原因として、現代の社会機構が持つ生産性第一主義、能力至上主義がもたらす人間性の荒廃、福祉行政の立ち遅れ等にあると考えております。

特に私達が問題とするのは、人間性の荒廃に伴う私達重度障害者をとりまく地域社会の在り方であります。

障害者の存在をともすれば否定し、障害者を地域社会から排除しようとする街のしくみが残る限り、巨費を投じて建設された七沢の「神奈川県総合リハビリテーションセンター」の存在意義も半減されてしまうのではないかと考えます。

最近、仙台市を始めとした多くの地方自治体は「福祉のための街づくり」「障害者の住みよい街づくり」を提唱しております。車椅子での自由な外出を目的とした道路の改修、車歩道の段差解消、公共建築物や地下鉄のエレベーター設置等、にわかに脚光を浴びつつあります。

これらの動きが、車歩道の段差の問題を中心として展開されて来た背景には、交通事故災害、職場災害に於ける身体障害者の増加等、一定の能力を持ちながら社会的活動、特に社会経済活動の場から締め出されている多くの車椅子利用者の問題が強まりつつある社会的動きがあると言えましょう。

しかし、この動きが車椅子利用者の外出できるための設備といった観点だけで現象的なものの追求に終始するとすれば、脳性マヒ者のような、車椅子も自分でまわせなかったり、外出ができてもそれだけでは社会経済活動にはつながってゆかないような状況にある最も弱い立場の人たちの受けている不利益と、かかえている苦しみが、またもや置き忘れられてしまうのではないかと懸念されます。

私達「青い芝」神奈川県連合会は、脳性マヒ者をはじめとする陳旧慢性の肢体不自由者の人間としての尊厳を守り、生存権の確立、社会的市民権の確立を目ざす立場から、「どんなに障害の重い者であっても、また経済活動能力がいかに低い者であっても、街の中で生活することを保障されなければならない」と高らかに主張するものです。

私達は、この思想が、総ての障害者政策の立案と実行の道筋の中で、常に踏まえられなければならない原則の一つであることを、まず確認したいと思います。

私達は右に述べたような基本原則に従って、福祉先進県である神奈川県に於いても「福祉のための街づくり」を推進して頂きたく次の事項を要請致します。

私達は第一に、脳性マヒ者をはじめとする陳旧慢性の肢体不自由者が、社会的あるいは肉体的に、保護または介護を要するとき、生活の場としての施設が必要だと考えます。この生活の場としての施設を中心に、障害者が住みよい街づくりをする必要があります。

これを実現するために、当面、最もよい条件を備えている県営住宅団地の一角に、小規模のこの施設がつくられ、その周辺の商店街、郵便局、医療機関などの段差をなくし、障害者が、地域の人たちと自由に交流しあえる条件を整備することが障害者の住みよい街づくりの第一歩になると思います。

右の要請は、これまで親兄弟の許で、家庭の中にバラバラに放置され、あるいは、国の高崎コロニーをはじめ各地方に設けられた障害者施設で、無権利の状態に置かれている身障者が、自らの権利と要求を自覚し、自らの主体的な組織を生み育てる土台であると同時に、障害者以外の地域住民が、障害者を含めた形での地域社会を建設してゆく基盤でもあります。

以上述べてきた視点を中心に据えながら、私達は、神奈川県に於ける「福祉の街づくり」の当面の施策として具体的に次の事を要請します。

一、重度の障害者の為の緊急施設（保護者が病気、若しくはやむを得ない事情の場合の為の一時的な救護を含む）を県営住宅の一部に設けること。
二、障害者の生活の場としての施設がある地域を通る路線バスを始め、電車、バス等を、車椅子でも乗降できるように改造すること。
三、神奈川県全域に在る駅（国鉄、私鉄を問わず）の改造をすること。（エレベーターをつけ、改札口を広げ、手摺をつけ、自動販売機の改造などを含む。）
四、日常生活に密着した公共機関、医療施設が、障害者が利用できるように、構造を改善すること。
五、学校教育に於いて、障害者の存在を正しく確認させ、差別用語その他の障害者の存在を妨げる一切の教育を排除すること。
六、肢体不自由者の機能の特性を活かせるような仕事については優先的に行なえるような制度を検討すること。
七、外出困難な重度障害者に対する電話サービスの重要不可欠な役割を十分認識し、電話の利用に関する負担を県の行政によって軽減措置を講ずること。
私達は右の要請が「福祉の街づくり」の原点であり、最低限の要望であることを強く訴えたいと思います。

何卒県当局に於いて宣しく御検討を頂きますと同時にこの要望書に関する御回答をお寄せ下さいますようお願

い致します。

一九七三年八月二十五日

第二種社会福祉事業団体
「青い芝」神奈川県連合会
会長　横田　弘
横浜市磯子区中原一‐八‐一‐一〇六
電話　〇四五‐七七一‐八〇〇五
事務局
川崎市高津区有馬三六八
第二団地十四‐一〇六　矢田龍司方
電話　〇四四‐八六‐五二八一

神奈川県知事　津田文吾　殿
民生部長　稲垣　直太　殿
土木部長　遠藤　正一　殿
建築部長　前川　喜寛　殿
教育長　武田　英治　殿

私たちはこの要請書と同文の物を横浜市・川崎市に提出した。
これに対して、神奈川県、川崎市からは回答を得ることができなかったが、唯一つ当時の横浜市長　飛鳥田一雄氏から、七三年十二月十七日付けで次の回答を得られたので記しておこう。

48市第646号

昭和48年12月17日

第二種社会福祉事業団体「青い芝」神奈川県連合会

会長　横田　弘　殿

横浜市長　飛鳥田　一雄

「福祉のまちづくり」の要請について

（回答）

さきに要請のありました標記につき、次のとおり回答いたします。

1　路線バスに車椅子で乗降できるようにとのことですが、次の点で現行路線バスは困難であります。

(1)　車椅子の乗降等の補助のため、車掌を添乗させなければならない。

(2)　車椅子の乗降に時間を要するため、定時運行を確保することが困難であります。

(3)　車内に車椅子を持込むスペース等の関係から定員減となる。

(4)　一般乗客の協力が必要である。

(5)　車両改造費、人件費（車掌）が多額となる。

2　地下鉄駅にエレベーターを設置せよとの御要望でありますが、御要望の趣旨についてはじゅうぶん理解できますが、現時点においては、地下鉄駅にエレベーターを設置することは極めて困難であります。将来については、この御要望について検討を加えながら対処していくよう努力いたします。

3　病院等建設に当っては、身体の不自由な方が利用に際し受ける不便を極力解消するよう配慮しておりますが、既設の施設については今後さらに点検し、出入口、手洗、エレベーター、窓口カウンター等構造に関し、可能な限り改善の方向で検討してゆきたいと思います。

4　学校教育では児童・生徒ひとりひとりの人間性を尊重し合い、その持てる能力を開発することをねらいとしております。そこで、教育委員会ではすべての教職員や児童生徒に対し「障害をもつ人も障害をもたない人も共に育つ」という教育理念を正しく理解させるように指導しております。

5　身体障害者の職業については、職業安定法あるいは身体障害者雇用促進法にもとづき、公共職業安定所が窓口として取扱っておりますが、重度障害者の場合すぐ一般企業への就職は困難な点があります。そこで、身体障害者福祉法にもとづき更生援護施設へ入所し、職能訓練等を行い、就業の道を開いております。また、障害者の方の自立助長を図るため、「福祉授産所」という施設があります。この施設は、家庭内職的な仕事を与え、工賃を得られるよう配慮されております。今後は更に要望にそえるよう施設の充実に努めてまいりたいと思います。

6　本市においては、法にもとづく関連施策のほか、障害者のニードをじゅうぶん考慮し、市独自の立場から、各種援護を実施し、福祉措置の強化充実に努めております。要望の電話利用料の軽減措置につきましては、今後対象者等の実態もじゅうぶん把握しながら電々公社等と調整してまいりたいと思います。

＊

私は「革新」なるものにはいささかの「幻想」は持っていなかった。……と思っていたのである。が、そうした私の心のどこかにたとえ少しではあるにしても、「期待」があったことがこの回答文を読んでいくうちにはっきりと思い知らされたのだ。そうした意味で、この「回答」は私の「期待」を根底から払拭してくれただけでも実にアリガタイものだった。

私たちの最も基本的な要請は、ＣＰ者を始めとする陳旧慢性の肢体不自由者の人間的尊厳であり、生存権の確立である。そうしたことを県の行政、市の行政の中でどれだけ進めることができるかを問うたものだったのである。

処が、この「回答」はそうした私たちの基本的な問いには何一つ答え得てはいない。

形式的な、あまりにも形式的な、しかも私たちの市民権の確立を全く無視した差別的な個条書きによる「回答」。

これが「革新」の正体だったのである。

この個条書き「回答」を一つ一つ論破していく時間は今の私にはない。が、「回答」冒頭の路線バスに車椅子で乗降する問題について少し書いてみよう。

回答(1)　車掌を添乗させる問題

市営バスがワンマンカーになったのはそう古いことではない。行政の合理化、経費の削減という、公共性を無視した経営の論理から車掌の添乗をやめたのだろうけれど、ワンマンカーになったしわ寄せは、老人、妊産婦、子供等いわゆるハンディキャップを持っている人びとにふりかかってきたのだ。ハンディキャップを持つ人は決して、老人、妊産婦だけではなく、たとえ頑強な肉体をもつ青年であっても両手に大きな荷物を提げているということだけで、大きなハンディキャップたりうる場合もあるのである。

交通機関を、国、地方行政で行なうのは、その機関が利潤追求の為のものではなく、人びとの必要を充たす為のものであるはずだからなのだ。

としたら、肢体不自由者のために車掌を添乗させる必然性は充分あると思うし、まして先に書いたように、一切のハンディキャップをもつ人たちのためだとしたら、車掌添乗は当然のことなのである。

(2)(3)これは反論する必要はない。全く、ナンセンスの一言である。要はやる気があるかないかの問題であろう。

(4)　一般乗客の協力について

この回答をよこした横浜市当局は、一般乗客の「代弁者」という形で肢体不自由者の外出、社会参加に協力できない、つまり、肢体不自由者は外出してはいけないという回答を、肢体不自由者の団体である日本脳性マヒ者協会「青い芝」神奈川県連合会に与えたのだという確認を自らに課すことを私たちは要求する。

私たちの基本的な要請の一つである市民権の確立、これはどんなに障害の重い、能力の低い者であっても社会の中で、市民の中で、いや市民の一人として市民と共に生きるということなのである。

そうした私たちの要請を無視し、私たちCP者を始めとした肢体不自由者を「障害者」と規定し、それと「一般乗客」という形での「市民」とを分断、差別の強化を図るという、日本資本主義を擁護する自民党・国家権力と全く同じことを行なったのである。

これが「革新地方行政」なのである。

現状では確かに肢体不自由者への理解を急速に求めることはむずかしいかもしれない。

しかし、私たち肢体不自由者側からの働きかけとともに、行政側からの積極的な市民への働きかけが、市民の意識変革をもたらす大きな力たりうるのではないだろうか。

車椅子利用者の市営バスへの乗降は、そういった意味で市民の意識を変革させうる「場」なのである。

この「場」を私たちから奪うことは「障害者」を「本来、あってはならない存在」なのだと市民に意識させ、「障害者」を疎外、抹殺への路に追いこもうとするのだ、と私たちは考えざるを得ない。

私たちはこの「回答」を大きな怒りを持って糾弾し続けていかなければなるまい。
(5) これに対する反論は(1)において述べた通りなので、敢えて重複はしない。

*

結局、この横浜市当局の「回答」全体が「障害者」を地域社会から締出し、現在様々な形式と理由付けで行なわれようとしている隔離・収容への路を進もうとしている「福祉政策」の姿を露呈したものと言わざるを得ない。

この「障害者」無視の「回答」と現在行政レベルで行なわれつつある「身障者のための住みよい街づくり」との間のギャップを当局はどう捉えるのだろうか。

車歩道の段差を「ケヅッ」てみたところで、公共の建て物に車イス利用のトイレを付けてみたところで、肝心の交通機関の利用を拒絶された重度の「障害者」がどうして社会参加できると言うのだろう。

こうした視点で行なわれる「身障者のための住みよい街づくり」が、結局、「職場災害」「交通災害」等、現在の「お国」の政策である「高度成長経済」を支えた名誉ある「傷痍軍人」のためのものであるとしか言いようがない。

その後、私が耳にした情報では、東京都・町田市においては車イスが乗降できるバスを購入し、定期バスの路線に組み入れているということである。

この情報が確かなものであると今の私には断言出来ない。しかし、社会が、行政当局が本当に肢体不自由者の社会参加を認めようとする気があれば、相当の効果をあげうることは期待できるだろう。

私はこの要請書が私たちＣＰ者の総ての要望だとは思っていない。また、仮りに「天変地異」でも起きて、行政当局が私たちの要請を全面的に受け入れたとしても、必ずしもそれが正しい解決法に通じるとは考えていない。

一つ事例をあげてそれを示そう。

駅の改造のことである。「身障者のための住みよい街づくり」のモデル都市となった仙台駅では、一般乗客とは別に車イス専用の改札口を設けてあり、しかも普段はその改札口に鎖をかけておくといったゴテイネイさなのである。わざわざ費用をかけて車イス用の改札口を作るなら、何故一般乗客の改札口を三十－四十センチ広げようとしないのだろうか。

改札口が狭いほど駅の権威が保てると言うのだろうか。それとも昔の言われなき差別の見本である「穢多」「非人」と同じように「障害者」が一般乗客と同じところに通ったのではそこが汚れるとでも考えているのだろうか。

私の言葉は少し激しすぎるかもしれない。しかし、この改札口を別にしたことが新たな「差別」を生む結果になっていくことは確かなのである。

要するに、この「身障者のための住みよい街づくり」の根本思想そのものの転換、つまり最重度の身体障害者を歴史の中にどう位置づけるか、という発想がなされてこそ初めて「総べての地域における望ましいコミュニティの形成」も成果をあげられるのだし、崩壊した「街《まち》」も新らしい息吹きをとりもどすことができるのではないだろうか。

三　「リハビリ」という名の隔離

七沢のリハビリテーションセンターについては、「青い芝」神奈川県連合会としても障害者隔離の新しい拠点である、との認識のもとに一九七五年十一月、こども医療センターに於ける胎児チェック中止の要求をはじめとした私たちの最低の要求を神奈川県に提出した要請書の中でとりあげている。

次にそれを記そう。

一、神奈川県総合リハビリテーションセンターに関する要求について

私たちは予てから巨大施設、隔離施設の在り方に対して根本的な思想の転換を求め続けてまいりました。

長洲知事が立候補中の立ち合い演説会において「大きな施設がつくられても、決して障害者は喜ばない」と言われるのを聞いて非常に共感を覚えました。

ここに提出する問題は神奈川県総合リハビリテーションセンター（七沢、以下総合センターと言う）に関する問題であります。この総合センターについて、私たちの調査、研究によれば、その現状は左記に述べるような重大な問題をもつセンターであり、「青い芝」神奈川県連合会としては、その存続を容認することができないとの結論を下さざるを得ないのであります。ついては、この総合センターの廃止を含めて、神奈川県における障害者隔離施設問題の抜本的な改革を要求するものであります。

一、総合センターの運営方針は、事故ないし疾病の発生の時点から社会復帰までの一貫した総合的なリハビリテーション・サービスを実施することが基本となっていますが、この方針は私たち障害者のおかれている現実を無視し、県行政における衛生、民生の夫々の任務を混合したものと言わなくてはならない。

二、「障害が固定したもの」のリハビリテーションは効果があがらないとし、効果のないものを入所させることは無意味であるとの見解が一般に流布している。しかし、事故ないし疾病の発生時の問題は、すくなくとも衛生行政の範囲であり、民生行政の主なる任務ではない。

三、民生行政における障害者福祉は、身体障害者福祉法にも示すように「負傷ないし疾病の発生」の時点からではなく、障害の固定を前提としている。この点から言えば、総合センターの運営方針は違法ともいえるものである。

四、百歩ゆずって、衛生、民生を区別せず、それを総合して、「事故ないし疾病の発生からリハビリテーショ

ン」という方針が正しいとしても、それは仮空のものであることは明らかである。交通事故を例にとっても、横浜市内の負傷者が直ちに総合センター（七沢）に入所する等のことは、全く、非現実的であることは容易に理解できることである。

五、以上のことから総合センターの基本方針は抜本的に改められなくてはならない。そのことは、必然に前述の「障害の固定したものは、リハビリテーションの効果があがらない」とする見解の抜本的な変革を要求するものである。

言うならば、福祉の基本にたちかえり、その思想の確立こそ要請されているのである。

六、さらに、総合センターの予算の執行状況をみると、年間数十億円の支出がなされている。しかし、これに見合うべき福祉の役割を果しているとは到底言えない実状にあることは誰れの目にも明らかである。しかも前述のような事実からしてその将来に期待することも困難であることは言うまでもない。また、研究室では、検査以外の臨床研究が行なわれていることがあるが、その内容には多くの問題を含み人権侵害に関わる恐れがある。ましてや設立当時コロニー化を否定しながら現状の姿はその内容や地理的条件からして、コロニー形態を呈しているのである。

七、特に、私たち脳性マヒ者の団体として黙視できないのは、総合センターに入所した仲間たちの処遇や、公然とはなされていないが、業務報告等にみられるセンターからCPの排除とか、CPの入所の減少を期待する如き風潮は、断じて許すことのできないものである。その上、入所したCP者に総合評価、判定を行ない、無意味な評価を新たに付け、開発訓練を行ない意味もなく退所させるのである。入所したCP者が「センターに入っていたことが良かった。」ということが、どれほどあるのであろうか。

八、このような基本的に誤った方針をもつ総合センターが、あたかも障害者福祉の先進的なものであるかの如く宣伝され、各県にその影響を及ぼしていることは罪悪をさらに他の県にまで及ぼしていると言っても過言ではないのである。

四　七沢リハビリテーションセンター交渉の記録

その後、一九七六年一月に行なわれた「青い芝」神奈川県連合会と県の民生部長をはじめとした衛生、民生、教育委員会との話し合いの中で私たちは次のようなことを提起している。

寺田　この総合リハビリテーションセンターの問題については、回答書に書かれていますけれども、昭和五十年度でこのリハビリテーションセンターの全体で四四億という経費がかけられておりますけれども、今迄の歴史的経過の中で一環して、老人の施設については大体定員一杯でありましたけれども、障害者のいわゆる更生施設については、量的にも入って来る人が少なかったという現実がある訳で、これはなぜそうなっているかと言えば、入っても労働災害、交通事故ということで、体の一部が障害になった者がそういう所でリハビリテーションを受けて職業復帰するということはありますけれども、そうした問題は本来、労災病院的で当然やられるべきことであると、本来は、脳性マヒを中心として社会復帰という観点で訓練などで技術を教え込むという観点では解決のつかない問題がある。

今のようなリハビリテーションセンターという形では、どうにもならない。と言うことはつまり、現実の問題として実際に仕事をやっていられる者、あるいは障害者の立場から言えば当然わかる筈である。多額の経費がかけられていて家の中で、こう、親にがんじがらめにされている、あるいは親に殺されてしまう、あるいは、その施設に於ても障害者の権利が守られていないという。障害者の権利を守る様な立場になければならない筈の施設の職員が障害者の個人のプライバシーを侵害し、集会、結社の権利まで侵すことになっていることをご存知ですか。

そういうことを解決しないでリハビリテーションだということでいろいろやったあげく脳性マヒはどうにもならないと、自宅からアガペ授産所か平塚貴峰荘へ道案内するために四四億のお金を使っているのであれば、まさに、金のムダづかいではないか。

そんなことをする位ならば、各地域の中で障害者が自分の意志で出来る場を、施設とか何とかいう大げさなものではなくて寮というか住居でその必要の場合に介護が受けられるような方が余程まともである。

また、もう一つの観点としては特に脳性マヒの場合とか、生まれた時、あるいは子供の時から障害者であった者については、地域社会の活動が行なわれている場に出ていって、さまざまな事を見聞きし、あるいは自分がそれに関わるという社会的体験をするということが、最も今まで奪われて来たわけですよ。年がら年中、親兄弟のもとで暮らして来た、中には非常に難しい本を読めても、人とどうコミニケーションをしてきたか、ということを知ることは出来ないような状況で暮らしてきた。

それがまた、そういう私たちの言う「山の中にあるようなリハビリテーションセンター」に入れたところでね、その人にとってはどんなプラスがあるのか。職業訓練をしたところで、いわゆる世の中では受け入れないわけだし、一体障害者にとって、どういう役に立っているのか。その三六億の金はどういう意味をなしているのか。単に、一般病院でやるべきこと、或はやっていることで県の民主行政が肩代りをして……。病院ではやってくれないこと、それこそ正に民主行政がやらなければならないことを民主行政が放棄しているのではないか。

そこら辺について、民生部長の、その責任ある御回答を頂きたい。この文書回答では、何の事やら、言わんとしていることは分からない。

古谷民生部長　今の回答ですが、こちらの障害福祉課長から。

矢田　はい、結構です。お願いします。

芝障害福祉課長　じゃあ、私、障害福祉課の者ですから。神奈川県について聞かれましたので……。

最初に老人の方は一ぱい入っているんだけれども、此方の方は少ないというお話がありましたね。これ、障害福祉といっても大変広い用途で、老人の方も身体障害者の方もいらっしゃる。いうふうな形の中で、既に御承知のように、四八年からスタートしてまる三年一寸たたないけどさ、その中で、大体三年位の中で……運営していこうという考え方で、最近、細かい数字なんかに就いては、此方で調べてみますけれども……

神奈川県に対しまして、もう一つの話、おっしゃったように地域に於て障害者が生活できると言いますか、或は……が出来ると言うか、いうふうなことがなされなければならない、ことはその通りだと思います。要するに、今すぐとりかかりますと言う……

そこで、そういうリハビリテーションの一つの体系をつくってやって行こうと始まったというのが現在の七沢です。どんどん将来は各市町村においても、そういうような、障害の方が行けるようにという方向でやって行こうと、そういうふうに思っているわけです。

それから、お金のお話が一寸出ましたけれども、お金は、身体障害の方だけ、と言うのではなくて、センター全体が動いて行くという事でございますので、あるいは老人も入っているかもしれない。あるいは、病院の患者さんも入るし、障害者の方もいるし、そういう風な形でやって行こうということであれば一つの福祉の……みんなひっくるめた中で検討しつつ一生懸命やっていると、わからない事をどういう風にわからせて行くか……

従って、アガペ（壱番館）、あるいは貴峰荘への道案内に過ぎないという様な事も、表現、ものの考え方、言い方にもよると思いますけれども、確かにアガペでどんどん作業の出来る方は出来る様にしたいし、あるいは貴峰荘へ行ける方は貴峰荘へ行ける様にしたいし、そういう事でやっている訳で、単なる道案内でやっているという風には絶対にないと……

まあ一環しておっしゃっている様に、社会的な体験をして行くんだ、という風な形は大いに賛成です。

寺田　七沢では、そういう事は出来ない訳ですよ。そういう最も重要な事は。

非常に、技術的な援助とかいう事をいわれているけれど、技術を身につけるとか、そういう事よりも、まず、我々の仲間に欠けているのは、人との関わりね、滑ったり転んだりするそういう試行錯誤の機会が奪われてきた訳ですね。親兄弟のもとで何かしようとすればそれは危ないからダメだとか、みっともないという事で……お前は奥に引っ込んでいろという事で、こう、奪われてきた。施設に入れば、何かあったら、事故があったら、職員が自分の責任になるからやめてくれという事で、訓練の時間はいろんな事をやるけれども、それを実際に、自分に獲得したものを、街へ出かけて行こうとすれば、いろんな規則に縛られるという生活をしてきた訳ですよ。その事を何とかしないでね、リハビリテーションも何もないと思うんですよ。

そんな山奥の確かに、その空気はいいし、景色はいいだろうと、だけども、敷地の中では段差も何もなくてどこでも車イスで行けると。

しかし、実際に社会の中で生活する時はいろんないろんな障害物がある。そういうものも、そこの階段に段があるとするね、段差がある時にどの様に声をかけて人に援助を求めたらいいかという事。そこで、声をかけようとしても声が出なくなる訳ですよ。これは、そのいわゆる言語障害があるから声が出なくなるのか。そうではないんです。小さい時からですね、家の中、あるいは施設の中で閉じ込められて、特定の人としか関係性を持たなかったから。

そういう事をね、放置されていて、最も根本的な事が放置されていてリハビリテーションでございますと、横文字並べて高邁な事が行なわれ、そのために、こう、得体のしれない巨額の費用がかけられている。その事をね、やっぱり改めて行かなくては、いつまでも親兄弟の厄介者、あるいは施設に入っても厄介者扱いだ。

やっぱり、金をかけるならば、まず、なぜ必要なのかという事を決めてこれを解決して頂かないと、今言われている様にやっぱり脳性マヒを中心とした人達は取り残されて行くと言う事で。

もう一度、くどい様ですけれども、その、職業に就けられなくても、例え人に多くの手間をかける様であっても、自分に誇りを持って生きて行かれる様に、そういう状況を創り出す事を、その事を抜きにして福祉を語ってもらいたくない。民生部長さん、いかがですか？

古谷民生部長　今のお話の中で、街路で話しかけようとしてもなかなか声が出なくなっちゃう、伺っていてお話しはよくわかりました。一応おっしゃって頂けばいいと思いますけれども、おっしゃる様に、一般の社会が長州知事がおっしゃっている様に、各々重荷をしょっている中で、段差のある歩道で一寸持ち上げるという事は、重い荷をお助けする事だと思いますけれども、そういった事が、相互連帯と言いますか秩序と言いますか、そう言った事が、社会慣習が全般的に出来ていないので、皆さんもおっしゃる事がなかなか……それは、そう気が短かく短兵急でなくて、世の中全体の気持の持ち方を変えて行く、そういう中で。長州県知事も県民運動的な考え方を持っている事から、それからおっしゃっているんだと思いますけれども。私共も民生のセクションではございますけども、現行の法の中で、行政としての、あるいは教育委員会としての、あるいは衛生部としての、各々立場立場でそういった方法についていろいろ……おっしゃられる様な事はある程度望ましい形だと思っていますけども、現実問題でそのために……

それから七沢のリハビリテーションセンターの批判がいろいろ出ておりましたが、今年の八月で丁度運営開始後丸三年位になると思いますけれども。従来のコロニー、終身収容援護という事でなしに、出来るだけ各々の身体障害者、あるいは知恵遅れの方々を含めて、職場あるいは家庭へ帰られる場合の体の機能訓練、そういったものを医療面あるいは訓練と、そういったものを組み合わせて出来るだけ能力を引き出そうといった事で従来のコロニー方式でない、いわゆるリハビリテーションセンターがいいという事で私、理解しておりますので……

時に、そういった面で脳性マヒの方々についてまあ、経緯の運営あるいは収容の方針等が御要望に全部添いきれない点はあろうかと思っておりますが、施設の建設の最初の目的がそんな事であった、又、それの目的通りに機能するために……収益が上ってきておりますのも事実であります。病院部門で低調なところが若干ある様に伺っておりますが、一年前から比べると全体の回転状況も、収容率と言いますか、施設の動き具合は程度が上ってきているんではないか、と思っておりますが、尚今後共、両方考えながら……。

矢田　例えばですね、巨大な施設を作ったといったところで、地域社会から離れた形で、いわゆる福祉というものそのものを考え直さないとならないと、何にもならないこと。

例えばですね、外国、ヨーロッパの人々はそういった住宅問題の中に私達の位置づけを付けている訳ですよ。共同生活ですが、という言い方はイヤですけれど近い様な状況で、団地なら団地の一階に障害者を入れて地域社会の一環の中で生きる、という事がある訳ですよ。

しかしですよ、年間に四四億もの資金が流れるといったところですね、あんな山の所であんな建物といったところで、現実に、私達にとっては生きられない状況がある訳です。

物の考え方を根っこから変えない限り、うまく行かないんじゃないかと私達は思う訳です。そこらいかがでしょうか？

古谷　七沢のリハビリテーションセンターが出来た時に、いろいろ障害をお持ちの方のその時点での解消策なんかを把握した上で、では、病院部門は何名収容位が必要だとか、あるいは障害者の方々のために何名定員が必要かと。

県は御存知の様に無限に力を、財政や、お金の面での無限に力がありませんから、当時あの地点に広大な土地が、現在は高いですけども当時の時点としては比較的単価が安いという事で、そこの面積を持ちましても出来ると、そういう事で取得もし、建設省も参加された。出来たという経過があって、結果的に、まあああいう所は空気が良かったという事で、空気がいい所だという事で。

あれの、収容援護に当たる、例えばお医者さんですが、あるいは訓練士等奥さんをお持ちですし、お子さんの進学の問題なんかもありますから、当時の神奈川県にしても、建設局としても、いくらでも資金的に余裕があれば、より至便な所にああいう物を建てたと思います。許される範囲で、あの当時の時点で七沢のリハビリテーションセンターが、団地が取得され建物が建てられた。又……的な収容援護が……そういう実情でございます。

又、諸外国であると指摘されておりますけども、それなりに、社会資本としての身体障害者なり、知恵遅れの方なりの、収容なり、そういった施設が、展開が相当濃密に出来ている上に、フリーに住宅団地が出来ていること。在来の施設その他との関わりの中で、そういった団地の中に取り込んで共同作業場、あるいは訓練所、あるいは集会の場という物が作られているように聞いておりますけれども。

まだ、そこ迄なかなか行っていないと言うか、そこは会長さんなんかはかえってよく、そういう点は、変ったばかりの私より詳しいと思いますけれども。教えて頂ければ幸いだと思います。

いまも、七沢にリハビリテーションセンターは、存在している。

五　車イスがバスに乗れなくなった日

一九七六年十二月はじめ、私は前の「青い芝」神奈川県連合会事務局長であり、当時川崎市脳性マヒ者協会会長の矢田竜司氏から電話を受けた。

「バスが止まっちゃった。車イスを乗せたらバスを動かさねえッて言うんだけれど。」

私は何がなんだか分からなかった。

一九七三年十二月の横浜市からの回答で、一応路線バスへの車イス乗車は認められないことになっていたが、それ以後も私たちは、機会があれば車イスのまま平気で乗っていたし、運転者のほうでも頼めば黙って中央ドア（広い出口）を開けてくれたうえ、やはり運転にもそれ相当に気を使っていたのである。つまり、お互いが暗黙の内にその存在を認め合っていたはず、だった。

それがなぜ、川崎で乗車拒否が起きたのだろう。

川崎市脳性マヒ者協会は、七六年六月の総会でそれ迄の会長だった小山氏から矢田氏にバトンタッチされ、矢田氏は車イス使用の脳性マヒ者を街の中に出していくことが脳性マヒ者の自立と解放を勝ち取る唯一つの運動だと捉え、車イスの脳性マヒ者の在宅訪問を活発に行なっていた。

川崎市高津区子母口に全国「青い芝の会」の事務所が有り、そこに川崎市脳性マヒ者協会も間借りしていた関係で自然と事務所周辺の路線バスに車イス使用者が多く乗ることとなり、運転者にとって殊更労働過重という感じを与えたのだろう。

勿論、根源的に言えば、私たち車イス使用者を自分たちの仲間と捉えることのできない健全者、特に労働者と呼ばれる人びとの姿勢に大きな問題はあるし、それを利用して障害者差別、分断を図っていくあらゆる権力を許すことはできない。しかし、この時点での私は、このバス問題に関する限り何となくそれだけでは割り切れないものが感じられた。

「これは長引くぞ」。私はフッとそうした感じを受けた。

案の定、事態は次第に泥沼に陥り、一九七八年五月の現在に至るまで、未解決のままである。

ここで注目しなければならないことは、車イス使用者がバスに乗れないのは神奈川県と石川県を中心とした北陸の一部だけであり、他の都府県では表面上は兎も角として実質的には乗車可能であると言うことなのだ。

私たち脳性マヒ者がもし幻想にもせよ健全者との共生を言うならば、健全者側の思考とは別に私たちの側からも共生の位置付けを働きかけていかなければならないのではないだろうか。

川崎に於けるバス乗車拒否での最初の段階で、もし私たちの側にそうした思考が欠けていたとしたら、やはりこれからの問題として考えていかなければならないことなのではないだろうか。

それはともあれ、十二月一杯川崎で揉め続けたこの乗車拒否は、一九七七年になって横浜にも飛び火してしまい、ついに私も乗車拒否されるハメになってしまった。

その後の事実経過と現在の情況を新聞記録及び交渉記録などから少し書いていくことにしよう。


ことのおこりは十二月十二日の午後、川崎市高津区溝ノ口、国鉄南武線溝ノ口駅前の東急バス小杉行に乗ろうとした「青い芝」の会員が運転者から「車イスを折んで座席に坐らない限り、乗車は困る」と言われたことにはじまる。

「車イスのまま乗せろ」「車イスを折まなければ乗せない」というようなやりとりが続く中で、バス会社はその停留所のバスを直ちに回送車にしてしまい、支援の健全者の手で車内に乗った会員は、そのまま十二月の寒い一夜を泊り込む結果となってしまった。

バス会社の言い分としては「急停車をした時など、車イスが動いて本人が危ないだけでなく他の乗客も危険である」と言うのだ。

しかし、この言い分は非常におかしいのである。

私たち脳性マヒ者で車イスを使用する障害程度といえば、車イスを自分で自由に動かせないばかりか、体幹を保っていること自体、非常に難しいと言わなければならない。従って、車イスから降りてバスの座席に坐った場合、急停車どころか発車しただけで通路に投げ出されてしまうのである。それを防ぐためには四、五人の健全者の手が必要である。私自身は自由を奪われるようでなるたけ使わないが、車イスには使用者と車体とを固定させるベルトが付いているし、車体にはブレーキもちゃんと付いている。おまけに私たち脳性マヒ者の車イス使用者がバスに乗ろうとするには何らかの形で健全者がついているのが現実なのである。

だとしたら、車イスのままバスに乗るのが危険か、車イスから降りて座席に坐わる方が安全か、言うまでもなく判ることだろう。

もう一つ言うならば、車イス使用者が座席に坐われたとしても、以然として車イスは車内に残る訳である。急停車して車イスが動く危険性がもしあるとしたら、これは私たちが乗っていようがいまいが関わりなく起ることなのだ。それともいちいち路線バスの後ろに車イスを乗せる台を設けて車イスだけそこに乗せて運ぶ、とでも言いたいのだろうか。

このようにバス会社の要求自体非現実的であり、要するに脳性マヒ者をはじめとした障害者を路線バスに乗せたくないと言うことに過ぎないのである。

この日のバスの泊り込みは、結局十三日の午後六時頃、矢田会長の判断で「決して納得した訳じゃないが、体力に限界がきた」ということで引きあげる結果となった。

その後、東急バスの提起を受けるような形で川崎市営バス、川崎鶴見臨港バスなど川崎市を走る総べての路線バスが車イス使用者の乗車を拒否してしまった。

＊

一九七七年一月七日、川崎市脳性マヒ者協会と川崎市の交通局とのこの問題に関する初めての話し合いが行われた。この時の交渉記録の中の一部を書いてみよう。

（前略）

市　初めて、今日お会いしたわけです。えーこういう機会があることを望んでいたわけですが、四つの具体的要望が出されたわけですが、それについて、そちら様で、さらに、こうしてもらいたいというような、もっともっと具体的な要望がございましたならまず、お聞きしたいと思います。それから、川崎市でどのような態度を、という会長さんからの御質問があったわけですが、私達としては今日初めてお会いしましてあなた方の御要望を初めてみたわけでございますし、色々なところでの、新聞、報道、その他で聞いておりますが、さらにどういうものを要望しておるのかということを確認をし、そしてできることとできないことと、それから私達がやらなければいけないことと、又、国がどうすべきかということと、そういうことにやはり問題をわけましてね、私達としても全力をつくしておるのでございますが、強く働きかけることにかかっておりますが、やらなければいけないことですから、そういうことについて話しあっていきたいと思いますが、何しろ具体的に、もう少しお話しを出していただきたい。たとえばその市営バスは車イスの障害者が希望した場合、車イスを折りたたまずに乗車をさせることということですが、そういうこともやはり全部お聞きしないと私達としてもわかりませんので、もう少し、具体的にお聞かせねがえないでしょうか。

川脳協　えーと、それじゃあ、皆さんの意見を聞かないと……

酒井　第一にもう既に出ていますけれども、ラッシュ時を除いては。

市　ラッシュ時も含めると言うことですか？

酒井　はい、そうです。

市　杉若さん、ラッシュ時を含めると言うことですか？

矢田　勿論そういうことです。つまりこういうことです。私達の方からラッシュ時の中へ入る様な条件の中で、入るということは、自分から扉を開けたいということは初めからある訳ですよ。だけどもやむを得ない条件の中で、ラッシュ時にぶつかることだってある訳でしょう。そのことを起こさない限り、所謂自由にでかけたい、乗り入れできるという条件を出さない限り旨く行かないでしょう。とまあ私個人は考えます。

市　それではこういうことですが、ラッシュ時を含めるとかそういうことではなく、自由に何時でも、何処でも乗りたい。希望した場合には乗せなさいということですか。

福田　当然。

市　何処でも、誰でも……ですからラッシュ時も含まれると、こういうことですね。

福田　勿論。

市　それとですねえ、もう一つお聞きしたいんですが、そのー、車イスで一台で来る場合もありますし、二台で来る場合も、三台で来る場合もありますわねえ。そのときはやはり一台だけではなくて、来た者全部お乗せすると、こういうことですね。来た方々全部……

横塚　いやそれはこっちで何とかします。こっちで考慮します。

矢田　所謂ケースバイケースであって、やたらと混み合ったときに、私達の方で入るということはあり得ないでしょう。

市　判りました。混んでいるときもあるからそのときには乗れる部分だけ乗る。もし二台空いていたら二台、三台空いていたら三台、一杯混んでいたら乗らない場合もあるしと、こういうことですね。

矢田　所謂ケースバイケースで。

市　ケースバイケースですね。それから未だお聞きしたいことがあるんですが……。手伝う乗客がですね、まあ乗降者の中にはさり気なく、一般市民の方々が皆さんをお乗せして、さりげなく次の人に引き継いでいくという極めて社会の中に溶けこんだ状態があるということでした。要望書の中でもお聞きした訳ですが、そのときに手伝うお客さんがいない場合にはどうしますか？

横塚　いま迄の私達の経験では、大概の場合、いつでもだれかいるし、又は通行人によびかけてここから乗せるの手伝ってくれーと、私達の経験ではこうなんです。ま、僕たちは、誰もいないという場合には通行人に手伝ってもらうということです。

市　そうすると乗客がいない場合は、通行人に呼びかけて手伝ってもらうと、こういうことですね。これはおりるときも同様ですね。通行人に一緒にのってもらうということですか。それともいった先でまた通行人に手伝ってもらうということですか。

矢田　はいそうです。場合によっては、そういうこともあり得るということです。

横塚　私たちの経験では、まずそういうことはなかったと。

市　乗客がいないということはまずなかったということですか。

矢田　はい。

……（中略）……

横塚　それでは、さらに運輸省の見解では、バスは前から乗って後から降りるということになっているけれども、それは、後を開けて乗せてもかまわないと、それはそういった制度をつくればいいことである……。

市　はい、あのー分かりました。バスは前から乗って後から降りる。後からは乗ってはいけないと、こういうことを運輸省は言っているということですね。これはですね、あのー。

横塚　イヤ逆です！

市　はい、これはですね、よーく聞いて下さいよ。人間が決めた規則ですから——することでできんかも知れませんけれども、よろしいですか。私たちがワンマンバスを運転し、それで事業をする時にこういう——でよろしゅうございますか、といって運輸省に許可を、その時に降車口からは乗せない、乗せてはいけないということで、そういう条件で運輸省が川崎市営なら、川崎市営、または東急バスなら東急バスに運転をして事業をしてもよろしいという許可条件なのです。従って、このことに就いては、これから慎重に皆さん方の要望をふまえた中で運輸省と折衝をしていかなければならない。これはあなた方の3番目の要望にしても、これは、働きかけてゆきたいと。しかしそれも川崎市だけで勝手にできるのではなくて、運輸省からよろしいということが出てこない限り出来ません。これも領解をして頂きたい。

横塚　イヤ、今私が言ったのは、そういうことになっているけれども、運輸省としてはかまわないと、後ろから乗ってもかまわないと、それはそういった制度をつくればいいことであると、こういうことをいっています。

市　運輸省に行ったんですか。

矢田　はい、だから、団体として、調査しているわけです。

市　はい、分かりました。運輸省に対して団体として調査をし回答を求めたところ、後ろから乗せてもかまわないと、中に固定の装置があればいいと運輸省は言ったと、こういうことですね。

横塚　はい。

市　はい。それでですね、私たちとしては、それは運輸省からきておりませんのでこれは即座にやはり運輸省に確めます。そうしませんと〝ああそうですか、あなたたちに言ったことですか、じゃあ私たちもやりましょう。〟と、こういうことにはならない。私たちに対して運輸省がそういうことをしてもいいと言っているかどうかを私たち自身が運輸省に確めますから。

横塚　それから規則の中で障害者を乗せるとか、乗せないかいうことには触れてないわけです。車イスを――ということは書いてない訳です。ただ乗りおりに支障をきたすようなものを乗せてはいけないということは、そういったことはあるけれどもこの車イスというものは障害者にとっては自分の足であり、離せない。だから大きな荷物を持ち込んだということにはならない。それを東急さんなんかでは、この法律を拡大解釈して車イスに当てはめたと私たちは解釈します。この法律の中には、車イスを使う障害者ということは一切触れてないわけです。

市　はい。只今おっしゃられたことは法律や規則では、車イスを乗せてはならないということは一行も書いてないと、そして車イスは、あなたたちなら、あなたがたの足であり、体の一部であると、いうことを申し上げられた訳ですが、私たちにつきましても、その点については、趣旨を充分、承知しまして、これはですね、やはり法の解釈なり読み方なり、あるいは、その拡大解釈、東急が拡大解釈したというような事でございますが、この事についても、私たちとしては、乗せる、乗せない、ということではなくて、体の一部であるということでやはり運輸省等に対しまして、問題を投げかけて行くと、これはお約束致します。

横塚　はい。

（中略）

横塚　私たちの調べた限りでは、法律的にはそれ程問題はないと思います。許可を得てやっているという事ですけれど、法律に触れるということは車イスが乗るのにあてはめた、拡大解釈であると。だから法律的にはたいした問題はないと。それと私たちにとっては、日常の問題であると。だから、例えばバスの改造がなされる迄待ってくれと言われても、そのバスの改造が一年かかるのか、あるいは十年かかるのか、分からないという状況では、私たちは納得できないと。是非理解して欲しいのは、要望書の中にも書いてありますけども、この人たちを車イスから下ろして、バスに乗せるのは、非常に危険だということと、又、時間的にも非常に時間がかかるということと、もう一つはその場合には、一般の人たちに手伝ってもらうのは非常に困難であること。車イスを持つ場合、持つ処がだいたい分かる訳です。ところが、この人たちをどういうふうに抱きあげるかということは良く分からない。この人たちは、我々なん度も緊張すると体がツッパルわけです。そういった時、さわっただけでツッパルという、それを見ると、何かこう痛いのではないかと、触っただけで痛いのではないかと、解釈をされる場合が多い。それから、車イスを折り畳むということでも、慣れない人だと、何処をどう押せばいいのか、あるいは、どこをどう引っぱればよいのか分からないんです。

そうすると、一般の人達に手伝ってもらいにくいという現象があるわけです。

車イスのままの場合は、ここを持てばいいと。

市　その回答につきましては、ご要望の趣旨と、今迄お聞きした事をもちかえりまして、検討してみますので。

＊

その後「青い芝の会」全国常任委員会は、川崎に於けるこの車イスバス乗車拒否は、明らかに障害者を地域社会から弾き出し、在宅＝抹殺へと追い込むか、施設＝隔離という形で地域社会から疎外していく効果を与えるものであるとの確認に立って、一九七七年一月二十七日に、運輸大臣、東京陸運局に対して要望書を提出している。

要望書

日本脳性マヒ者協会
全国青い芝の会総連合会
会長　横塚晃一

運輸大臣　田村　元　殿
東京陸運局長　小野　維之　殿

青い芝の会は脳性マヒ者自身によって全国各都道府県に組織され、自らの「生命」と「人権」を守るために二十年間にわたって運動をつづけてまいりました。

全国の脳性マヒ者の数は三〇万ないし四〇万といわれておりますが、その仲間の多くは親、兄弟の厄介者として扱われ、外出すら自由にできず地域社会から全く切り離された状態におかれており、たとえ働いている者でも十年間働いて月収五千円という悲惨な状況のもとにあります。そして福祉がうたい文句になっている今日、脳性マヒ者が親、兄弟の手によって殺されるという事件は以前にもまして頻発しております。

このような中で私達は障害者を「本来あってはならない存在」と規定している社会常識こそが脳性マヒ者殺しを助長しているものであると訴えつづけ、各自治体で行なわれている胎児チェックや「不幸な子供をうまない運動」等に反対しつづけております。とくに優生保護法改定案反対運動においては第七二国会で廃案に追い込むという成果をあげました。そして現在、障害者等級制度の抜本的改革、独立して生活できる年金制度の確立等私達の生活に関する問題とともに施設、コロニー、養護学校による障害者隔離に反対し、障害が地域社会の中で生きるための運動をおこなっております。

こうした運動の中から全国各地で生まれてこのかた二十才、三十才になる今日までほとんど家の外に出たことがなく、もちろんデパートや映画館、食堂、喫茶店などにも行ったことがないという仲間が数多く社会の中に出てくるようになり、車イス障害者の交通問題（乗車拒否の問題）は全国各地で日常的な差別問題としてますます頻繁にあらわれております。

さて、今回、神奈川県、川崎、横浜両市を中心におこっております車イスのバス乗車拒否問題に関して、神奈川青い芝の会とバス会社側及び川崎、横浜両交通局等との交渉の中で明らかになっておりますことは、昨年十二

月中ごろに運輸省から電話で次のような指示がなされたとのこと、

「車イスのまま乗車させると急ブレーキをかけた場合など他の乗客にとっても危険であるなど、安全運転上問題があるので車イスを折りたたんで前から乗せ、座席にすわらせて後から降ろせ」

その法的根拠は、道路運転法第十五条第三項、自動車運送事業等運輸規則第三十六条第十三項、及びワンマンバス運行に際しての認定基準であり、各交通局、バス会社は口をそろえて運輸省及び東京陸運局等から適切な通達なり指導があれば一日も早く車イスのままバスに乗車できるようにしたいといっております。

以上、現在までの様子を簡単に述べましたが、これに対して私たちは次のように考えます。

まず、安全を守るためと称し障害者を座席にすわらせて車イスを折りたためということについて、この方法の基本的な誤りとして、車イスは私たち車イスに乗っている障害者にとっては体の一部であり、体から切り離してその存在は考えられないものであります。このことは身体障害者福祉法において義足や義手と同じように車イスは補製具として厚生省で支給されていることからしても明らかなことであります。バスに乗るのに義足や義手を取りはずす者がどこにいるでしょうか。

さらに安全性の問題についていうならば、座席に腰かけさせられた障害者はもとより手足が思うように使えないばかりか、人によっては体幹の硬直が激しく座席にすわること自体困難であったり、例えすわることはできても座席からずり落ちたりすることはさけられません。従ってそういう人たちが車イスに乗る場合、車イス備えつけの安全ベルトで止めているのが日常なのであります。

また、車イス自体の構造からいっても折りたたんだ車イスは非常に不安定で、少しの振動でも倒れやすく、動きやすいことは誰れの目にも明らかなことであります。

以上の理由から、私たちはこのような障害者の人権と安全を無視した乗車方法を認めることは断じてできません。

次に「車イスを乗せる設備がない」ということでありますが、この「設備、備品の不足」ということはバスの問題に限らず私たち障害者を拒み、特定の空間においやる手段に使われてきたことを私たちは身をもって知っております。それが養護学校であり、施設であり、コロニーであり、また障害者用の何々であります。

今回の問題に関しても障害者用リフトバスを特定の路線に走らせるあるいは障害者の要求に応じてマイクロバス等によって送迎する等の案もちらほら聞きますが、私たちはこのような企画は「動く密室」すなわち障害者隔離として反対し、あくまで健全者とのふれあいのある一般路線バスへの乗車を要求するものであります。

イギリスをはじめとするヨーロッパ諸国においては車イスの障害者がひとりで外出し、旅行まですることのこと、これは日本に比べて道路や建築物が格別障害者用に作られているわけではなく、一般市民の意識のちがいからくるものだと聞いております。例えば、車イスの障害者が目的地まで行く間にゆきずりの人が手をかし、あるいは行く方向が同じであればある地点まで一緒に行き、そこからさりげなく別れ、また次の人がある地点まで一緒に行くという具合だそうです。

今度の問題で、私たちが調べた限りにおきましては関係法、規則等のどこにも障害者あるいは車イスに直接ふれたものはなく、今回の処置も法律の拡大解釈であるばかりでなく、明らかに障害者の人権を侵害したものであるといわざるをえません。

このような立場から私たちは運輸省、東京陸運局がこの問題を障害者差別として認め、障害者の人権をおかすものであることと考え、障害者がいつも身近にいるような真の社会を作るためにも速やかに次のことを実行されるよう強く要望するものであります。

記

一、車イスの障害者が希望した場合、車イスのまま乗車させるよう全面の各関係機関に指導、通達を出すこと。
二、バスの改造を理由に車イスの乗車を拒否することのないような監督、指導を徹底すること。
三、今後、障害者に関する問題が生じた場合には、我々「青い芝の会」と話し合っていくこと。

昭和五十二年一月二十七日

一九七七年二月十六日の朝日新聞横浜版をみると、横浜市では身体障害者が市民と同じように生活できる環境を作ることを目的とした「福祉の都市環境づくり推進指針」というものを設けることが記されている。そして、この中で、道路・公園などの公共施設の他、バス停・タクシー乗り場・劇場・映画館など都市生活を送る上で必要不可決な場所・施設が、障害者に利用しやすいように整備改善されるべく具体的な基準を示している。

劇場・映画館などが整備されるのは大いにケッコウだ。障害者がヌード劇場に行って悪いはずはないのだから。しかし、如何にそうした施設が整備されたとしても、自宅からそこまで行くためには交通機関、特に最近の大都市のように路面電車がなくなったところでは、路線バスか地下鉄を利用する以外方法はあるまい。

地下鉄を車イス使用者が利用できないのは御存知の通りである。（地下鉄横浜駅と関内駅には車イス用のトイレがあるそうだが、一体どうやって使えばいいのですかね。）だとしたら、あとは路線バスを利用する以外仕方が無いだろう。そして、その路線バスが車イスお断りというのだから、「福祉の都市環境づくり推進指針」などというものが、如何にいい加減なデタラメであるかが解かるだろう。

＊

一九七七年二月の「青い芝の会」全国常任委員会が行なった東京陸運局との交渉、四月十二日に川崎駅前で行なった抗議行動に関しては、私は多くを語ろうとは思わない。ただ言えることは、私たちがあの時点で行ない得る精一杯の抗議だったと言うことである。

四月十二日の、激しい雨が降る真夜中の川崎駅頭で、私は、市民を装った私服刑事が女性の仲間の首を締めて何度も地面に叩きつけるところを見た。

この車イス乗車拒否についての一つの大きな問題として、交通労働者による障害者差別がある。最初のうちは私たちとバス経営側との交渉には必ず労組の代表者が出席して話し合いに加わっていたのだが、四月の抗議行動以来、労働者側は単産ごとの交渉を行なうことを拒否するようになり、すべてを全交運（全日本交通運輸労働組合協議会）に上げてしまう、という卑怯な態度をとってきた。

一九七七年六月八日、全交運・中央バス共闘会議は、「車イス乗車問題に関する見解」なるものを出している。少し面倒だが全文を載せることにしよう。

車椅子乗車問題に関する見解
全交運・中央バス共闘会議

私達は、今次七七国民春闘で、都市・地方を問わず、公共交通機関であるバス輸送の確保・安全輸送確保の諸要求、そして、身障者の車椅子乗車対策を要求して闘いました。

私達の要求は、交通労働者の要求と同時に利用者の要求でもありました。この闘いの経過の中で、身障者団体・各位より、車椅子対策要求闘争について、一部誤解があったように思われます。私達の要求は、条件を示して乗せないと言うのではなく、どのように乗せられるのかと言うものでありました。

私達は、貴団体等よりの申し入れに対し、身障者三団体と、それぞれ懇談会を開催して来ました。この懇談会の中で身障者団体各位の主張も充分に知ることができました。

その結果、中央バス共闘会議は、これらの経過をふまえて、次のような態度を再確認いたしましたので、左記のように見解を表明いたします。

記

1、現状の交通機関は、身障者や老人・子供等にとって、その利用が社会的に保障されていない。われわれは、基本的に公共交通の確保とすべての人の利用が保障される為の要求をまとめて闘っていく。

2、このような基本見解に立って、身障者各自が、バス利用を社会的権利として主張することについて当然の権利として理解する。

3、バス労働者は、安全輸送の確保が第一の使命であり、そのための労働条件の確保や運行上の責任範囲・車内事故の際の免責要求等が基本要求であり、関係当局に対し今後も、その実現を闘っていく。

4、身障者のバス利用については、バス企業の如何を問わず、その利便確保と安全輸送確保の具体的措置と対策を、今後も関係当局に要求し続ける。

5、現在のバス車両構造は、車椅子のまま乗車出来る比較的広いドア構造のバスと、そうでないものとがあり、また車内での固定的装置は皆無である。また、ステップも比較的高い構造であるので車両構造を基本的に改良することを要求していく。

その場合、改造のための経費は、国の社会保障政策として、政府の財政措置で行なうことを要求する。

6、当面の乗車対策は、当該企業の特性、車両構造（ドア構造、ステップ）等の相違があるので加盟各単産毎に、対処していくが、その乗車方法は暫定措置として

(1) 車椅子を折りたたんで乗車する方法

(2) 車内に固定設備を見備《ママ》したうえ、車椅子のまま乗車する方法

が考えられるが、何れも必要な介護人をつけること等安全輸送と運行の円滑確保を考慮して適切に対処していく。

7、身障者諸団体とは、今後も必要に応じて懇談を重ねて、バス労働者の要求・身障者の要求を双方が理解を深めるとともに基本的問題の解決に努力していく。

8、集団乗車行動等、抗議的行動が発生した場合は、道運法十五条・運輸規則十三条にもとづいて運行管理者に連絡の上、運行を中止する。

断っておくが、これはバス経営者が書いたものではない。二、三年前の「国民春闘」では「弱者」救済を叫び、「青い芝の会」に「共闘」を呼びかけた総評傘下の交通労働者の中央組織が書いたものなのである。

この問題で岩垂すきお議員が国会で質問を行なったのが五月二十日だった。

国会で脳性マヒ者の問題が公に取りあげられたのは多分これが初めてだろうと思う。しかし、個人的には岩垂議員の好意も分かるけれども、社会党を支えているはずの労働者がこのありさまでは、どうにも始末にならないのである。

その後、十月二十一日に行なった「青い芝」神奈川県連合会と東京陸運局との交渉でも、陸運局は私たちの要求を認めようとせず、相変らず車イスに固定装置をつけること、介護人をつけることなどを要求して来た。

一九七八年一月から二月にかけて「青い芝」神奈川県連合会が行なったこの問題に関しての運動は、はなはだ不充分だったことを認めざるを得ない。

例によって新聞・テレビなどはその報道を行なったが、闘争の内容、経緯などは、誠に「オソマツだった」と言わなければなるまい。

理由は、と言えばいろいろあるだろう。しかし、やはりその最大のものとして、私たちひとりひとりが車イスのバス乗車拒否を自分の問題として捉え得なかったこと。「青い芝」神奈川県連合会の運動自体が、ここ一、二年方向を見誤りそうな危険性を抱え込んでしまった、と言うことではないかと思う。

＊

一月四日に行なった溝ノ口駅前でのバス乗車闘争で、「乗せろ」「乗せない」の押問答の末、一台の車イスを乗車させた私たちに、川崎市交通局は例によって、その場で私たちの乗ったバスを回送車にしてストップ、そのままの状態で二時間余経過した。

岩垂すきお議員が、現場に姿を見せたのは夕方の五時ちょっと過ぎ、冬の日差しが完全に落ち切る前の、風の冷たさが急速に骨身にこたえはじめた頃だった。

岩垂議員の説得でバスからおろされたのが九時少し過ぎ、思えば汗顔の至り、「青い芝」神奈川県連合会はじまって以来の醜態だったと言えるだろう。

その後、運輸省に出かけた岩垂議員がこの問題についての運輸省の案を持って私のところに訪れたのが一月の中旬だったと覚えている。

内容は次のようなもので十月の交渉の時点から少しも前進していなかった。

一、車イス利用者が乗車する場合、

(1) 車イスを折りたたまずに乗車できる車両は、無理なく乗降できる巾（概巾80㎝以上）の乗車口を有し車内において通路・非常口等をふさぐおそれのない車両とし、ステッカー等により明示すること。

(2) 乗降等に必要な介護人が同伴すること。

(3) 車内において、通路等をふさぐおそれのない固定場所を車輛毎にあらかじめ定めておくこと。

(4) 車イスを固定するためにバンド等を車輛内に備えおくこと。

(5) 車イスは乗車後固定場所にブレーキをかけた上、バンド等により固定することとし、固定作業及び運転者への必要な合図は原則として介護人が行うこと。

(6) 乗降口の狭い車輛については、車イスを折りたたんで乗降することとし、車内ではシルバーシート等の優先座席を使用するか、又は車イスを使用する場合は、右記の基準によること。

(7) 車内放送・掲示等により、安全・円滑な輸送の確保について周知徹底に努めること。

なお別添参考資料を参考されたい。

その後、一月三十日に行なわれた東京陸運局との交渉の席上で示された案は、先に書いたものより一層厳しいものになっていた。(5)の車イスを固定した場合、運転者への必要な合図などは、岩垂議員が持ってきた案では「原則として介護人が行なうこと」となっているのに対して、この日示された案では「運転者への必要な合図などは、介護人が行なうこと」となっている。つまり車イスに乗っている障害者の意志は全く認められず、すべてが健全者である「介護人」の意向だけが尊重される、ということであり、あれ程私たちが問題にした車イス使用者の主体性など、ものの見事に吹き飛ばされてしまっている。

＊

三月、運輸省は車イスバス乗車に関する通達を全国の陸運局と日本バス協会宛に出した。

その内容は一月三十日の東京陸運局での話し合いとだいたい同じで「出入口が巾八十センチ以上の路線バスでは、

車イスのまま乗車、そのまま車イスを利用できる。この場合、車の振動や急ブレーキで車イスが動き出す恐れがあるので、後部シートや出入口近くにある立ち席用の全棒やシートの脚にバンドで車イスを固定する。原則として二点固定するが、バスの構造で一点が固定できないときは、付き添いが手で支える。車イスにシートベルトがあれば、シートベルトも着用する。

運転手は車イスで乗用する人がある場合は、車内に備え付の固定用バンドを貸し、付き添いの合図で発車する。

出入口の巾が八十センチ以下のバスでは、車イスを折りたたみ、一般客用のシートに座る。一方、バス会社は固定バンドの強度、金具などを定期的にチェック、事故防止に努める。またバスの出入口に全車、身障者マーク（青地に白抜き、縦横各十センチ）をつけ、特に折りたたみが必要なバスについては『折りたたんで乗車して下さい』の文字入りマークにした」となっている。

一体、私たちは何をしてきたのだろう。

何を闘ってきたのだろう。

一年以上の時間と、時には文字通り命がけのエネルギーを使って。

何を闘いとったというのだろう。

私たちの歴史を凝縮したような、虚しい闘いだった、としか言いようがないのである。

これからも交渉は続けられるだろう。しかし、それはいわば敗戦処理作業のようなものなのである。

六　養護学校義務化阻止闘争

私が学齢期になった当時、日本には障害者児を対象とした学校、今日でいう養護学校、特殊学級なるものはほとんどなかったと言えるだろう。

一九三二年五月に、障害児の親たち、それも所謂当時のエリート族の親たちが集まって創り上げた東京市立光明学校が設立されたのが日本で最初の養護学校と言える。

当時の光明学校の記録を読むと、教師も親も何処から手をつけて行ったらよいかまるで判らない、そういった試行錯誤の繰返しだったようで、その中で障害児たちも比較的自由にそれぞれの個性を伸ばしていける雰囲気があったのではないか、と思う。

その一つの証しとして初期の光明学校からは、サムライたちが卒業しているのである。私がいま記憶しているだけでも、特異な俳人として俳壇の中堅の位置を占めている花田春兆氏、彼は日本で初めての身体障害者による同人誌『しののめ』の創刊から今日に至る迄名編集長として気を吐いているし、「青い芝の会」を生み出して、脳性マヒ者の存在を社会に初めてアッピールしようとした山北厚氏もこの光明学校出身者なのである。

＊

障害児をどのような場で教育するか、ということを考えた場合、これはもうあたり前な子たちと一緒に学ばせることが根本であることは言うまでもない。

よく「発達保障」という言葉を聞くが、この発達の基準をどこに置くかは別問題として、やはり私の考える発達だったら、あたりまえの子たちと一緒に遊び、学び、ケンカしていった方が、発達（ワルヂエでもいいじゃありませんか）すると思うのだ。

すべての障害児が学齢期を終えたとたんにこの世から消えてなくなる運命ならば、障害児を「白いシーツの衣を着せ」て「明るい花園」のような養護学校で大切に扱うのもよいのだろうけれど、障害児は、親が好むと好まざるとに関わらず、権力が望むと望まざるとに関わらず、生きて行く。生きていかなければならないのである。

だとするならば、やはり、障害児はあたりまえの子供として教育の場を与えられるのが当然なのである。

歩けない障害者としての私の立場から言えば、むしろそうした「重度」の障害児こそ、あたりまえの子供たちと一緒に学ぶべきなのだ、と考える。

学校は単なる学問修得の場ではない。人間として初めての社会参加であり、人間関係の在り方を自らの体内に奪いとる為の場であるはずである。

人間の成長過程に於て最も大切な時期に「社会参加」を拒否され、人間関係の在り方を奪われていく重度障害者の生き方が、どれ程ゆがんだ形をとらざるを得ないか。

よく「体は障害者でも心は健全だ」という言葉が使われる。これも健全者が障害者をとり込む手段として使われるならばまだ話は分るし、私たちがそれに騙されることはないのだが、問題なのは、障害者自身そう考えるのは正しいこと、「障害者」として生きるための最良の方法と考えていることなのである。

生まれた時から、或は幼い時点で発病した時から肉体を奪われ、その奪われた肉体でしかものを見ることができない重度障害者が、人間のもっとも人間らしい行動、「社会参加」を幼い時から奪われていったとしたら、どうして所謂「健全な精神」が持てるというのだろう。

大体、「健全」とは果して何なのだろうか。

これは、時代の変遷・国家体制の在り方によってさまざまに変ってゆく非常に曖昧な概念なのである。だから、「健全な精神」といった場合、その時点での国家体制に心身ともに順応できる「精神」ということであり、その可能性の全く無い重度障害者が「健全な精神」などもてる訳はないのである。

*

養護学校が急速に増えはじめたのは、戦後いつ頃のことだったのか私は覚えていない。

気づいてみたらいつの間にか増えていて、いつの間にか校区の学校から障害児が消えていった、というのが、私の実感なのである。

養護学校が、障害児とその親たちが自由に選べる場として存在するのではなく、障害児の就学義務化、つまり、一定程度の障害をもった場合は必ず養護学校に就学しなければならないと言う決まりを私が知ったのは、一九七三年十一月二十日付の官報に次のような政令の趣旨が表明されていると聞かされた時からだ。

学校教育法中養護学校における就学義務及び養護学校の設置義務に関する部分の施行期日を定める政令をここに公布する。

御名　御霊

昭和四十八年十一月二十日

内閣総理大臣　田中角栄

政令第三百三十九号

学校教育法中養護学校における就学義務及び養護学校の設置義務に関する部分の施行期日を定める政令

内閣は、学校教育法（昭和二十二年法律第二十六号）第九十三条第一項ただし書の規定に基づき、この政令を制定する。学校教育法中同第二十二条第一項及び第三十九条第一項に規定する養護学校における就学義務並びに同法第七十四条に規定する養護学校の設置義務に関する部分の施行期日は、昭和五十四年四月一日とする。

文部大臣　奥野滅亮

内閣総理大臣　田中角栄

これだけでは、何が何んだか私自身よく判からなかったので、三、四年前に買った六法全書を引きずり出して教育に関する法律をあちこち眺めているうちに、私は次第にこの就学義務がもつ障害者排除・抹殺の意味を知らせられる思いがした。

まず我が国の教育の根本的な考えを示した「教育基本法[7]」には次のような形で障害児が正当な教育を受ける権利を奪っている。

第一条（教育の目的）教育は、人格の完成をめざし、平和的な国家及び社会の形成者として、真理と正義を愛し、個人の価値をたっとび、勤労と責任を重んじ、自主的精神に充ちた心身ともに健康に国民の育成を期して行われなければならない。

（傍点は〔筆者〕に注意されたい）

つまり「心身ともに健康」で従順な「国民の育成を期し」て行なわれているものなのだ。だから「心身とも」に「不完全」な障害者を教育する思想を国家権力に求めることは、もともと無理な話なのかも知れない。

＊

「障害者」を教育の場から疎外することの明文化としては、一九〇〇年の改正小学校令で第三十三条が初めてのようである。

第三十三条　学令児童ふうてん百痴又は不具廃疾ノタメ就学スルコト能ハデト認メタルトキハ市町村長ハ府県知事ノ認可ヲ受ケ学令児童保護者ノ義務ヲ免除スルコトヲ得、学令児童病弱又ハ発育不完全ノタメ就学ツシムベキ時期ニ於デ就学スルコト能ハズル認メタルトキハ市町村長ハ其ノ就学ヲ猶予スルコトヲ得

この一九〇〇年の「小学校令」三十三条の思想は、一九四七年制定された学校教育法第二十三条に見本に受け継がれている。

第二十三条　前条の規定によって、保護者が就学させなければならない子女（以下学齢児童と称する）で病弱・発育不完全・その他やむを得ない事由のため、就学困難と認められる者の保護者に対しては、市町村の教育委員会は、監督庁の定める規定により、前条第一項に規定する猶予又は免除することができる。

ところで、養護学校への就学義務は一体どのような根拠から行なわれるのか、といえば、これも同じ学校教育法第二十二条に次のように記されているのである。

第二十二条　保護者（子女に対して親権を行なう者、親権を行なう者のないときは、後見人をいう。以下同じ。）子女の満六歳に達した日の翌日以後における最初の学年の初から、満十二歳に達した日の属する学年の終りまで、これを小学校又は盲学校、ろう学校若しくは養護学校の小学部に就学させる義務を負う。ただし、子女が、満十二歳に達した日の属する学年の終りまでに小学校又は盲学校、ろう学校若しくは養護学校の小学部の課程を修了しないときは、満十五歳に達した日の属する学年の終り（それまでの間において当該課程を修了したときは、その修了した日の属する学年の終り）までとする。

② 前項の義務履行の督促その他義務に関し必要な事項は、政令でこれを定める。

つまり、判り易く言えば「障害児」と認められた児童は、養護学校に就学させなければならない義務を保護者が有する、ということなのだ。そしてそうした就学義務の時期が昭和五十四年度ということなのである。

現在でも神奈川県の例にとって言えば十校以上の養護学校がある。横浜に二校、川崎に一校が存在する。従って多くの障害児たちは何の躊躇いも無く養護学校に送り込まれている。

が、一部の可能性として校区の学校への途はこれまでも開かれていたし、事実、私たちの仲間の三分の一近くは、普通校での教育を受けてきているのである。

これは何度も繰返えして書いて来ているが、はっきり言って、教育が単なる学習だけであるならば、ある程度は独学でも習得することは可能なのだ。現に、独学だけで六ケ国語を学んで、その翻訳で生きている仲間も居る程なのだから。

だが、人と人のつながり、人が生きてゆく為の数限りない智恵と工夫、それらのものは決して独学だけでは得られるものではないのである。

よく「障害者」は社会性がない、という言葉を聞くが、この社会性を身につける唯一の場こそ学校教育なのではないだろうか。先に記した養護学校の一〇〇％義務化を一九七九年四月一日を目標として行なおうとする国家の方向こそ現在僅かに残されていた普通校への途を完全に遮断して、「障害児」と「健全児」をふり分けて、国家の望む方向へもっていこうとする現われなのである。

現状での養護学校における障害児教育は、障害に応じた教育、「障害児」の発達を保障するという、一見科学的、合理的にみえる教育理論、あるいは「障害児」がクラスに入った場合労働過重になるという一部教諭の危惧、また「障害児」とともに学んだ場合、我が子の成績が落ちる、つまり将来我が子が優秀な学校に入れなくなるという親たちのエゴイズムがそれを支えているのである。

＊

私たち「障害者（児）」は、決して養護学校での教育を心から望むものではない。

現状で普通校への入学をあきらめて、あるいはあきらめさせられて養護学校で学んでいる仲間たちも多い。しかし、これも本心から養護学校の存在を正しいと信じている仲間はいないはずなのである。

例え障害があったとしても、またその障害が重かったとしても、私たちはみんなと一緒に学びたいし、けんかもしたいのである。

そうしたつながりの中でこそ、人間は人間として成長していくのであり、同じ障害を持つだけということで慰め合いの世界を構して行くことが如何に危険であるかは、現に養護学校で学んでいる仲間の多くが語ることなのである。

一つの事例を示そう。

私は、以前養護学校高等部を卒業したひとりの脳性マヒ者と話したことがある。

身体の障害は私と同じ歩行不能、床をはいまわる程度である。言語障害は私より重く、文字版を使ってコミュニケーションをかわしている。

所謂健全な高校生と言えば、自らのまわりの空間の広がりから始まって或る程度の学問的知識まで獲得できているはずである。

たとえば、三年前と昨日とでは同じ過去でも、過去の長さが違うとか、自分が東京に住んでいるとして、大阪と名古屋では、自分からみて距離が違うということなど、改めて考える迄もなく解かっているはずである。

ところが、その養護学校高等部の生徒にはそうした感覚さえまるでないのである。

だから二カ月前に行なったことと一昨日行なったことを入れ換えてしまっても当り前な顔をしているし、「大阪」と言えば「大阪城」とか「通天閣」とか「天王寺」とか即座に大阪に関係がある名前だけは並べ立てるのだが、その一つ一つが何であって、また自分とどう繋っているのか、そんなことには彼は、一向に関わりがないという様子なのである。

これでは断片的な「知識」と叫ぶことさえできない。

知識とは、己が生きていくために、己と関わりが必要なものの実体を知るうえで必要なのであって、単に名前を覚えるとか、言葉を記憶するといったことではないはずなのである。

だから、如何に彼が名前を並べ立てても、それは一向に彼の日常の中に入ることなく流れ去ってしまう。彼がその知っている名前を利用して彼自身どう生きるかを考えない限り、そうしたことは無駄なのだ、と言わざるを得ない。

彼に限らず、養護学校在学生、卒業生たちは、一般的に言って童顔の持ち主が多い。受験戦争に追いまくられる現在の青少年の神経質な容姿をそのまま肯定する気持ちはないが、それにしても彼らの顔はノドカである。

障害にあった教育、手厚い保護という名目で障害児をあたたかく教育したとして、そうした温室で受けた教育が、この差別と疎外の溢れている社会に一歩出た場合、何の役に立つと言うのだろう。

中度の障害者が駅でキップを買うことができない。スーパーで買い物もできない。地域の人びととのコミュニケーションが通じない。これではどうして生きて行けばいいのだろうか。結局は一生在宅のままで終わるか、親が死ぬ時に殺されるか、死んだ後で施設に追い込まれるか、それより他にないのである。

養護学校義務化の効果は、確実に障害者を地域社会から隔離し、抹殺して行く以外の何ものでもない。

*

「青い芝」神奈川県連合会が製作に参加した映画『さようならCP』の上映運動が関西の健全者を中心に行なわれていく中から、次第に集まって来た脳性マヒ者が大阪「青い芝の会」をつくる、やがてそれが関西に広がってゆくのだけれど、そうした関西に於ける「青い芝の会」の会員たちは比較的若い年代の人たちであり、養護学校の欺瞞や矛盾性を身をもって体験してきた人たちが多く、その点、関東各地の「青い芝の会」とは比べものにならない程、この問題に関する関心は深かった。

全国的なレベルでの運動、と言えば、一九七四年八月二十七日に開かれた第一回全国拡大常任委員会の中で、これからの運動方針として、養護学校義務化に反対、養護学校を讃美する動きに反対する、ということが決められている。その後、一九七五年全国常任委員会では、「障害児教育に対する『青い芝の会』の見解」を出し、それ以後の闘いはこの見解を基本に据えて行なわれている。

障害児教育に対する「青い芝の会」の見解

昭和五四年養護学校義務化を目前にして、各方面で障害児教育に関する問題がとりあげられている。例えば大阪府立第８養護学校建設反対運動が「大阪青い芝の会」を中心に行なわれており、川崎市においては障害児が普通学級に入ってこないようにするため、校長の学校指定解除権（校長の障害児受入れ拒否権）や事務的レベルでの完全な障害の有無のチェックを提案した文書が小学校長会研修部より市教委主催の席上で配布され、障害者及び教師の間で問題になっている。その他、混合保育、就学時検診、就学年令をすぎた障害者の就学要求なども全国的に問題になっている。

学校教育法第一八条（小学校教育の目標）第一項「学校内外の社会生活の経験に基き、人間相互の関係について正しい理解と協同、自主及び自律の精神を養うこと」

この条文こそ障害児の人間形成にとって必要欠くべからざるものであると我々は考える。

養護学校義務化が実施された場合、少しでも障害があれば今まで普通学級に在籍できたような児童生徒まで養護学校、特殊学級に入ることを余儀なくされる。

最近、養護学校義務化の準備段階として、養護学校・特殊学級の数は急増し、その傾向はとみに強まっており、定員を満たすために今まで普通学校にいた障害児を養護学校へ狩り込むということさえ行なわれている現実がある。こうして障害児（者）と「健全者」が生活を共にすることも、接触する機会すらもない現在では、歩けない障害児を同級生達が乳母車に乗せて通学したり、また乳母車を戦車にみたてて一緒に遊ぶようなことも全くみられなくなってしまった。

養護学校建設を推進する理由として親の側からは「障害のある子にあった教育を」などといわれ、現場（特に普通学校）関係者の側からは「設備・備品の不足」「管理、運営上の混乱」「障害児が入ってくると現在のカリキュラムをこなしきれず、普通教育に支障をきたし、迷惑である」などがあげられている。しかし、これらの理由は障害児を普通学級から排除する理由にはならないし、特に現場の問題の責任は障害児（者）の側にはいささかもない。

普通学校教育に邪魔になるからといって障害児を排除することは、障害児に対して異様なまでの一般社会へのあこがれを抱かせるのみでなく、一方においては隣の者を省りみる余裕すらもなくただ点取り競争に明け暮れる能率優先の現在普通学校教育の歪みを助長し、ひいてはすべての人間に、より能率よく働くことを強制し、ますますゆとりのない社会状況を作りだすものである。

障害児が普通学校に入学した場合におこる障害児、「健全児」の間のとまどい、日常生活上の混乱などは機に臨んで問題に対処しうる能力を養い、その体験を通して互いの立場を認め合う学習の場とすべきである。そのことが将来、真の人間社会を築いていく基盤となることを信じ、我々は障害児（者）を隔離、排除する政策に反対し、障害児を積極的に普通学級、保育所に入れるべきであると考える。

＊

一九七五年十一月二十四日に行なわれた第二回全国代表者大会は、それ以後の運動に於ける大きな目標の一つとして、この五四年度養護学校義務化を阻止する方向を明確に打ち出し、この大会直後に行なわれた神奈川県に対する交渉を皮切りに具体的な運動をはじめていった。

この運動方針の中で、なぜ養護学校を問題としなければならないか、ということを次のようなことばで述べている。

（前略）障害者を養護学校、特殊学級という形で普通教育の場から排除してきたことが、「健全者社会」の障害者に対する無知、無理解、差別、偏見を育くみ、障害者を「かわいそうな人」あるいは「自分とは関係ない存在」としかみられない人達を多く作り出してきたことを、仲間の日常的体験から痛感させられているからです。

養護学校を語る時、「その子にあった教育」という言葉が切札のように持ち出されます。教育の目的が知識を授けるだけにあるのではなく、人格形成、人間同志の相互理解という側面がきわめて重要であることからして、障害児の存在をぬきにした所の普通教育や、障害児ばかりが小さくかたまった所で行なわれる養護学校教育が、各々の「子にあった」ものなどとはとうてい言えないことは明らかです。それ以上に見落してならない点は、「その子にあった教育」という時、多くの場合、「障害児が入ってくると、普通児の教育の邪魔になる」「障害児とは関わりたくない」という教師や学校当局者の本音が隠されていることです。これはたまに普通学級に入った障害児が、子どもによってではなく、教師や学校当局の物の考え方によって、「お客様」にされ、排除されていくという事実を見れば弁解の余地はありません。（後略）

この運動方針案には具体的な闘いの進め方は書かれていない。だが「青い芝の会」の目標が五四年度義務化完全阻止の方向性であることは、その後の運動の進め方などからみて明らかだろう。

＊

一九七六年十二月全国常任委員会は文部省に対して交渉の申し入れを行ない、一九七七年一月三十一日文部省初等中等教育局特殊教育課中田課長補佐と交渉を行なった。

この日の交渉は、残念ながら記録を読む限り意見のかみ合いまで行ったとは思えない。

文部省とすれば、いままで「親の要求で進めてきた」と表面的にだけでも言ってきたこの義務化を障害者が反対するのは全く訳が解からない、そういった態度だし、全国常任委員会の交渉の進め方もまだまだ未熟だったと言えそうである。ただ、この日の交渉の中でただ一つの収獲といえば、当時の副会長だった矢田竜司氏の「今日まである程度、教育委員会と交渉して一般の学校へ入れるという形で親の選択権があった訳だが、義務化された段階ではどうなるのか」という質問に対して、中田課長補佐が答えた「どこの学校に就学するかということに就いては、本来、親には選択権はない。今迄は養護学校が義務制でなかったので、保護者の方で事前に養護学校と話をつけて、そこの校長先生の入学許可をもらってから、教育委員会の方へいくということだった。」という言葉だっただろう。

養護学校の就学義務化とは、国や地方自治体が、養護学校、つまり入れ場を用意して「サア、入りたい方はイラッシャイ」という義務化ではなく、障害児と名がつけば親は校区の学校に入れるのではなく、必ず養護学校に就学させなければならない義務を有する、と言うことなのである。

全国常任委員会会長横塚氏と中田課長補佐の次のような問答を私たちは注目しなければならないだろう。

横塚　再度念を押すが、親がどうしてもその近くの校区の学校にいきたいと希望した場合。

中田　そういった保護者の意見があった場合、教育委員会なり、就学指導委員会なりの場で考慮されると思うけれど、最終的にはどこが一番適切かということは、教育委員会が判断する。

横塚　それじゃ親が選択権はないということなのか。

中田　親が自分の子供はどこで教育を受けさせたいということを意見として窓口を通して言うことはあるが、最終的決定権は親にはない。

その後の「青い芝の会」と文部省の交渉について、私は余り語る気がない。言いようのないヒドサなのである。従って、ここでは、全国青い芝の会常任委員会が出した「文部省交渉の経過――その差別性をめぐって――」という文章をあげることにしよう。

文部省交渉の経過
――その差別性をめぐって――

全国青い芝の会総連合会
会長　横塚晃一

青い芝の会がなぜ五四年度養護学校義務化阻止の闘いに立ち上がったか、ここで重複する必要はないと思う。したがってここでは、一九七六年十二月に文部省当局に対して青い芝の会が行なった申し入れを契機とする数度にわたる交渉の経過と、その中で明らかにされた障害者差別＝養護学校義務化の本質を明らかにしていきたいと思う。

私達は、申し入れ書の中で、私達障害者、特に脳性マヒ者が社会の中にあって「本来あってはならない存在」として位置づけられ、親、家族によって肉体的に抹殺されるか、又山奥に造られた施設の中で精神的に殺されたまま「生かされ」ている現実を指摘し、文部省がもくろんでいる五四年度養護学校義務化は、正にそうした現実に拍車をかけ、障害者を社会の中で生きにくくさせる効果以外の何ものでもないと主張し、これに対する文部省当局の見解を強く求めたものであった。

一九七七年一月三十一日に行なわれた第一回の交渉に際して青い芝の会は公開質問状を持参し、文書による回答を強く要求した。

この公開質問状の中で、我々がたずねようとしたことは次の五点であった。

イ、文部省当局はどのような意図で昭和五十四年度養護学校義務化を策定されたのか。中止させる考えはありませんか。

ロ、障害者、児の教育を校区の学校で保障しようとする考えはありませんか。

ハ、五十四年度義務化では「就学猶予、免除」規定が残されるそうですがどうしてですか。

ニ、校区での教育保障に対する予算をつける試みはないでしょうか。

ホ、普通教育課程の変更作業がすすめられていますが、それは五十四年度義務化とどのような関係があるのでしょうか。

それに対して文部省当局は、こうした質問に関しては今まで文書回答を行なったことがないという、たったそれだけの理由で文書回答を拒否し続けた。又、この日の交渉で明らかにされたことは、日本における児童の就学義務とは、国家が就学させる義務を言うのではなく、児童、親が国家の教育方針に基づいて教育を受ける義務があるということだった。

それは当時の青い芝の会全国常任委員会副会長だった矢田氏の「今まである程度、教育委員会と交渉して一般の学校へ入れるという形で親の選択権があったわけだが、義務化された段階ではどうなるのか」という質問に対して、文部省初等中等教育課中田課長補佐が答えた次の言葉からも明らかである。「どこの学校に就学するかということについては、本来、親には選択権はない（後略）」「親が自分の子供はどこで教育を受けさせたいということを意見として窓口を通していうことはあるが、最終決定権は親にはない」

その後、三月十日に行なわれた二回目の交渉では青い芝の会の質問に対する文書回答を強く要求したが、文部省当局は、今までにそうした前例がない、ということで逃げ続けたばかりか、今まで永い間問い続けてきた差別や抑圧に対する激しい抗議の声や、鋭い質問に対して「言葉がわからない。通訳をつけて欲しい」という差別発言を平然と行なってきたのだった。

私達障害者、特に脳性マヒ者は「言葉がわからない。何を言っているのかわからない」という形で社会から疎外され、親、家族ないし施設の職員、養護学校の教師という形で代弁、代行を繰り返され、私達の意志とは全くかかわりのないところで「障害者はこう考えているのだろう。こうすることが障害者の幸せなのだ」という一方的な判断の下に、私達の生命、生活を奪い尽くされてきたのである。

私達が五十四年度養護学校義務化を確実に阻止しなければならないのは、こうした建全者社会の一方的な判断の下に、障害児と健全児を分断し、障害者の存在を社会から消し去ってしまう、つまり「何を言っているのかわからない者は社会にいてはおかしいのだ」という社会のあり方を決定的なものにしてしまうからなのだ。

この日の文部省の発言は、こうした私達の危機感の正しかったことの証明といえるだろう。

その後、二月二十四日に青い芝の会全国常任委員会のメンバーが文部省におしかけ、再度文書回答を迫ったが、守衛、若手職員らを盾にした当局との話し合いは結局、物別れに終わった。

四月十一日、全国委員会を終えた各地方から集まった百名以上の仲間達は、歴史とともに受け続けてきた差別と抑圧への怒りを全身にみなぎらせて、差別教育の牙城、文部省へと向かったのだった。

私達の怒れる姿を見るや、文部省当局は多数の守衛を動員し、門前の鉄さくから一歩も入ることを許さなかった。

これに対し私達は、怒りを自らの身体で示そうと、歩けない仲間は車イスをおり、一歩も入ることを許さなかった。あるいは、車イスごとサクにぶつかり、あるいは守衛の暴力によって路上に引き倒されながら文部省内部での交渉を要求し続けたのだった。この間、文部省はあわてて正面の鉄トビラを固く閉ざすという狼狽ぶりを示して、私達の正しい主張がいかに恐しいものであるかということを知らされたのであった。

こうして四時間以上にわたる抗議行動の結果、文部省当局はついに私達の質問に対する文書回答を約束せざるをえなくなり、私達はこの日の勝利をより前進せしめなければ、との決意の下にこの日の行動を終えた。

四月二十日、文部省当局が私達に寄せた回答は全く回答とはいえないヒドイ内容で、私達の要求を完全に無視したものであった。念のために次にこの回答を記しておこう。

回　答

貴会の質問に対し左記のとおり回答します。

記

イ、養護学校の義務制は、養護学校教育の対象となる学齢児童生徒に適切な教育が行なわれるようにするためのもので、法令に基づき昭和五十四年度から実施されます。

ロ、心身の障害の程度が比較的軽度の児童生徒については、小、中学校の普通学級において留意して指導するか、又は必要に応じて特殊学級を設けて教育することとなっています。

また、養護学校教育の対象となる児童生徒については、養護学校が適切な教育の場とされています。

ニ、小、中学校に置かれる特殊学級については、教員定数、施設、設備及び就学奨励等に関し、特別の援助措置を行っています。

ホ、小、中、高等学校の教育課程の基準の改善と養護学校の義務制の実施とは関係ありません。

昭和五十一年四月二十日

東京都千代田区霞が関三丁目二番二号
文部省初等中等教育局
特殊教育課長
斉藤尚　夫 ㊞

神奈川県川崎市高津区子母口四三七　さつき荘
日本脳性マヒ者協会
全国青い芝の会総連合会
会長横塚晃一　殿

七月二十二日、私達はこの回答と私達に対するこれまでの文部省の態度に対する強い抗議を提出した。

私達はこの抗議文の中で「我々全国青い芝の会総連合会は障害者差別を許さず、障害者自らの自立と解放をかちとるために命をかけて闘っている。その我々の真剣な交渉、赤裸々なつきつけに対して文部省当局職員のとった態度はいかなるものであったか。我々の仲間の発する言葉を『わからない。通訳してくれ』と聞く耳をもたぬ態度は一体どういうことなのか。それが教育を司る者の言い方なのか。文部省当局が養護学校づくりを奨励した結果、障害者が分断、隔離され、障害者と健全者とのコミュニケーションが断たれ、健全者に我々の言葉がわからなくなるのだ。障害者の言葉がわからない健全者をつくることが文部省当局のいう教育なのか。

また当局の職員は我々との交渉の中で『養護学校はあなた達のためばかりでなく、あなた達の親兄弟そしてまわりの人間の意見をもってつくられる』と発言した。我々の親、兄弟、そしてまわりの人間は全て健全者である。この社会において、この発言の意味することは、絶対少数の障害者の意見は無視され、絶対多数の健全者の意見が絶対的に優先されるということである。絶対的多数の健全者の意見を民主々義の名の下でふりかざし、障害者の存在は抹殺されていく、そのことを利用して、文部省当局は養護学校づくりをすすめる。当局のこのようなやり方を我々は許さない」と主張し、又、回答とはいえない文書回答に対しても「質問イに対して回答は『養護学校の義務制は、養護学校教育』の対象となる学齢児童生徒に適切な教育が行われるためのもので、法令に基づき昭和五十四年度から実施されます』とされているが、交渉の中では『義務制は我々が行なうものではなくて、むしろあなた方の親、兄弟、の意見でもってなされるのです』と発言された。このくい違いはどういうことなのか。このことは、全く書かれていない。

質問ロに対して回答は『心身の障害の程度が比較的軽度の児童生徒については、小・中学校の普通学級において留意して指導するか又は必要に応じて特殊学級を設けて教育することになっています。また、養護学校教育の対象となる児童生徒については、養護学校が適切な教育の場となっています』とされているが、交渉の中では『障害児本人・親・兄弟の意見を無視して教育委員会が強制的に養護学校に入れていく』と発言された。しかし、そのようなことは全く書かれていない。また『養護学校の児童生徒と校区の学校の児童生徒との『交流』とは一体何なのか。月に一回ぐらい、それも数時間、障害児と健全児が『交流』をもったところで何が生まれるのか。校区の健全児に『養護学校にはいっている子はかわいそうだ。地域社会の中では生きていけない。やはり養護学校はあった方がいいんだなあ』という意識をもたすだけではないか。校区の普通学級の中で障害児と健全児がともに学びあうことに重要な意味があると我々は主張する。また『障害児を全員養護学校へ入れるとは言っていない』

と発言されたが、軽い者は校区の学校へ、重い者は養護学校へという線はどこでひくのか。さらに校区の学校へ行くことができる軽い者は養護学校へはいっている者を見くだし、障害児どうしで差別しあっていく。差別をつくり出していく教育を文部省当局は行なっていくのか。我々は『すべての障害者は兄弟である』という前提のもとで運動している。しかし養護学校の中では、その子にあった教育ということでカリキュラムが組まれ、そのカリキュラムによって障害児をさらに細かく分断している。能力別ということでA・B・Cというようにふり分け、Aクラスは普通の授業・Bクラスは生活・職能訓練が大半をしめ・Cクラスはつみき遊び・土いじりというふうに養護学校の中で障害児を分断し、差別意識をもたせるように教育している。さらにいうならば『障害の軽い児童生徒については普通学級で』とのべているが、現代の普通学校教育は健全児でさえその七割までがついていけないといわれ、いわゆる落ちこぼれ、勉強についていけない子をつくり出しており、その児童生徒を促進学級などといいながら特殊学級につきおとしているのではないか。このような現代つめこみ教育において、学校教育法施行令二十二条に記載されている障害程度などというのが一体何の意味があるというのか。『障害の軽い児童生徒については普通学級で』などと表面をとりつくろった白白しい発言で障害者をだますつもりなのか。

質問ハに対して回答は『就学義務の猶予又は免除の措置は、制度上存続されますが、心身に障害を有する者の取扱いについては検討中です』とだされているが、『検討中』ということばはどういうことなのか。交渉の中で『就学猶予、免除の障害児は訪問教師制度によって教育していく』と発言されたが、週に一〜二回教師がたずねていって、その他の児童生徒とのふれあいが全くない場で行なわれる教育が、はたして『教育』といえるのか。

質問ニに対して回答は『小・中学校に置かれる特殊学級については、教育定数・施設・設備及び就学奨励等に関し、特別の援助措置を行っています』とされている。しかし、我々は公開質問に校区での教育保障と書いている。特殊学級のことを聞いているのではない。これも全く回答になっていない。

質問ホに対して回答は『小・中・高等学校の教育課程の基準の改善と養護学校の義務の実施とは関係ありません』とだされている。それではなぜ、養護学校づくりをそんなに急ぐのか。この回答には何も書かれていない。

我々全国青い芝の会総連合会は、全国のなかま・数限りなく差別を受け、隔離され、抑圧され、はては殺されていく仲間の思いを全身にうけとめ、養護学校義務化をすすめる文部省当局に対し抗議するものである。我々全国にいる兄弟たちは、五十四年度養護学校義務化阻止にむけて、地域での運動をつくっている。各都道府県・各市の教育委員会に対し、公開質問状をつきつけ、交渉をもちつづけている。校区の普通学級に障害児を次々に入れていっている。また、車イスの教師をつくる運動、障害者を含めた教育を考える教師の集団をつくり、地域での障害者解放運動の潮流を構築している。これらの潮流は今後ますます大きく広がっていくであろう。」とそのギマン性を暴露していった。

三回目の文部省との交渉をもったのは八月十五日だった。

事前の打ち合せ段階で文部省側は、交渉の人数を十五名に限ると通告してきた。これは前回の青い芝の会との交渉で示した私達の圧倒的な力に恐れをなした当局が、その暴力的権力をむきだしに示したものといえるだろう。当日、私達の代表十五名（車イスの仲間七名）は文部省へむかった。ところが文部省当局はすでに私達が到着する以前から正面の鉄トビラを固く閉ざし、裏門には、多数の守衛を配備して私達の自動車を中庭に入れさせようとはしなかった。おまけに車イスの仲間達の介護を拒否するという露骨な障害者差別を示したのだった。

私達脳性マヒ者、特に車イスの仲間達は日常的に健全者の介護を必要とする。現在の社会状況下では障害者の保護は、親、家族、福祉の専門職など極狭い範囲の特定の介護人によって行なわれている。そして、そうした状況こそが私達障害者、特に車イスの仲間達を日常的に抹殺しきっている最大の原因なのだ。

「障害者の保護は我々が行なうべきではない」こうした発想が障害者を地域社会から隔離収容施設へと追い込み、障害者を公共の交通機関から締め出し、精神障害者を地域社会から消し去っていく大きな力となっているのだ。そして、その最も端的なあらわれが五十四年度養護学校義務化なのである。

文部省当局が職員による車イス介護を拒否したということは、障害者が地域社会の中で障害者として自覚をもちながら地域の人びとと人間としてのかかわり合いをもちつつ生きていくことの絶対拒否なのだ。

私達にとって五十四年度養護学校義務化とは単に「障害児の教育問題」ということではないのだ。

それは、確実に私達を肉体的に抹殺し、社会の中から障害者をはじめとしたあらゆる反権力的な人々を排除していく効果以外の何物でもないのである。

私達はこうした私達の怒りを込めて文部省当局と渡り合い、車イス介護をかちとり、この日の交渉は車イスの障害者の介護を文部省の職員が行なうことの意味、及び障害者が生きることとは何なのかという事を私達から鋭く主張し、次回の交渉は障害者の生をめぐる話し合いということで十一月中に行なうことが決められた。

十一月交渉の事前の電話連絡の中で文部省当局は、私達が前回の交渉であれ程私達の生きることの意味、文部省の職員が介護を行なう意味を主張したにもかかわらず障害者の介護を文部省の職員は行なう必要がない。障害者の介護を行なうことにより、他の業務に支障をきたす。障害者用のトイレも作ったことだし、そこに行かれる人だけが交渉にきて欲しい。自分で移動できない人やトイレに行けない人は交渉に参加するのを遠慮してほしい」と二度にわたって申し入れてきた。

障害者用トイレに行かれる者だけが来て欲しいということは、トイレに行けない障害者は交渉に来るな、ということであり、私達脳性マヒ者にむかって「死ね」と宣言するのと同じことなのである。

そもそも障害者用のトイレという発想自体がすでに差別だといわなければならない。障害者は他の人々が使う場所や品物を一緒に使ってはならないということ以外の何物でもないのだ。これは駅の健全者が通る改札口を少し広げれば車イスが通れるにもかかわらず、わざわざ車イス用の改札口を設けたり、電車の中のシルバーシート、障害者用のリフトバスなど数えあげればきりがないほどある。

この障害者用と健全者用とに物事を分ける文部省の発想自体に五十四年度養護学校義務化の本質があらわれているといえよう。

車イスの介護を職員が行なう必要がない、とは一体どういうことなのか。

車イスの介護を行なうと他の業務がさしつかえるとはどういうことなのか。

現在の社会に住む人びとはそれぞれ何かの業務をもっているといえるだろう。業務にさしつかえるから障害者の介護を行なわない、ということを肯定したとしたら、すべての健全者は障害者の介護を行なうことが不可能だといえる。そして、もしそれを私達が認めるとしたら、それは、私達自身自らの生きることを放棄することになるのである。

私達は、この文部省当局の差別に満ちた申し入れを完全に無視し、十一月二十四日の交渉に臨んだ。

この日の交渉自体、文部省当局と私達との考え方の対立が激しく、堂々めぐりの議論がくり返えされた、ということだけに終わってしまったことは、私達の力不足と、文部省、国家権力の壁の厚さをものがたるものであり、戦いの前途はいよいよ厳しくなったといえるだろう。

しかし、この日の論点となった①私達の主張を親に代弁させるのか、②私達脳性マヒ者を病人扱いするのか、③「適切な教育の場」の「適切な」とはどういうことか、の三点をめぐり私達は次回の交渉で更に強く主張していく。

この障害者抹殺の具現化としての五十四年度養護学校義務化を完全に阻止しない限り、私達の生命も自立もなく、差別と抑圧のドロ沼の中で一生すごさなければならないのである。

私達は完全に阻止しなければならない。

私達は完全に勝利しなければならない。

＊

「青い芝」神奈川県連合会がこの養護学校の問題をとりあげたのが、一九七三年八月、当時盛んだった「福祉の街づくり」（五年前のこの運動が、今や、うたかたの泡と消えたから、「福祉」なんてイイカゲンナモンです。）に対する「青い芝」の要請書の中でとりあげたのが最初だった。もっとも、この中では、直接養護学校の問題、と言うよりは、学校教育に於て、障害者の存在を正しく認識させ、差別用語その他の障害者の存在をさまたげる一切の教育を排除すること、という形だった。

「青い芝」神奈川県連合会では、正直言ってこの養護学校の問題はとり上げにくい性格を持っている。と言うのは、会員の年齢層が比較的高い水準にあること、その人たちの中には、戦中、戦後の養護学校創生期の活気にあふれた、と言うより、教師も、生徒も、親も、何処から手をつけてよいか分からない、いわば、ヒッチャカメッチャカの時代に育った、養護学校のよい点だけを吸収した人が多いこと、一方歩けない人たちは校区の学校どころか養護学校さえ覗いたことも無い人達が多い、といった関係でどうしてもこの問題を自分の事として捉えるのが困難、と言うのが実情だった。

しかし、続発する障害者児殺し、優生保護法改定、胎児チェック反対、こうした運動を重ねるうちにやはりこの問題を素通りすることは許されない、という空気が強まり、全国の動きに呼応した形で運動が進められていった。

一九七四年十二月、川崎市小学校の校長会では、就学時健診の際、障害児を校区の学校に就学させるか、養護学校に送り込むかの決定権を校長に与えるべきだ、と言うビラをまいたことに対する戦いに始まった。

結局この差別文書は一応撤回させた形になったのだが、こうしたことから「青い芝」としても正式に県交渉を行なった方がいいということになった。それは、一九七五年六月十日、「革新」の光と希望を背負って華々しく登場した長洲一二神奈川県知事へ向けて出された要請書に始まる。

一、障害児をできる限り普通校の中で教育していくようにすることを要請致します。

国は、五四年度実現を目標として養護化を進めようとしております。

この制度が実現しますと、障害児は普通校から完全に締め出される結果になり、障害者は社会的風潮の中にあって『本来、あってはならない存在』とされる傾向が一段と激しくなることは明白です。私達は、障害児をできる限り普通校に通学されることを強く要請します。

この要請に対する神奈川県教育委員会からの回答があるので載せてみよう。

養護学校の義務制は、昭和五十四年度から実施されるわけでありますが、現在県下には一般に行なわれている教育以上に手あつい指導を必要とする心身に障害を持つ児童生徒がおり、すべての者に等しく能力に応ずる教育の機会を保障するために教育の多様な場の整理が必要であります。

これら心身に障害を持つ児童生徒の就学については、対象児の障害の種類、程度、能力、適性及び保護者の考えや地域の状況等についても十分考慮し普通校における指導をも含め、最も適切な教育の場や指導のあり方等について慎重に検討する必要があるものと考えられます。
このような考えにたって、県教育委員会は、就学指導上の諸問題を研究調査するため、「県心身障害児就学指導委員会」を設け現在検討中であり、就学時のみならず就学後も心身の状況に応じてその措置を変更する等具体的な事例ごとに市町村教育委員会とも十分な連絡をとり、児童生徒に最も適した教育がすすめられるように努めていく考えであります。

この教育委員会の考え方は今日まで変わっていない。七七年から八年にかけての「青い芝」の交渉相手は主に特殊教育課の村上課長である。彼は養護学校の存在を、障害児にとって最良の教育の場である、と信じて疑わない。親が要求しようが、障害児が希望しようが、そんなことには関係なく養護学校に入れることこそが、その子にとって幸せなのだ、と思い込んでしまっている。それだけにやりにくい相手であることは確かなようだ。

＊

一九七八年二月九日、私たちはこの五四年度養護学校義務化に就いて長洲知事と交渉をもった。わずか三〇分という短かい時間だった。
この時の「青い芝」の要請書と、交渉記録の一部をあげておこう。

要請書

私達・日本脳性マヒ者協会「青い芝」神奈川県連合会は、脳性マヒ者の立場から昭和五十四年度に実施される養護学校の就学義務化について、左の事頃につき要請致します。

何卒、真摯な御回答をお願い致します。

昭和五十四年度養護学校義務化が実施された場合、県、及び各市町村の教育委員会による判定委員会の決定により一定以上の障害をもった児童・生徒は、養護学校に就学しなければならなくなります。

現在、障害者、特に私たち脳性マヒ者は、社会に在ってその存在さえ危うい状況が増大しつつあります。私達は、その大きな要因のひとつとして障害者と健全者が日常的に分断させられている状態、すなわち、重度障害者は収容施設で、中軽度の障害者は授産所に、障害児は養護学校にという社会の在り方にあると考えます。

特にこの養護学校義務化により分断させられた障害児と健全児は互いにその存在を知らぬままに成長するか、もしくは健全児の哀れみの対象としての障害児の位置付けの効果があるだけではないかと、私達は考えます。

それのみではなく、素朴な障害児の要求、校区の学校に入りたい、健全児の友人と共に学んで行きたいという願いを、この就学義務化は踏みにじって行くのです。

私たちは、私たちの日常を特別な空間ではなく社会の人々と共に共有しつつ生きたいと願って居ります。こうした願いを実現する意味からも、障害児の素朴な願いが実現される為にも、昭和五十四年度養護学校義務化を阻止して行かなければならないと考えております。

神奈川県が真の革新県政であるならば、また、知事の所謂「ともしび運動」が真の障害者児と健全者児の助け合いの社会を目指すならば、五十四年度養護学校就学義務化は全国に先駆し反対して行くべきだと考えます。

一、昭和五十四年度養護学校義務化を、神奈川県は文部省に返上されるお考えはありませんか。
一、障害児、及びその親が障害の如何に関わらず、校区の学校に就学を希望する場合、それを認めますか。
一、障害児全員を校区の学校に就学させる考えはありますか。
一、今後とも昭和五十四年度養護学校就学義務化について、私たちと話し合うお考えはありますか。

以上の通りです。

私達は、障害児全員の校区の学校への入学を強く要請致します。
以上宜しくお願い致します。
一九七八年二月五日

神奈川県知事
長洲一二　殿

日本脳性マヒ者協会
「青い芝」神奈川県連合会
会長　矢田竜司

七　2・9神奈川県知事交渉記録

横田　今日はこの間、私達が出した要請書に対する知事さんのお考えも聞きたいし、また、私達の意見も聞いて頂きたいということでお願いします。まず、この間の要請書に対しての知事さんのお考えをお聞かせ下さい。

知事　エーッと、要請書を拝見しましたが、もう一辺お話し伺いましょうか。文章だけじゃなくて、直接いろいろ話しも、これだけでいいですか？

横田　はじめは、この文章に対するお考えを聞かせて頂いて、それから後で、具体的な事について、私達の考え方を言って行きたいと。

知事　私の直接、これのお答えに入る前に、一般的な私の感想というか考え方を申し上げます。僕は「ともしび運動」なんかやったりして、要するに、みんなで一緒に生きて行くというのが、普通のとり方だろうと、基本的にそう考えている訳です。ですから僕、よく一緒に旅する仲間なんだから、という風に言っている訳ですよね。そういう意味では、皆さんがおっしゃっている気持って云うのは、僕なりに判る心算です。

さて、その上でですね、こう形で文章で、例えば第一項義務化を文部省に返上しませんか、と云う風に改まって聞かれるとね、それはかなり全面的に広いあれで、実施が決まったり、県議会でも養護学校をつくってやるというのは、県議会での議決でもあるんですよ。それから、私のところにも初中終、こんなに署名を沢山積んでね、養護学校をつくってくれという要望もありましてね。ですから、私自身も財政が非常にお金がない時ですけれども、養護学校は毎年一校二校とつくって、何とか五十四年度に出来るだけ間に合わせたいという心算でやっている訳です。ですから、義務化というものの中味を、皆さんと教育委員会と、少し意見が違うのかも知れませんが、いろんな県民の御要望もありますしね。皆さん方の気持も分かりますけれど、同時にいろんな障害の人もおるし、今、そのまま放ったらかしているケースもある訳ですよね。やはり、それぞれのいろいろの障害に応じて専門的なケアーをやりながら、それに見合った養護学校もいるし、特殊学校もいるし、できれば僕はできるだけ一般学級に入ってですね、一緒に出来る子供はやって貰いたいと、然しそうは云っても、実際できない子供もいるんで、それについては、どうしても養護学校みたいなものもったりですね、特別な教育の仕方もやらなければいけないんじゃないかな、と僕はそう思っている。しかし、出来るだけ僕はそう思っているの。しかし、出来るだけ僕は一般の人と接触しなけりゃいけないし、できればインテグレーションというんですか、英語でね、総合教育という方向にできるだけ行くと、それから、学校だけじゃなくて、社会生活でもできるだけ一緒にやっていくということで「ともしび運動」なんか続けているんですけれども。

実際問題としては、それぞれのケースに応じて、その養護学校みたいなものをやらないと、実際のそういう障害の種類、その他に応じてですね。その結局、教育に手抜かりができますんですね。だからいろいろなものをこうやり方で、しかしながら精神としては、皆さんの意見と僕はわりと賛成なんです。隔離するような、あれはもっとも悪いと。これは、皆さん方障害者についてもそうですし、年寄りについても僕は、ただ老人ホームを作って入れればいいという考えは、間違ってますよ、というのが「ともしび運動」のスタートですからね。障害者に社会的自立ということでいろいろやっている訳なんです。

したがって、②・③番のあれは、だいたい共通の問題だと思いますが、これは、実際の運営上、皆さんきっと不満もあるんだろうし、その辺は、よく意思疎通をやって、差別感につながらないようにやらなくちゃいけないと、いうふうに思ってますが、就学指導委員会、これ市、町、村でもつくる、地区でもつくる、それから県があるんですね。そういう形で、去年はじめて障害教育課という新しく機構改革でつくりましたから、それなりにこの問題には、私としては前向きに取組んで居るつもりなんですが。そういうところが中心になって、市、町、村と連絡をとりながらですね、多様な方法をいかしながら、考え方としては、できるだけインテグレーション、一緒に生きて行くと、こういう方向でやりたいと、こう思って居るんです。

したがって、全部校区の普通学校に入れるか、入れるのがいいかどうか、それはケースごとに議論をして決めないと、一律には決められないんじゃないか、という風に僕は思っている訳なんですよ。マア、ちょっと大ざっぱなお話しですけれど、だいたいそういうことで。

横田　はい、どうもありがとうございました。それでは、これから、私達のこの問題に関する考え方の根本的なことを会長から。

矢田　まずはじめ、この義務化になった段階で、普通校の中で教育を受ける権利そのものが、なくなって行くものだと、いう事があります。

これは、義務化の法律的な解釈になりますけれども、正直に読むならば、ものの見事に障害児と健全児とはハッキリと分断されるということがあります。

で、この義務化になった段階で、あと二十年五十年かかった時、大きなマイナスを出すだろう、と私は、そういう危険を感じるわけです。

だからこそ、この義務化そのものを何んとか書き変える作業をしないといけないのではないかと思って居ります。それは、障害者自身の立場でもって、みんなと共に教育できる方向をつくっていく作業をやるべきものを、それに逆流していく方向をさしていくということです。

知事　僕、矢田さんの云うことゼンゼン判らない訳じゃないわけです。だから、こういうのをやると運用の仕方では、おっしゃるようにだんだんこう別にいっちゃう。こっちに隔離しちゃう方向に行く心配も勿論ないではありませんけれども、しかし、とにかく、障害者が就学しないまんまで済むような形でなしに、障害者も全部同じように教育を受ける、という方向の上で、それをどっちの方向でやっていくかですね。みんなバラバラにする方向で行くのか、みんな一緒になって行く方向でいくのか、それは僕は運用だと思いますよ。だからその点、皆さんの心配が、僕、全然杞憂だと、とりこし苦労だという風には思いませんからね。これは運用の仕方―間違えば、そうなっちゃうかも知れない。しかし、僕は運用の仕方をちゃんとやればね、やはり、いろいろなケースに応じて、多様な道を用意してやるというのが、やっぱり教育のアレですからね。できるだけ、兎に角許す限りできるだけ一緒にやって行く、と、どうしても出来ない場合もありますね、これ、それにはやはり独持の施設を用いて、その専門家を配置して、受け持ちの子供の数も少なくして、そういう持定の配置をしなければいけないこともありますからね。それは学校の問題だけじゃなくて、そうなっても、その他の日常生活なりなんなり、もっと地域の子供と一緒になるチャンスをつくるとかね、これは普通学校の方も努力して貰いたいと思っているんですよ。

僕は小学校の時、小児マヒの女の子と同級生でした。それはそれ程重症ではありませんでした。だけども一緒に僕らも肩をかしてやったりしながら、友だちで一緒に遊んでやりましたからね。そういうのがだんだんなくなっちゃうとね。皆さんが心配している通り、今の子どもは、ゴメンナサイ、これ語弊があるかも知んないけど、障害者がいないのが当リ前だ、と思ってるわけだけどね。障害者がいるのが当りまえなんだからね。赤ん坊もいるし、年寄りもいるし、いろんなのゴッチャまぜになっているのが、あたりまえなんだから。そういう世の中だっていうことを、やはりみんな小さい時から勉強する必要があると思いますよね。そういう交流の機会なんてのは、いろんな形で考えられるんじゃないかと思いますよ。

小山　知事さんが今おっしゃったことは、確かにその通りだと思います。しかし、いま矢田さんが言ったことは、五十四年に養護学校義務化というふうになると、法律に障害児は、養護学校に全部入れなければいけない、という風に謳われるわけですね。したがって、今現在だと、養護学校があちこちにあって、障害児なりそれを持つ親たちが選ぶ権利があるわけですね。自分の行く学校ですね。ところが、五十四年度というこの義務化ということになると、その親のあるいは障害児の学校へ、自分の行きたい学校、選ぶ権利がそこにはなくなって来ると同時に、それを拒否した場合、その障害児がですね、これは法律的にチャンと罰則規定が出て来るわけ、そういった処が問題点としてあげられるわけ。それからもう一つ……（ちょっとわすれちゃったんですが）……そういったことがあるということ。それで、知事さんのおっしゃることは当然です。アタリマエだと思います。障害児がいて、健康な子供がいて、老人がいて、若い者がいる、とそういう発想は、確かにそれでいいんですけれど。日本というのは法律国ですから法律でそういう規制をされると、やはり普通の学校へ行きたくても、行かれなくなっちゃう、ということもあるということは、知事さんは、どうお考えになってるんですか？

知事　私はね、詳しく知らないかも知れないけど、間違ってたら叱責して下さい。

義務化っていうのは、要するに、落ちこぼれ、全然教育受けないでね、落ちこぼれるのは困るという意味で、兎に角障害があろうが、なかろうが、子どもの教育は全部責任を持ちましょう、という意味であって、具体的に養護学校へ行くのか、特殊学級へ行くかは、それは別に選択の権利が全然なくなっちゃった訳ではなくて、それは実際問題として指導委員会そういうのがいろいろ相談しながら決めるんですが、こちらが勝手に決める訳じゃないと思うけど。

小山　そうでしょう。就学委員会がある訳ですね。そのことも私たち知っているわけで。そういった、そういうものがね、そういう逃げ道が有ると。所謂、法律をですね、行なう側としての逃道という形で、就学指導委員会というのがあって、そういうものがあるということは、私たちも知っている訳です。しかし、そういう、まず第一に、親とかその子どもたちに自由な選択出来る学校へ自分が行きたいところ、どこでも行かれるといって、さっき、僕がいいそこなったのは、そういうことを、知事さんはいろんな人がいていいじゃないかという発想であれば、私たちとしては、今迄で結構じゃない。いま養護学校があり、特殊学級もあり、普通の学校があって、それぞれ皆さんが行きたいところいってるわけ、何にもそれを、義務化ということで規制しなくてもいいんじゃないか。

矢田　一番疑問なところはですね、義務化の段階でですね、就学免除、猶予も置くということなんですよ。つまり、最重度の人達は、やっぱり教育の場から排除されるということを、根ッコにしているわけですよ。

知事　就学猶予の場合ですね、例えば、それでないと海外へ旅行したり、海外へ移住、商社の人とか、そういうお子さんの場合には、やはり猶予免除の対象になるわけですね。ですから、障害者だけを対象にして考えている訳じゃございません。（あと一〇分）

横田　知事さんの言われることは、非常に私たち高く評価したいと思います。ですけれど、現実問題として、この就学指導委員会が、その子の就学を決めて行くわけです。そこには、親の希望とか、当人の希望がいくらあっても、あなたは障害が重いから養護学校へ行きなさい、という形にどうしてもなっちゃうわけですわ。あの私たちが言ったのは、例え障害が軽くても、養護学校へ行きたい人もあるだろうし、また障害が重い者であっても、友だちと一緒に校区の学校へ行きたいと希望することが多いと思うんです。

私たちは、養護学校潰しちゃえ！　といってる訳じゃないんです。したがって、私達とすれば、この就学義務化、つまり一定程度の障害をもった子どもは、養護学校へ行かなければならないんだというこの就学義務化が、大きな問題があるし、私たちとすれば、やめて頂きたい、とこう言ってるわけです。そこら辺の知事さんのお考えをもう一回伺ってですね、それと、この一番最後に書いてあると思うんですけど、この問題について、これからもお時間がある限り、私たちと話し合いを続けて頂きたいと思います。

知事　あのさっき、横田さんなんかとも前から僕は話してるし、皆さんの考え方の基本方向は、僕も「ともしび運動」なんかやっている通りなんです。

ただ、義務化というのはね、僕の理解はね、兎に角、教育サイドにはほっとかされることがないように、皆さん教育を受ける権利は保障しましょう、という意味の義務化だと思うんですよ。だから、義務を負っているのは行政の方であってですね、だから、どうしても普通学級に入れない子どもは、いまは在宅でほったらかしにしてるんで、これは申し訳ないから、チャンと行政の方は責任もって入れるものは作らなきゃいけないと、こういうことで五十四年度から間に合わせる為に一生懸命やっているわけです。だからその場合には、養護学校もありますし、特殊学級もあるし、その指導委員会というのは、実は、知事って言うのは、これについて発言する権限は余り、直接ないんですがね、制度的に。だからといって、知事が全然無責任だと言う訳でもありませんから、考えを申し上げますけれど、指導委員会というのは、実際の運用の仕方をね、間違えば、横田さん言うようにね、そのお役人が勝手に決めて、お前こっちへ行け！　こっちへ行けとやるんじゃ、これは隔離、差別主義になりますから。しかし僕は運用の仕方をとっくり親ごさんや子どもさんと話しをして、そして希望も入れながら、十分専門家としてのアドバイスもしながら、どこへ行くのが一番いいかっていうことを判断する。そういう運用をしてくれると思うんだけども、その指導委員会ね、役人が勝手にね、どっか決めるようだったらそれは困りますよね。

矢田　知事さん！　例えばね、その重度の人たちの場合ですね、もう養護学校より他に入る途がないということの物差しみたいなものを引かれたならば、大きな問題になるでしょう。で、ね、重度の者でも、どこの学校へ行ってもいいじゃないかということを前提にして置かないと、いけないんじゃないですか。

知事　それは僕、気持としては分かりますよ。それはやっぱり話し合って決めて貰うよりしようがないんじゃないかしら。やっぱり重度のお子さんの場合にはね、僕もいくつか、そういう学校に見に行ったりしましたけどね、これはほんの何名かですか？　非常に少人数で、先生がつきっきりでやんなきゃどうにもならないケースもありますよね。だからそういう場合には、特別なやっぱりリハビリテーション的な訓練もやらなくちゃいけないから、それはそれで、僕はケース・バイ・ケースによりますけれども、場合とご本人の希望とかね、いろんなこと全部勘定しなくっちゃいけませんが、お子さんによっては、僕は養護学校に入った方がいいと、むしろそこで、社会的自立ができるようないろいろなそれこそ僕は仕事でも何でも頂いたらどうかと。で、県の方では出来るだけ責任をもって、いま障害者を企業にお世話している訳ですから、すごく就職率は良くなってるはずですよこの頃。

そういう形でね、一緒になれるような、そういうのをよく話し合ってやるんで、役人が、そうね、今、皆さん心配は分かりますから、ひとつ監督して下さいよ。

一生懸命ね、その統合の方向で、できるだけみんな一緒にやって行こうというような方向で考えるように、それなりに努力してますから。

横田　それではひとつ皆さん、時々批判しても結構だけどさ、アッタカイ交流しながら批判して貰いたいなァ。

はい、どうも知事さんのお考えを、また私たちの意見も十分に聞いて頂きたいんですけれど、時間がないということで、あの最後にお約束して頂きたいことは、この問題に関して、お時間がある限り私たちと二回でも三回でも、話し合って頂きたいということなんですけれど。

知事　最後のあれですね、はい。これは、私としては、できるだけ皆さんだけじゃなくて、県民の皆さんとね、いろんなケースごとに直接お話しをして、県政をやっていきたいと思いますから、そういう気持で居ります。

ただ実際問題として、物理的にね、僕は本当に分刻みで動いているもんですからね。だから、ここで、それじゃ何月何日という風にチョッと簡単にお約束出来ないんですよ。それちょっと理解して下さい。

私としては、気持はある積りですから、あと実際はね、知事はもう、ものすごくいろんなこと、責任もって居るわけですからね、だから、当面はやっぱり皆さんも大変かも知れませんが、出来るだけ時間つくってね、兎に角、何度でも話をして、これはね、意見はどうしても違うことあると思うの、他の団体でも全部そうです。だけども何かやっぱり、うちの教育委員会の専門家達も一生懸命やる気でいますから、だから、そういう心だけはね、共通の場所にもってやって下さいよ。僕も時間とれれば勿論、皆さんとアレするけどね、全然労を厭う訳じゃありませんから。

ゴメンナサイね、いつも時間がたらなくて。

横田　はい解かりました。どうも有難うございました。

その後、五月十日に持った県教育委員会との交渉で、私たちが出した「知事との話し合いの段階を経た時点で、教育委員会として考え方を変える気はないか。」と言う質問に対して、村上課長は「県教委としては全然考えを変える気はない。」と述べると共に、得意の障害児教育論をとうとうと述べ立てていた。あげくの果てに私たちが出した「一度課長の頭から、養護学校は正しいんだと言う考え方をはずしてみてくれ」と言う言葉を逆用して「『青い芝』の方でも、養護学校はすべて悪いんだ、と言う考え方を変えて下さい。今にきっと養護学校義務化に協力して下さると信じてます」と言い出す始末だった。

私は、言葉も無かった。どうしようもないのである。

当事者である私たち「青い芝」が、それも現実に養護学校を卒業している仲間たちが、養護学校の差別性と矛盾性を指摘して義務化阻止を叫んでいるのに、なぜそれ程までに健全者である村上課長が義務化を固持しなければならないのだろう。

彼の態度からみて、彼が文部省権力が目指す〝障害者隔離〟抹殺の論理を積極的に支持してその方向に施策を推進しているとも私には思われないのだ。ということは、彼とすれば、こうすることが障害児の幸せになるのだ、と心の底から信じ切って居ることになる。

私たちは、いつの時代でも、どこの場所にあっても、こうすることが障害者の幸せなんだ、と言う「代行」を繰り返えされている。

そして、その「代行」によって殺され、疎外され、隔離され続けて来ているのだ。

私たちはこれからずっと村上課長と対決して行かなければならないだろう。

「代行」と対決していかなければならないだろう。

五四義務化阻止の闘いは、正直に言って相当厳しい状況にあると認めなければなるまい。

しかし、私たちは闘わなければならないだろう。

私が両親から一方的に与えられた「就学免除」のあのくやしさを繰り返えさせない為にも。

第六章　カナダのＣＰ者たち

一　車イス、カナダへ

今にも降り出しそうな曇り空のバンクーバー空港に、「空とぶ車イスの会」の一行を乗せたジャンボ・ジェット機が着陸したのは、一九七五年八月二十二日、午前十時過ぎ（現地時間）だった。

重度の脳性マヒ者（以下ＣＰ者）で、生まれてから自分の足では一歩もあるいたことがないばかりか、立つことも出来ない私が、「空とぶ車イスの会」に加わってカナダ旅行をしようなどという、大それたことを決めたのは、六月過ぎのことだった。

「福祉社会」が叫ばれ始めてから、すでに久しい年月が経っている。革新市長を中心とした地方行政当局などがいわゆる「障害者福祉政策」をいくつか打ち出してきていることも事実として認めなければならない。しかし、そうした「障害者福祉政策」だけでは、いや、そうした「障害者福祉政策」の陰の存在としてのＣＰ者の状況は日常的にも思想的にも次第に追いつめられてきていると言わなければなるまい。

毎年、十人以上の脳性マヒ者が親、兄弟の手によって殺され、その何百倍かの仲間たちがコロニーという名の収容施設に送り込まれ、またその何倍かの障害胎児が母親の胎内から抹殺されていく。そうした中で五十四年度完全実施を目標として、養護学校設置がもくろまれ、いわゆる在宅の障害者児は社会からますます孤立化されてきている。

このＣＰ者が社会から孤立させられている状況とは、決して概念的、抽象的な意味ではなく、ごく日常的な現実の場面で行なわれていることなのである。

そうした中にあって、私たちCP者はどのように生きていけばよいのか、また本当に生きていくことができるのだろうか。もう十年近く続けている障害者運動の中で、私は絶えずこの問題にぶつかり続けているのだ。

「空とぶ車イスの会」の目的が雄大なカナダの風景を楽しむだけの観光旅行であってもかまわない。あるいは設備の整った身障施設を見学するためでもかまわない。私は折角訪れたカナダ旅行のチャンスを逃がす気にはなれなかった。

私の日常生活は、生活保護によって支えられている。

親子三人、障害福祉年金を含めて、一ヶ月十万円足らずの生活なのである。とても、とても、四十万円の旅行費用など出せるはずはなかった。

旅行費用捻出に悩んでいた私の願いをかなえてくれたのは、社会党員であり、「青い芝」神奈川県連合会の賛助会員である杉若満男氏だった。彼は、私の旅行費用を集めるために強力なカンパ活動を行なってくれた。その結果、長洲神奈川県知事、飛鳥田横浜市長、伊藤川崎市長をはじめ、県評傘下の各労組から多くのカンパが寄せられたのだった。

私がこのカナダ旅行を行ない得たのは、こうした多くの人びとの協力があったからなのである。

往復の飛行日時を含めてわずか十三日間の旅である。とてもとてもカナダの「福祉」全般を摑んでくるなどということは、初めから私には考えられなかった。

ただ、私はカナダに住むCP者を知りたかったのである。その生活実態を少しでも知りたかったのである。

北欧三国に比べるとあまり日本では知られていないが、カナダの福祉は相当高い水準を示していることが関係者の間ではささやかれている。その高い「福祉」の水準の中でCP者はどのように位置づけられているのだろうか。

言うまでもなくカナダは資本主義国である。その資本主義の論理の中での「福祉」が、CP者にどのような位置づけを与えているのだろうか。私にはそれを探る「執念」のようなものがあった。

＊

「空とぶ車イスの会」の一行は四十名である。無論、全部が障害者という訳ではなく、障害者は十四名、内車イス使用者は私を含めて七名、残りの二十六名が健全者ということになる。

車イスでは飛行機のタラップを降りることはできない私たちを乗せた飛行機は、名前は知らないけれど空港の長い廊下に横付けされ飛行機から直接車イスで検疫所まで渡って行った。

日本からこんな大勢の車イス使用者を一度に迎えるのはカナダでも初めてのことらしく、空港関係者や出迎えにきていたカナダ脊損協会の人たちは大変気を使っていたようだった。

空港を出ると車イスごと持ちあげて、そのまま車内に乗り込める一台のリフト・バスが私達を待っていた。

日本でこのリフト・バスを見かけるのは、公立の巨大な収容施設か、あるいはせいぜい福祉工場ぐらいなものであろう。ところが、このバンクーバーには、私たちが乗った車イスを七、八台収容できるリフト・バスが普通のタクシー会社に何台かずつ配置されていて、車イス使用者が電話をかければタクシー並みに来てくれる仕組みになっているとのことだった。

無論、障害者が支払う料金だけでは赤字なので、ライオンズ・クラブなどからバスの寄贈を受けたり、寄付をあおいだりしている。

私たちが乗ったリフト・バスのドライバーは、六十前後の人で、白髪に眼鏡をかけた柔和そうな顔が印象的だった。彼は元機械工だったという。この運転手さん、名前をビルさんと言い、私たちがカナダの旅の最後にカルガリーからバンクーバーに戻った時にもお世話になり、そのお礼に、と、日本からのお土産を渡したところ、偶然にも彼の奥さんの誕生日だったらしく、非常に喜んでくれた。九月二日、私たちがバンクーバー空港から帰国しようとした時には、わざわざ奥さんと一緒に見送りに来て、手造りのクッキーを大きな紙箱に二箱も持って来てくれたりする程になった。

＊

この日は、丁度ブリティッシュ・コロンビア州の物産展がバンクーバーで開かれていて、州政府からの招きを受けた私たちはその会場に向かった。

会場に着いた頃には曇った空から冷たい雨が降りだしてきた。私はあわてて介護者と一緒に会場に飛び込んだ。「空とぶ車イスの会」の仲間たちとはいつのまにかはぐれてしまい、辺りにいる日本人と言えば私と介護者との二人だけである。

物産展自体は正直に言って私には興味が薄い。電化製品や工業機械、高級ベッドからレコードに至るまでいろいろな製品が並べられているが、私にはそれらを見分ける能力もないし興味も湧かなかった。それよりも会場には意外と車イス使用者が多いことに私は驚かされていた。日本でのこの種の催し物の会場では滅多に車イスなどお目にかかれない。それどころか主催者側で「車イスは御遠慮下さい」というのがオチである。(例のモナリザ展(13)がその良い例でしょう。)

私と杉若氏とは、その車イス使用者の中からCP者をさがし出すことに懸命だった。カナダに着いた最初の日からCP者に会うことができれば、そしていろいろと聞くことができれば、これ以上の幸運はない。

ようやく一人のCP者らしい車イス使用者を見つけた私たちは、近よってカタコトの英語を使って話しかけた。

「あなたはCP者ですか」

初めて日本の車イス使用者を見る彼は始めニコニコと笑いかけていたのだけれど、私たちのこの言葉を聞いたトタン、顔色が変わった。

「自分はそうではない」

そう言い捨てると彼はさっさと介護者を促して私の側から離れていった。

ショック、というより私は始め彼のとった言動の意味が判らなかった。しかしそれから後の、カナダ旅行を続けていく内に、私には次第に彼の言動の意味が判ってきたのである。そして、帰国した今となってもその時の彼の言動は深く私の胸に残っている。

二　サイモン・フレーザー大学での対話

私がようやくカナダのCP者に会えたのは、物産展見学の後二、三日経ってからだった。

八月二十四日、カナダでも先進的な大学として有名なサイモン・フレーザー大学を訪れた私たちは、身障の学生に対する大学側の基本的な姿勢を含めたきめ細かな配慮に驚きの目を見はった。

何十とある建て物の内、車イス使用者が利用できない物はたった二つだけ、しかも、大学側はそれを非常に恥ずかしいことだと私たちに話すのである。

細かい設備の一つ一つを書くことはきりが無いからやめるとして、試験場の机の高さから自動販売機のボタンの位置まで車イス使用者を頭に入れた上で設計がなされていることだけを書いておこう。

このサイモン・フレーザー大学の秘書室に勤務している女性はポリオ、車イス使用者である。彼女は、アメリカから四年前にカナダへ移って来た人で、結婚し、子供も二人いるとのことだった。

この大学にはオノ教授という日系二世の人がいて、私たちの通訳を務めてくれた。

ここでの昼食は、気楽でのびのびとした方がよいだろう。という大学側の配慮で、学生用の食堂でセルフ・サービス方式の形で行ないながらカナダの身障者福祉について語り合った。

その時の録音テープをおこしたものがあるので、一部分だけ書いてみよう。

カナダ　この学校にはね、このようなケースの生徒が一人います。彼は仕事をしていないんですね。彼は、まだ学生ですね。学校へ行くには問題はないんです。そういうふうに身障がひどかった場合、なかなか仕事が見つかりません。この国では、脳性マヒの人たちだけのグループがあるんです。それだけの組織があるんです。その人たちが政府からお金を貰って、自分たちでやる一つのワーク・ショップがあるんです。そこで限られた仕事をしている訳なんです。結局、その人たちだけの特別の組織があるわけです。

この国にね、脳性マヒでデービー・マリーマンて言う人がいるんです。その人が戯曲を書いたんです。それは脳性マヒの人たちが、社会から隔離されたところで一つのショップを与えられている、そこで仕事をしている有様を描いたものなのです。その本が手に入ればいいと思うんですがね。

日　本　一般の本屋さんに売っているんですか。

カナダ　本のタイトルは確かじゃないけど、名前は確かです。

日　本　デービー・マリーマンの著書と言ったら。

カナダ　分かります。その人は一日中がかりでタイプを打って一ページを仕上げます。それで何冊かの本をものにしました。

……（略）

カナダ　彼女自身の考えでは、こういう人たちが自分たちのグループでお互いに助け合ったり、いろんなことを一緒にすることが必要なんです。そのかわり一般の人びととの関係を絶つことは好ましくありません。

日　本　あなたの家族の人は、あなた自身のことをどんな風に考えていますか。

カナダ　私は十八の時、ポリオでそうなりましたけれど、私が大学に行こうと言い出した時にも家の人は、とてもサポートしてくれまして、私が大学に行った後、今の主人に出会い結婚しました。いまでは二人の子供がおります。そして私はその点、子どもとか主人とか、直接の身近なところでは大変よくサポートしてくれる訳です。ただ遠い親戚ですね。たとえば、おばあさんとかそういう人達は、あんたそんな体だからそんなことしたらいけない、とか、結婚する前は家にいなさいとか、そういうことはありました。

日　本　御主人は障害者じゃないんですか。

カナダ　違います。主人は英文学部の先生をしています。

日　本　日本人は、障害者は障害者同士で結婚すればいいと、そういう考え方が多いんですが、カナダでは？

カナダ　だいたい半々位でしょう。普通の人と、それから障害者同士との結婚は、半々ぐらいですね。そういう人たちの理由というのは、障害者の社交の範囲、たとえば障害者グループのミーティングとか会合とかで一緒になるチャンスが多い、そこで愛情が芽ばえたりなんかして一緒になります。でも別にそうだから必ずそうしないと、という考え方はありません。

日　本　進学されて、特に困難みたいなものを体験されたことはありませんか。

カナダ　別に特別大きい問題はないですね。ただ、沢山調整しなければいけないことがありますね。

日　本　お仕事持っていらして家の仕事をするのは、大変じゃないですか。

カナダ　私は、子供が六つか八つになって学校に行くまでは仕事に出なかったんです。子どもが大きくなって学校に行ってから。

日　本　それに関連して障害のない人もですけれど、女性の育児、休職、赤ちゃんを育てるために、一年間、日本ではこれからお休みというのがとれるというような、給料はなしですけれど、制度ができつつあるんです。まだないんですけどね。

カナダ　ただ障害の人たちだけですか。

日　本　障害を持った人だけじゃなくて、一般の人も誰れでもじょじょに。

カナダ　一年間？

日　本　すべての女性じゃないんですけれど、給料なしで仕事を保持していく。カナダにはそういう制度ありますか。育児をするために、女性、母親に対して保護があると言うふうなことはありますか。

カナダ　ここではですね、別にその給料をくれないでただ休むということは一年位、だいたい普通の仕事では全部そうしてくれますよ。で、月給をくれて育児をするためには職によって違うんですよ。普通三ヶ月位ですね。産前と産後で三ヶ月ぐらい。私が昔教えていた大学では、男女平等で主人が休んでもいいんですよ、主人が家に居て休んでも。

日　本　日本でその制度ができつつあるのは、今年が国際婦人年、そのために政府がかなりあせって婦人に対するプレゼントという形で急に、つい最近みんなに発表されたんです。

日本では脳性マヒ者同士が結婚するのは、タブーとされている。法律そのものもアレですが、一般的な考え方として悪だと見られている、現実にある。そういうものは、カナダではどうなっていますか。

カナダ　カナダでもアメリカでもそうした人たちは、ちゃんと結婚している人たちがいますよ。だから別にそういうアレはない訳ですよね。

日　本　一般的な考え方として昔からあったというだけで、これからはどうなんですか。見通しというより我々の運動にもよるんですけど。仏教の思想があるからそれで前世の因縁みたいなものをね、でもそれを言うのはオールド・パワーであって。

日　本　日本では、今胎児チェックというものが行なわれているんです。要するに羊水ありますね。
カナダ　ここではずっとやっていますよ。ここでもずっと昔からやっていますよ。
日　本　その場合、異常があると認められた場合、その親がどういう処置をとるか、結局中絶するか、それとも一般的なもの、親に関して一般的に聞くと同時に彼女自身だったらどうするか。
カナダ　彼女はね、自分の子どもは十五年前に産んだんですからね。だから、その頃にはまだなかったんですよ。胎児チェックはね。だから自分は何とも言えないんですね。自分は中絶とか、流産させるとか、そういうことは、嫌いですからね。もしも自分がそういう問題に出会ったら、どうするか、なかなか言いにくいですね。ことに自分は、十五年前に子どもを産んだし、その頃はそういうことはなかったし、ところがこの国では、今中絶とか、ああいうものはとても普通ですからね。何かその異常があった場合ですね、だいたいに於てそうするでしょう。
日　本　優生保護法が制定されたのは、いつですか。所謂胎児チェックをやってそういう人たち、十五年前はそういうことはなかったんですか。
カナダ　彼女はアメリカから来たんですよ。彼女はこの国に来て四年しかならないんです。私（通訳者）の小さい娘は、今、十六ヶ月ですね。その子はずっと、ここは妊娠してからほとんど一ヶ月に一度チェックですね、その間にずっとチェックするんですね。うちの長女はね、今年、十才になるんですが、アメリカ生まれですよ。確か私が覚えているのでは、生まれた後にですね、足の後ろから生まれたと同時に、足の後ろから血かなにかとってテストするんですね。低脳かどうか、それをやったことは覚えています。
日　本　今だから、ケネディの白書[14]で脳性マヒをつくらないためにって言うのがでているんですよね、アメリカではケネディのあたりからやられているんですよね。
カナダ　そうですか。
日　本　ケネディの妹かなんか脳性マヒですよね。
カナダ　ええ、そうですね。あの人は確か精神薄弱か。
日　本　精神薄弱の子どもをつくらないために何とかすごく力を入れているんです。彼女の場合ですね、たいしてあれじゃないでしょ。
カナダ　わりと正常な生活をしています。脳性マヒの場合ですね、私、生徒に一人そのようなのがありましたよ。教育に於ては、問題はないですよ。学校へ行くのは大学まではちゃんと行かせますよ。ただその後の職業の問題がね、とても問題になるんですよ。
日　本　この人たち大学へ行ったんですか。大学に行こうと思ったら入れてくれますか。
カナダ　私、大学に行っています。前の段階の学校で拒否された……。就学猶予、学校へ来なくてもいいですよ、と。
日　本　何年からですか。
カナダ　義務教育でさえ。
日　本　六年まで。
カナダ　小学校と中学校が義務教育になっているんですよね、日本では。九年、普通だったらどうしても行かなくてはならないんですけども、学校に来るのが困難だから、なんだったら来なくて家でずっといて好きなことしてていいですよ、と。
日　本　行くと言ったらどうなりますか。
カナダ　受けつけないんです。もしそれだったらお母さんがおんぶして、毎日お母さんが送っていく、ただ今だったら養護学校、肢体不自由児とか、養護学校。
日　本　特別の学校。
カナダ　障害児の行く学校がだいぶ増えてきているから、相当重度でも行けるようになったんです。けどもね、特別の学校があります。だからそのそれがいいか悪いかは、判断できない。余り重度だとね、逆に難しくなるから、その機能訓練と言うものが出来なくなるでしょう。普通の子どもたちと一緒に、だからあらゆる程度の中での訓練受けながら勉強できて……段階を踏んで一般の中に……限り、ただ何でもかんでも……。
日　本　この方は、どういう仕事なさっているのですか。
カナダ　この方ですか。この人はね副校長の秘書なんです。そしてこの学校に於ける国際関係のことをやっています。

例えば外国から学生が来る場合ですね、外国から来た学生の世話したり、そういうことをするんです。

……（略）

日　本　日本ではね、例えば、順調に小学校へ入学して高校まで行って高校時代にモーターバイクで事故起して脊髄損傷になって、ウェルチェアの生活になった場合は、その人が大学に行きたくても、大学に入学したくても、高校へそのまま通学したくても、階段があってスロープ化されていないために、彼は通信制で家からやるという形しかとれません。カナダでもたぶん、この大学を除いては、そういうことでしょうね。

カナダ　いいえ、ここの大学ではですね、願書を出すでしょう、ここ入学試験がないですから、ここは高校の成績表送ってるのです。そして診査して、願書出すだけです。そして願書にね、もしも身体に障害があった場合、書き込むだけなんです。そして学校は、それを理由にして拒絶することはできないんです。

日　本　それは法律化されているんですか。

カナダ　州によって違いますがね。アルバータ州では、私の大学ではそれが学校自身でそういうふうに決めている訳なんです。ただ、問題というのは学校では、その生徒を受け入れた場合、どれだけ責任を持たなければいけないかということでありまして、だから例えば、私のところにこういう脳性マヒの生徒がいましたけれど、そしたら結局、試験の時、その人は書けないからそのために特別に教授が時間をさいて聞いたり、あるいは他人を呼んで来て手伝って貰って、どういうふうな答えをだすかで、それでちゃんと卒業した人がいますよ。

日　本　たとえば、障害のある人のためのアシスタントという形で、一人職員を雇うというようなことは……

カナダ　ないですね。それ程人数多くないんです。そんなに生徒の数多くないんです。

日　本　たとえば、ここに入学して自分で排便、排尿、そういった、食事そういうのができない人が入学するというのは、今後考えられますか。

カナダ　そういう場合は、そういったものに学校は責任を持ちませんけれど、個人で看護人付きと言うもの、金のない人は、政府から補助を貰って、そういう人を雇うということなんです。

日　本　大学でなくて、小学校、中学校とか、低学年のね、学校の子どもたちはね、日本も多いんですけどもね、養護学校というふうなことで、正常な子どもと違うようなところまでまとまって障害児だけで教育受けるというのが、ほとんどなんですよね。徐々にね、普通の小学校に障害児も一緒に入ってやるのが当然なんだと……まだまだ小さな考えでしかないんですけれど。

カナダ　できるだけ障害児は普通の人みたいにさせたいんですよね、できるだけ普通の人とつきあったり、そういうふうにさせたいんですよね。障害者ばかりだけでああなると普通の正常な人たちと隔離されてしまうと。

日　本　そういう考えは、結局、日本の場合はね、障害児のそういうことについて研究している人が、国立の特殊教育研究所というのがあるんですよね……そういうふうなところの人たちが中心になって結局、障害児を子ども の中に入れることによって、相方共にいい影響を与え合うんだという考えが広まりつつあるんですけれど、こちらではやはりそういうふうな一つの考えを持ったところから皆なに広めて行ったのか、それとも自然にね、子どもは誰れでも一緒にね、教育を受けるべきだという思想みたいのは、どうなんですかね。最初からそういうふうにさっきの……自分たちの運動によって社会運動が展開されて、生まれた時から障害をもった子どもたちの教育だとか、そういうものには、やはり親たちが考えを広めて行ったのか、やっぱり親たちが。

カナダ　日本は、家族主義でしょ。最初からこの子は違う、この子はあれと最初から自分の家からしてそれを区別してしまうんですね。それが悪いんじゃあないですかな。ここではできるだけ普通に取り扱ってやりたいという態度でるんですね。

日　本　また日本の場合、子どもが障害を持った子どもが生まれると親がかくしてしまう、という歴史があるんですけれど、カナダはそういう意識は、親の中にほとんど持っていないわけですか。

カナダ　昔は、そうでしたね。やっぱり、家のメンツとかたてまえとか考えかたとかで。

日　本　むしろ家の宝という形で、キリスト教的なあれで、宗教的なベースが違う、宗教的なこと、キリスト教と仏教のベースというものでその中で社会生活ができている。

カナダ　逆にこういう子だから可愛いという、あまり可愛いがり過ぎもあるんですね。

日　本　神の子だから神が授けてくれたからと大切にしてしまう。

カナダ　変に過保護にしてしまう。というのは今までのカナダの、現在では、一番大事というのは、公共の場所では、デパートメントストアーとか学校では、公共の場所で、みんな沢山の人が行くような公共の場所でも結局、設備ができておったら、こういう人たち利用できるでしょ。そうしたら自然になるわけなんです。そういう設備がないと結局、自然にならないでしょ。本人が不便を感じたり、他の人が特別なことしてあげなければいけないと。

日　本　いわゆる途中から障害を持った人たち、生まれながらに障害者ではない人たちの精神的には、いわゆる普通の人と同じように考えているでしょうか。それともやはり、途中からハンディキャップを持ってそれなりにハンディキャップではない人たちと差別意識・圧迫感というか、被害者というか、被害者意識というか、そういったかなりゆがんだ精神状態というのは、一時的に言ってあるんでしょうか。ないんでしょうか。カナダにおいては結局、どう違うのかと、中途からなった人たちの挫折感というか、それから立ち直って普通の人たちと同じように生活できる状態にあるのか、それとも、やっぱり何か一段下なんだ、という意識が、まあ一時的でいいんですけど、正直な話聞かせて下さい。

カナダ　彼女の経験では、生まれながらにしてハンディキャップのある人とつきあった経験があるんですね。その人たちに言わしたら、あんたに言わしたら、自分はハンディキャップだが、自分は生まれながらにしてこうだから、自分にとっては普通だから、そういう人の感情は、わりとまっすぐなんですよね、わりと素直なんですよね。それから同じように彼女は、同じ三十才になってから事故で障害になった人も知っているんです。そういう人は、最初のうちは、誰にも会いたくないと、誰ともつきあいたくないと、そしてやっぱり、時間がかかるんですね。

そういう挫折感というのは、看護婦が来て結局――。

日　本　いわゆるリハビリテーション。

カナダ　いや、これからあんたこうなるんだから正常として。

日　本　障害を受容して。

カナダ　障害を受け入れなくてはいけないと、時間が必要なんですね。そういう差はあるけれど、ある時間たてば彼なりに自分を自覚して、自分なりの自分はこうなんだからと、いわゆる普通の心理状態でやっているということです。彼女の話では、だいたいこの国では、いろいろな機会がありますから、いろいろのチャンスを与えているから。職についたり、いろんなことがありますから、だいたい大部分のハンディキャップのある人たちは、わりと正常の生活をしています。正常って精神的にね。機能面だけでなく心理的な面でもあんまり暇がないわけです。

日　本　ちゃんとしたリハビリテーションがあるから。

カナダ　例えばですね、この国では車いすに乗った人でもですね……を設備がまだ完全にできていない所では、段をおりなければいけない時に、みんながこう走っていって助けてあげるんですね。そういう人たちは、いやそんなことしないでくれと、自分たちがもしも助けて貰わなければいけないという時は、自分たちで言いますからと、結局、それ、一つの階段じゃないですか、と思うんです。そういうふうに受容する、自分で出来るだけやっていく、それも一つの訓練の階段ではないかと思います。

日　本　やっぱり設備の問題ですよね。

カナダ　アメリカで毎年二月、一度ですね、俳優とかそういう人たちが、二十時間ぶっとうしでテレビの……をやるんです。カナダでもやるんですね。それで寄付をさせるんですね、電話で。昨年は、三十五万ドル集まったんですね。

日　本　京都でね、五月。二十四時間ぶっとうしでやったんですね。それで集まったお金は、三千万くらいで、それでそのお金で子どもたちのためのリハビリテーションセンター……そのためにこの番組をやったんです。

三　ここでも障害者差別が

そのサイモン・フレーザー大学を訪れた日の夕方、私たちはセシル・ウィークリー氏という家で開かれたバーベキュー・パーティに招待された。

そこには、カナダ脊損協会の人たちを始め、カナダの身障者が多く集まっていたが、その中に三十才の女性のCP者、州政府のソーシャル・ワーカー、オードリー・ヒルさんを見つけることができた。

彼女は歩行不能である。手と言語の障害は比較的軽いほうだった。

カナダで初めて会ったCP者である。折角自家用のモーター・ボートで水上を案内しようというウィークリー氏の厚意を断って、私は彼女と話しをすることに決めた。

先ず私が聞きたかったことは、CP者の経済的自立がどのようになされているか、という点であった。

経済的自立というのは、CP者の場合、必ずしも「労働」による経済的自立を意味しない。少なくとも今の日本の状況でCP者が「労働」によって経済的自立を計ることなど不可能に近いと言えるのだ。

カナダの場合、果たしてどうなのか。私には非常に興味深いものがあった。

「あなたは職業をお持ちですか」

こうした種類の質問は欧米諸国では失礼なのだそうで、私の言葉を仲々訳したがらない「空飛ぶ車イスの会」の通訳をようやく説得して、私は尋ねたのだった。

その答えによると、彼女は大学を卒業後、ブリティッシュ・コロンビア州のソーシャル・ワーカーの仕事をしているそうで、給料として毎月三百五十ドル受け取っているとのことだった。

「それでは、仕事を持たないCP者の生活はどのように保障されていますか」

私はつづけて尋ねた。

「州政府から、毎月二百四十ドル、年金が支給されています」

月に対して二百四十ドルというと日本円に直して四万五、六千円ぐらいである。これは、現在の日本における年金支給額と比べてかなり高い水準にあることはまちがいない。しかし、カナダの生活水準・物価などから考えて決して楽に生活ができるという金額ではないのである。

「障害児の教育はどのように保障されていますか」

決して軽度とはいえない彼女が大学を卒業した、ということに、私はものすごい興味を持った。

午前中のサイモン・フレーザー大学でもこのことはある程度聞き出している。しかし、やはり重度ＣＰ者の彼女自身から、私は確めなければならなかった。

「あなたは、小学校の時から混合教育、つまり健全者と一緒に教育を受けたのですか？」

「学校は普通の学校へ行きました。でもほんの少ししか行っていません。母の体が悪くなったのでやめてしまいました。それで、先生に来て貰って勉強をしました」

「でも、サイモン・フレーザー大学を卒業なさったのでしょう？」

「はい」

私にはよく分からなかった。

まさか自分が外国に旅行するなんていうことは、一度も考えていなかった。おかげでエイゴなんていうヤッカイなものなんか見向きもしなかったバチがこんな所で当ったのだ。もどかしかった。

家で勉強をして大学へ入学する、こんなことは今の日本の状況では健全者にとっても相当以上の難しいことだろうと思う。まして彼女は重度ＣＰ者である。

そんな私の想いとは別に、その場の話題はいつの間にか彼女自身から離れて、一般的な障害者の教育問題になっていた。

私は思い切った質問を試みた。

「ＣＰ者と、普通の障害者との差を感じたことがありますか」

怒るなら怒れ。彼女がもし本もののＣＰ者なら、私の質問が決してヤジウマでないことは判るはずである。

「私は小さい頃、脳性マヒではなくて、もっと他の障害、例えばポリオ位だったらいいなあと思ったことはある」

「それはどういう話ですか」

私はつづけて尋ねた。

「それは、やはりＣＰ者は体が健全者とは異っているし、言語障害もあるので精神薄弱者と同等か、むしろそれ以下に見られてしまうんです。ポリオだったら、足なら足が動かないということだけで、精神面までおかしいとは見られないのです。社会の認識がCP者を認めるまで行っていないんです」

バンクーバーに着いた日、あの雨の物産展で出会った障害者の言葉のなぞが、いま、はっきりと解けた。やはりカナダでもそうだったのか。私は形容しがたいさびしさにおそわれていた。

「社会的身分は他の障害者と違いますか」

「私はソーシャル・ワーカーをやっています。CP者の立場を変えて行こうという仕事をしています」

間接的ではあるが、CP者の置かれた社会的な位置付けを彼女自身認めているのだと、私には感じられた。

「あなたの他に、CP者で職業をお持ちの方はおられますか?」

「友だちで教師をやっている人もいますけれど、職業をもっているCP者は決して多いとは言えないのです」

日本でのCP者の就職数がどれ位か、これは労働省でも把んでいないだろう、まして私が知るわけがない。しかし、彼女の話から受けた印象では、カナダのCP者に比べれば、はるかに多いような気がした。

「あなた以外のCP者は、どういう生活を送っていますか」

「友達四、五人でアパートを借りて生活している人もいますし、施設にいる人もいます。家族と一緒に住んでいる人も多いですよ」
四、五人の友だちとアパートを借りて生活する運動は、日本の若いCP者、特に、日本脳性マヒ者協会「青い芝」の会で、ここ一、二年の間に組織されていった地方の仲間たちの間で急速に広がりつつある。しかし、そうした広がりの中でいつも問題となるのは、周囲の「健全者」とのかかわりなのだ。
「CP者だけで生活するのは危険だ」「あんなのに集まられたのでは、他の部屋の借り手がなくなる」——そうした「健全者」の偏見が私たちの自立をいかに妨げているか。カナダでは、その点どうなっているのか。

通訳、それも専門家ではない国際電々の職員である若い女の人を通しての言葉のもどかしさをこの時程感じたことはない。

「大変失礼な質問ですが、御結婚なさっていらっしゃいますか」

私は思い切って尋ねてみた。

日本では現在、二十五万ないし三十万人のCP者がいるといわれている。そのうち成人したCP者は十万人前後ではないだろう。その中にあって結婚している仲間は、といえば数えるほどしかない。結婚が自立のすべてとはいわない。しかし、それが一つのバロメーターであることはまちがいないのである。

「いいえ。結婚はしたいと思います。けれど、子どもは欲しくありません」。なぜ？　と問いかける私に、次の彼女の言葉が重くひびいた。

「私たちが子どもを生んだとしても、普通の人は私たちを親とは認めないでしょう。私はこういう話を聞きました。一人の障害者の女性が自分の子どもを連れて車イスで街を歩いていました。ところが、どこかのご婦人が、いきなりその子のすぐそばに寄ってきて、『あなたのママの所に連れて行ってあげましょう』と言って、車イスの女性からムリヤリ子どもを離そうとしたというのです。そんなことを聞くと、とても子どもを産む気になんかなれません」

私は、何度か同じような目に遭った日本の仲間たちの顔を思い浮かべて、なんともやりきれない気持になった。やはりここでも、CP者は異物でしかなかった。

＊

その次にCP者に会ったのは八月二十六日、アルバータ州のグッドウィルという廃品回収再生工場の中だった。従業員はすべて何らかの障害を持った人たちだった。

完全な独立採算制で、州政府の援助は直接的には受けていない。従って給料もその人の能力や、技術、経験などによって決められている。仕事は、集めてきた古着類や電化製品、古い書籍やおもちゃなどをより分けて、再生できるものは洗濯したり、修理したりしてその工場の一部にあるショッピングルームで安く売るというやり方をとっている。経営者から聞いた給料額は最低四百ドルから最高八百ドルぐらいということであった。

私が会ったCP者は、障害がごく軽い女性で、アイロンがけの終わった古着類に値札をつける作業をやっていた。足の障害はほとんどないといっていいほどだ。

CP者同士というのは、奇妙な連帯感でつながれていて、知らないところで知らない者同士が出会っても、CP者と分かると親愛感が起きて来るものなのだ。彼女も、私が日本から来たCP者だと分かるとしきりにこちらに笑顔を向けていた。

しかし、私がいない時に、同行の介護者が、「給料はいくらか」と尋ねると、それまでの笑顔をサッと曇らせて一言次のように答えただけで、黙って背中を見せたまま作業を始めた、という。

「それを言うことは、大変むずかしいわ」

これは一体どういうことだろうか。

経営者のいう最低額を彼女が受け取っていたとしたら、給料額を答えることができたろうと思う。もちろん、ぶしつけな質問に対して、プライベートなことは答えたくない、との思いもあったろう。しかし、興味本位でこの質問を浴びせたのではないことは、私たちの態度からみても判るのではないか。

結局、彼女が答えないのは、私の考えが当たっていたからだ、と断言せざるを得ない。そういえば、ウィークリー氏の家で会ったCPの女性も給料は三百五十ドルとのことだったが、後から聞いた話では同じ仕事をしている他の給料が七百ドル、一般の人びとの平均給料が千ドルということだった。

なぜCP者の給料がこんなにも平均より低くなければならないのだろうか。ここでも、CP者の社会的位置の低さが身にしみて判った。

三人目のCP者に出会ったのは、カナダ脊損協会カルガリー支部がバーベキュー・パーティーを開いてくれた八月三十日の夜だった。

会場に着くと、脊損協会の人たちやボランティアの若い女性が出迎えていて、私たち一人ひとりの首にメダルをかけてくれた。そうしたボランティアの一人がどういうわけか、私に特別の親しみをこめた笑顔を見せている。

彼女は初めのうちはほとんど私に付きっきりだった。CP者はご多分にもれず食事の時はどうしてもこぼすことが多いし、まして日本にいて四十年以上も畳の上で食事をすることに慣れている私だから、車イスの上で紙皿からバーベキューを食べるなんていう器用なマネなんかなかなかできるものではない。彼女はそんな私の紙皿を支えたり、顔の汚れをナプキンでぬぐったり、かいがいしい介護ぶりをみせていた。

そのうち、ようやく彼女がそばから離れたので、一人の重度ＣＰの女性に出会うことができた。彼女の障害は私より重く、車イスに安全ベルトでくくりつけられていた。言語障害もかなりあった。

彼女の両親はもう亡くなっていて、彼女は九人兄弟のちょうど真ん中だそうで、兄弟の家にいることがむずかしく、独立した生活を送っているのだそうだ。経済的な保障については、「アルバータ州では月四百ドルの年金が支給されます。私はそれで友だちと一緒に生活していますから大丈夫です」と、答えは明快だった。

一緒に生活している友だちというのは健全者で、社会福祉の仕事をしている女性だということだったが、よく聞いてみるとさっき私の食事を介護した女性がその人だったらしい。

肉親ではない健全者と重度ＣＰ者とが、一緒に生活していることは、日本では稀にしか見られない。ごく一部の先鋭的な思想を持った若者の一部が障害者と健全者の解放を目指して、共同体を始めようとしている事実はある。しかし、そうした試みのいくつかが成功といえない状態におかれていることもまた事実なのである。

もしカナダで、本当の意味での身障者と健全者の共同生活ができるなら、私たち「青い芝」が永年叫び続けている収容隔離施設反対、コロニー政策反対を実現させる一つの手掛かりを見出すことができるのではないだろうか。私は具体的な生活がもっと知りたかった。

ところが、「明日、あなたのお宅を訪問してもいいですか」と尋ねたとたん、態度が変わった。しきりにあたりをうかがいはじめた。どうやら会場にいる友だちのほうを気にしているようだ。突然訪問を申し込まれたのだから、共同生活している友だちと相談するのは当然だが、それにしても彼女の様子は腑に落ちなかった。

本当の意味で共同生活しているとしたら、一対一の関係で物事を決めてゆけるはずだし、またそうでなければならない。だが彼女の態度からは、全然そうしたものが感じられないのである。自分の主張などほとんどせず、友だちの顔色ばかりうかがっているのだ。結局、彼女の家を訪問する試みは成功しなかった。

日常生活のなかで、彼女と友だちとの関係が、一方的に友だちから与えられるだけだったとしたら収容隔離施設の中で生活することとどこが違うのだろう。日本のＣＰ者が収容隔離施設反対の叫びをあげるのも、障害者対健全者の関係を打破しない限り、つまり、一方的に障害者が「与えられる」「抑圧される」ということであってはならないと基本的な考え方に基づくものなのである。それまでカナダにおける充実した福祉、とくにカナダの人びとの福祉に対する考え方にある程度の信頼感を持っていただけに、私のショックは大きかった。

やはりCP者はアウトだったのである。

＊

八月三十一日、私たちはカルガリー動物園に出かけた。

動物園に入るなんていうのは、戦前（こんな言葉を使うと年が分かるネ）一、二回上野動物園に入ったぐらいだから、三十年ぶりということになる。

動物の種類も、数もそんなに多いほうではない。ただ園内が非常に広いのと、見物客が日本と違って少ないので、動物自体がのんびりした感じだった。

象のオリの横で一台の車イスを見かけた私は、車イスをいそがせた。

やはりCPの女の人だった。（年を聞いたら、十六才だということなので、女の人じゃなくて女の子だね。）

彼女の両脇には両親が立っていた。

言語障害が非常に重い彼女にかわって両親がいろいろと話してくれたのだが、これはもう、日本でしょっちゅう見かける「重度CP者の親」の典型的なタイプだった。ただ、日本の場合と違うところは、余り障害の子をはずかしがる様子が見られなかったことと、そのCP者を連れて時々旅行するというその規模が、イタリヤとか、スイスとか、というスケールが大きいことぐらいだった。

彼女とは結局、カナダのCP者の位置について語り合うことができないまま日本の硬貨をプレゼントして別れた。

その後、私たちは大変なことに気がついた。

私のショルダーバックが無いのだ。

常時車イスに乗ったままの私は、手荷物を持って移動することは苦手である。リフトバスへの乗り降りや飛行機への乗り降り、階段への移動などいちいち人に背負われたり、抱かれたりして行なわなければならない。その度に自分で荷物を持っていたのでは、介護する方の労力がよけい加わることになる。従って、私の手荷物ははじめから介護者に預けてあったのだ。

中には録音テープや子どもへのみやげはさておき、私と介護者のパスポートまでが入っていたのである。どうしようもない重い空気が私たちを包んだ。

翌日、私たちはバンクーバーに戻った。

わずか一週間しかたっていないのに、バンクーバーはもう秋の匂いがいっぱいだった。

ホテルの前の街路樹が、もう黄色味をおびているのを眺めながら、私はすっかり考え込んでしまった。

カナダの福祉とは一体なんだろう。カナダの人びとには弱い立場の人を思いやる気風は確かにある。経済的な保障もある程度はあって、日本より保障されていることは事実だ。しかし、これまで出会ったＣＰ者たちの生き方には、疑問をいだかざるを得ない点が多いのだ。

そうしたことを考えている時に目の前に一人の女性が立った。ＣＰ者特有の笑顔で私を見つめている。私はあわてて英文の名刺を差し出した。

やがて、ホテルのロビーに集まった私たちは、彼女からいろいろ話を聞き始めた。

「ご家族とご一緒ですか」

「はい、父も母も元気なので一緒にいます」

「ブリティッシュ・コロンビア州の障害者年金は二百四十ドルだそうですけれど、それだけで生活していけますか」

「両親と一緒ですからなんとか暮らしていけます」。四十五歳という年齢にしては若々しい彼女の笑顔は明るかった。

「他のＣＰ者がどうやって生活しているかご存知ですか」

私は意地悪い質問を試みることにした。若いＣＰ者ならともかく四十五歳という年齢から考えて、まさか他のＣＰ者とのかかわりがないとは思えない。そして少なくともいままで私が出会い、話を聞いた限りにおいて、カナダのＣＰ者たちが他の障害者と相当隔たりがあり、しかもそれを健全者たちが暗黙の内に認めているフシさえ私には感じられるのだ。

四十五歳のしかも知的水準も相当高いと思われる彼女がそれをどのように考えているのか、知りたかった。

ところが、彼女の答えはあっさりしていた。

「私の知っている人は、いろいろな人の援助があるラッキーな人たちだけですよ」

結局、ＣＰ者はこうした状況で一生を送らなければならないのだろうか。ＣＰ者とはなにか。自分をはじめとしたＣＰ者がどのような状況に置かれているのか。それを変え得ることが可能であるのかどうか。そうしたことを考えないまま彼女は生きているのだろうか。

「障害者の生きがいをなんだと思いますか」

最後の質問にすべてを賭けた。

「私の場合、いまの仕事に就く前には家にいて自分の着物を縫うのが楽しみでした。が、この仕事を始めてからは多くの障害者と会って話し合うことができるのでとても楽しいです」

「あなたは障害者を海外旅行させる会社の代理店をされているからいいですけれど、仕事に就けない重度、重症のＣＰ者にとっての生きがいとは一体なんだと思います」

質問はもう悲鳴に近かった。

「何か一つの体を使うことを持っていたほうがいいと思います。それと何か楽しみを持つことです。たとえば、切手を集めるとかいうことでも良いではないですか」

四　どこの世界でも抹殺される障害者

一体なんのためにカナダまで来たのか。

十三日間の旅行費用四十一万円といえば、生活保護受給者の私には思いもよらない大金である。多くの人びとの厚意によるカンパと、友人からの借金とによってやっと出かけて来たこのカナダで、一体なにを見たのだろうか。福祉の風土が進んでいるなかで、いや、福祉の風土が進んでいればいる程、他の障害者との落差が広がっていくＣＰ者の姿を見かけなければならなかったのである。

この落差は、経済的な面や日常的な現実の生活状況ばかりではない。

カナダ脊損協会の役員で、若い時、鉄道事故による両足切断というハンディを負いながら、たくましく生き続けるワーリィヤ氏をはじめとして、カナダの他の障害者たちは、何かを求め、なにかを得ようとして必死に生きようとしている。

いま思い浮かべるだけでも、サイモン・フレーザー大学の副校長の秘書をしているポリオの女性、ブリティッシュ・コロンビア州に勤めている、若い車イス使用者の女性、同じく車イス使用者でストロング・リハビリテーションセンターの所長など、数えあげればきりがない程素晴しい障害者がいる。

私が言うすばらしい障害者というのは、能力があるとか、何かができるということではない。生きることに何かを求め、何かを追いつづける意欲を持つことができるか、できないかという一点だけなのである。

勿論、そういった意欲を持つためには、ある程度社会的環境は必要であろう。私はそれを決して否定するものではない。しかし、そうした社会的環境ならば、日本に比べて格段の違いがカナダにあるはずである。

そのなかで、なぜカナダのCP者たちが自己の場を持とうとする意欲に欠けているのか、私はどうしても分からなかった。

CP者に対する偏見、抑圧を現象的に捉えるならば、カナダに比べて比較にならないほど日本の現実は厳しい。その中にあって、日本のCP者は確実に目覚めつつある。かつて考えられなかったほど日本の障害者運動の中に占めるCP者の動きは激しい。

オーバーな言い方でなく、いまの障害者運動は、CP者運動であるといってもよいのだ。カナダのCP者たちがなぜそうした場を確立し得ないのか、私には判らなかった。

九月二日、いよいよ帰国の当日。ようやく見つけた写真館でパスポート用の写真を写した私たちは、バンクーバーの日本領事館に向かうためにタクシーを呼ぶことにした。

バンクーバーにもいろいろなタクシー会社はあるらしいが、ごく一時的なものとして「イエローキャプ」と呼ばれる黄色のタクシーがある。日本の場合、車イス使用者がタクシーを利用しようとすると、二回に一回は乗車拒否されるのが普通なのだけれど、ここではそうした風景はまるで見られない。

イエローキャプがせまってくると、運転手が黙って車を降りて後部トランクを開ける。そして、介護者が私をタクシーに乗せている間に車イスをたたんでトランクに納めてしまう。日本では考えられない風景だ。

カナダでの十三日間の旅は、あまりにも多くのものを私に与えてくれた。雄大な自然、美しい森林や湖、さまざまな場におけるさまざまな人との出会い。それにしても、いまの私の胸深く沈むこの重さは一体なんなのだろう。

「CP者はどこの国でもアウトなのか。どこの世界でも、いや、人間が生きている限り、CP者は疎外され、抹殺され続けるのだろうか。なぜなのか、なぜそうなるのか」。いまだに答えることができない自問が続いている。

五　カナダの脳性マヒ者ノーマン・クンツ氏との対話（一九七七年二月十日、横田弘宅）

横　田　カナダでは養護学校ではなく、普通の学校を卒業したのですか。
ノーマン・クンツ　小学、中学校の途中までは養護学校ですが、その後は普通の学校です。そしてこの九月から大学へ進みます。カナダでは養護学校も普通の学校も同じ制度を取っているため、途中からの変更も可能なわけです。
また、健全者、障害者にかかわらず義務教育は必ず受けなければなりません。
横　田　その場合、養護学校、普通学校を自分の意志で選ぶことができるのですか。それとも障害によって強制的に養護学校に行かされるのですか。
ノーマン・クンツ　私の場合、十四才までは速くタイプを打ったり、階段の登り降りが、できなかったので養護学校へ行きました。けれどもその間、これらの事を克服して十四才からは普通の学校へと進んだのです。
横　田　それでは、自分で選ぶ事ができるのですか。
ノーマン・クンツ　それは、読み書き、階段の登り降りができれば、普通の学校へ行く事ができます。
重度障害者の場合、望めば行けるのですが、普通の学校の場合、一クラス三十人につき教師一人という現状では、なかなか手がとどかず、結局欲求不満を起こしてしまいます。

横　田　やはり身障者、特にＣＰに対する偏見がありますか。

ノーマン・クンツ　はい、あります。私自身途中から普通学校へ行ったのですが、仲間から笑われたり、白い眼で見られたりということで大変でした。

カナダでは身障者の教育制度は割に進んでいるのですが、仕事を見つけるのは大変困難です。

私自身、大学へ行くことにはそれ程不安を感じてないのですが、就職は大変だろうと思っています。

人びとは差別などしていないと言いますが、身障者が仕事を見つけるのは、大変に難しいというのが現実なのです。

横　田　他の障害者と比べてＣＰの位置はどうですか？

ノーマン・クンツ　ＣＰ者はより差別されているようです。テレビや他のメディアでＣＰ者についてあまり取り上げられていないことから、ＣＰについて一般の人びとに理解されていないのです。

横　田　私は重度であろうとＣＰ者も社会の中で生活するのが良いと思っているのですが、カナダではＣＰ者は施設に入っている人が多いのでしょうか。それとも、社会の中で生活している人が多いのでしょうか。

ノーマン・クンツ　町の中に小規模なワーク・ショップがあって、ＣＰ者は家からそこへ通って働いています。

又、Participation house というのが郊外にあり、そこにはレクリェーションの設備などがあります。このParticipation house は、今カナダの各地域に増えています。（日本でコロニーと呼ぶのに相当するものはカナダにはありません。）

横　田　そこでは、重度ＣＰ者も働くことが可能なのですか。また、それで暮してゆけるのでしょうか。

ノーマン・クンツ　はい、重度ＣＰ者も働いています。年金について……

横　田　日本ではＣＰ者が社会の中で結婚して家庭を持つことは、かなり困難なことなのですが、カナダでは何如ですか。

ノーマン・クンツ　Participation house で仕事やレクレーションを通じて、男女が知り合い、結婚するという例がありますし……結婚することに関して社会は、それほど問題ではないのですが、ただ両親を説得するのが大変難しいのです。

横田　日本でも同じだなぁ……日本では、障害を持っている、特にCP者の存在は否定され、不幸な存在とされているので、結婚をして家庭を持つことに対する偏見はより大きいのです。

ノーマン・クンツ　ある障害者で、CP者に関する詩や劇を書いている人がいるのですが、一般の人びとはその詩を読んだり劇を見た後でも、やはりCP者を人間としては見ないと言う点ではカナダでも同じです。

私自身について言えば、私には健全者の友達も沢山いて、彼らは私とCPとしてではなく、私自身としてつき合っていますから、それほど問題に感じたことはありません。

横田　私達「青い芝」はCP者として社会の中で生きてゆくべきだ、という運動をしているのですが、カナダではそういう運動は行なわれていますか。

ノーマン・クンツ　私のフィルムはCBCで放送されました。私は私自身を皆に知らせることにより、CP者とは何か、を皆に知らせていくことによって運動を拡げてゆこうと思っています。

横田　大学では、何を専攻するのですか。

ノーマン・クンツ　本当はディレクターになりたいのですが、お金をかせがなくてはならないので、英語の先生になるつもりです。

横田　観光はしないのですか。

ノーマン・クンツ　東京周辺と京都くらいは行こうと思っているのですが……そんなお金がないので、あちらこちらへは行けません。

〔増補新装版〕編集部注

1　全国障害者問題研究会。一九六七年に日教組の障害児教育分科会に参加していた教員や研究者を中心に結成された民間研究運動団体。運動の目的として「障害児・者の権利を守り、その発達を正しく保障するために、実践と理論を統一的にとらえた自主的・民主的研究運動を発展させる」（全障研規約）を掲げ、養護学校義務化を推し進めた。（参考：杉本章『増補改訂版　障害者はどう生きてきたか――戦前・戦後障害者運動史』現代書館、二〇〇八年。）

2　一九九六年に優生条項を撤廃し、母体保護法に改正されている。

3　ナチスドイツの障害者安楽死計画（T４計画）による犠牲者の数は、T４計画本部の公式記録が七〇二七三人、ニュルンベルク継続裁判（医師裁判）の文書によると一二万人、ニュルンベルク戦争犯罪弁護団事務局に勤めていたレオ・アレクサンダー博士の調査によると二七万五千人という数がある。（参考：ヒュー・G・ギャラファー著、長瀬　修訳『ナチスドイツと障害者「安楽死」計画』現代書館、一九九六年。）

また、ナチスドイツによるユダヤ人絶滅計画による犠牲者の数については諸説あるが、数百万人から一千万という数がある。

4　戦後、一九四八年に成立した優生保護法は、戦前の国民優生法を引き継ぐだけでなく、国民優生法では遺伝性のある疾患に限られていた対象が、ハンセン病や遺伝性のない精神病も対象とされた。これらの人びとが子を持つことができないように、強制不妊手術をすることが可能であると定められ、優生政策がより強化された。

5　ナチスドイツの障害者安楽死計画は、一九三九年に重度障害児をもつ父親（ナチス党員）からヒトラーに寄せられた「慈悲殺」の陳情を許可したことから考案された。（参考：前掲『ナチスドイツと障害者「安楽死」計画』）

6　学校教育法十八条（旧学校教育法二十三条）により「病弱、発育不完全その他やむを得ない事由のため、就学困難と認められる者の保護者に対しては（中略）義務を猶予又は免除することができる」とされ、一九七九年の養護学校義務制が実施されるまで、特に重度の肢体不自由、知的障害のある多くの子どもは、親が猶予・免除願いを出すことにより義務教育を受けさせる親の義務が猶予・免除され、学校に通えず在宅で過ごすことになった（二五〇頁に著者の就学猶予通知が載せられている）。また、盲学校・ろう学校、肢体不自由養護学校、知的障害養護学校がある地域では、学校教育法施行令二十二条の別表により、障害のある子どもは、障害の種類・程度に応じて盲・ろう・養護学校／普通学校特殊学級に就学先が振り分けられ、住んでいる学校区の普通学校（普通学級）への就学を望んでもさせてもらえなかった。（排除されていた。）一九七九年、全国で養護学校が整備され障害のある子どもの就学義務化が実施されたことにより、就学猶予・免除は激減し、重度の障害児の教育権が保障されることとなった。その一方で、義務化以前は、養護学校のない地域では比較的軽い障害のある子どもは学区の普通学校に通っていたが、養護学校が整備されたことで、強制的に養護学校へ籍が移され、転校させられるというトラブルも相次いだ。

二〇一三年の学校教育法施行令一部改正により、二十二条の三（別表）の障害の種類・程度で一律に就学先を振り分けていた就学先決定の方法が改められ、「親の意見の尊重」と専門家の意見等を総合的に判断し、最終的には教育委員会が就学先を決定すると改正された。しかし、重度の身体、または知的障害がある子ども、医療的ケアの必要な子どもは、本人・親が普通学級で共に学ぶことを希望しても、特別支援学校もしくは特別支援学級に措置され、就学先決定を巡って親と対立する事例は後を絶たない。

7　教育基本法は二〇〇六年に「改正」され、第一条（教育の目的）も変更されているが、「心身ともに健康な国民の育成」は改正前と変わりない。

8　心身障害者対策基本法は、障害者関連の個別法律を指導する障害者施策に関する基本的な法律として、一九七〇年に成立。一九九三年、「障害者の完全参加と平等」を目的とする障害者基本法に改正される。さらに、二〇〇四年の改正では障害のある人の社会への参加、参画を実質的なものとするために、障害のある人の活動を制限し、社会への参加を制約している諸要因を除去することが謳われ、二〇一一年の改正で、地域社会での共生、障害者差別禁止を規定した。

9　一九四七年、東京市立光明学校（現・東京都立光明特別支援学校）卒業生を中心に結成された文芸同人誌の会。俳人の花田春兆（本名・政国、一九二五年生まれ。国際障害者年日本推進協議会（現・日本障害者協議会＝ＪＤ）副代表を務める）が主宰。この「しののめ」の会から、青い芝の会をはじめとした運動団体が派生し、障害者運動のリーダーを輩出した。詳しくは、荒井裕樹著『障害と文学――「しののめ」から「青い芝の会」へ』（現代書館、二〇一一年）参照。

10　「青い芝思想」としてそのラディカルさを象徴し、障害者運動にかかわる者に強い衝撃を与えた／与え続けている青い芝の会の「行動綱領」として現在知られているものは、五つの綱領からなっている。横田が起草し、「青い芝」神奈川県連合会の機関誌『あゆみ』に載せた四つの行動宣言は当初、神奈川県連合会の中だけで共有されていたが、一九七五年の青い芝の会第二回全国大会で、全国青い芝の会総連合会の「綱領」として正式に採択された。その際、現在の綱領の四番目「一、われらは健全者文明を否定する。われらは健全者の作りだしてきた現代文明が、われら脳性マヒ者を弾き出すことによってのみ成り立ってきたことを認識し、運動および日常生活の中からわれら独自の文化を創り出すことが現代文明への告発に通じることを信じ、且つ行動する。」が加えられた経緯については、荒井裕樹「戦後障害者運動史再考（上）――『青い芝の会』の『行動綱領』についてのノート」（『季刊福祉労働』一三五号、二〇一二年三月）を参照。

11　現行最低賃金法では第七条（最低賃金の減額の特例）に規定されている。

12　一九六〇年に成立した身体障害者雇用促進法は、一九八七年に障害者雇用促進法に改正され（施行は一九八八年）、知的障害者の雇用を義務付け、法定雇用率の算定基礎にくわえることとなった。また、二〇一三年の改正で精神障害者も法定雇用率の算定基礎に入ることとなった（施行は二〇一八年）。

13　一九七四年、東京国立博物館（上野）にてレオナルド・ダ・ヴィンチ作の「モナリザ」が日本で初公開された際、文化庁が「混雑が予想されるため、付き添いが必要な障害者や老人、赤ん坊づれは観覧を遠慮した方がいい」との談話を発表し、障害者団体から抗議を受けた。文化庁は、障害者と付き添い人だけを無料で会場に入れる一日だけの「身障者デー」を設けるとしたが、「一日だけの特別扱いは障害者差別」とさらなる批判を招いた。開催初日、障害者締め出しの対応に抗議するため、障害女性がガラスケースで保護された「モナリザ」に向かって赤いスプレーを噴霧し、その場で逮捕され、最高裁まで争ったが、罰金刑に処せられた。

14　「精神病・精神薄弱に関するケネディ大統領教書」（一九六三年）のこと。アメリカでは主として公立（州立・郡立）精神病院、入所施設において精神障害者、知的障害者の施設処遇が行われてきたが（ＩＱによる強制隔離を可能とする州法をもつ州も）、一九五五年につくられた「精神疾患と精神衛生に関する合同委員会」報告（六一年）で、大規模収容施設・病院での生涯にわたる劣悪な処遇、人的資源の浪費、国家財政と家族の経済的負担の大きさが問題とされた。また六一年にケネディ大統領が就任直後に発足させた「精神発達遅滞者のための大統領委員会（パネル）」は北欧などの視察を基に、ノーマライゼーションの概念を知的障害者サービスの基本とする「九五ヶ条の提言」（六二年）を提出した。

こうした流れを受け、ケネディ大統領は六三年の年頭教書で「精神科病院の解体と知的障害者の施設の縮小」を宣言（脱施設化宣言）、地域ケアへの移行を打ち出した。その中には、周産期の母子保健に力を入れ、熟産児に比べ、身体欠陥や精神薄弱を伴う率が格段に高い未熟児を少なくするための綜合的母子保健と教育事業の改善に対する新しい計画も提起されている。

しかしながら、その後のベトナム戦争拡大による戦費の圧迫により脱施設化・地域移行には財源が回らず、地域保健センターを中心とする地域ケア資源の不足により、退院した精神障害者がホームレス化するなどの課題が残された。アメリカでの脱施設化は、北欧のノーマライゼーションの進展とも呼応する形で、六〇年代末から七〇年代にかけての知的障害者の親の会による脱施設化集団訴訟をてこに地域移行が進み、一九七三年のリハビリテーション法の成立、一九八一年のメディケイドプログラムの家庭／地域サービス事業開始などによって地域サービスに財源がまわるようになり、巨大施設・病院からの地域移行が進んだ。〔参考：トーマス・ギルホール講演資料集『脱施設化訴訟はアメリカをどう変えたのか』ＬＡＤＤ（リーガルアドボカシー――障害をもつ人の権利）、二〇〇一年。〕

あとがき

まず、松井和子さんに感謝しよう。

重度の言語障害をもつ私の口述筆記をするのは、予想以上に骨の折れる仕事に違いない。それも一日に十枚、二十枚と書けるのなら時間的に短くて済んだのだが、一日に一、二枚という時もあったりして、五カ月以上かかってしまった。その上、大学三年の夏休みという、遊ぶにも、勉強するにも貴重な時間を奪ってしまったことは大変申し訳なく思っている。

また、資料面でもいろいろと骨折りいただいた。

このささやかな本は、そうした松井さんの努力の結果出来あがった物である。

この本の中で私が言いたかったことは、身体に障害を持つ人間と、いわゆる健康な肉体を持つとされている人達との共有する世界の可能性は果たしてあるのだろうか、ということなのだ。

現在の状況は、法制の上からも、日常的な論理の上からも、このような場は持ち得てはいない。

この本が、何故そうした場を持ち得ないかを解明する小さな手がかりともなれば無上の幸せである。

ところでこの本の中では私はあえて「詩」を語らなかった。「詩」が私の生き方にとっての重大な指標になっていることにはまちがいない。

しかし「詩」は語るものではなく詩うものなのだ。つまり作品以外の何物でもあり得ないのではないか。

まだ言い足りなかったこと、書き足りなかったことは沢山残っている。この中にはいつかはどうしても書かなければならない問題が含まれているのだ。

いつか必ず書く、と何者かに契約しておこう。

一九七三年十一月十日

『炎群』を出してから四年経った。

その間、障害者抹殺の風潮は、ますます広がっている。五四年度養護学校義務化、遺伝相談センターの設立、車イスの路線バスへの乗車拒否など、私達をとり巻く状況はますます厳しさを深めつつある。

この度、ＪＣＡ出版から『炎群』をとりあげて下さるという話があった。その際、こうした今日の状況を大幅に書き加え、本書を出版する決心がついた。

言わば『炎群』の新版である。

このことによって、私のまずしい書き物もいくらかの存在理由が生じてくるのではないかと思う。

まだまだ思想的にも、現実の運動面に於ても私は乏しいのだ。

大方の御批判、御叱責を心からお願いし、あとがきに代えたい。

一九七八年　十二月

横田　弘

復刊にあたって　解説

立岩真也

ここに書けないこと／書くこと

横田弘は二〇一三年六月三日に亡くなった。一九三三年五月十五日生、享年八〇歳。横田のことについて最も詳しいのは荒井裕樹の『障害と文学――「しののめ」から「青い芝の会」へ』（荒井［2011］）だから、まずそれを読んでもらいたい。不親切かもしれないが、以下それと重複する部分はあまり記さないようにする。とはいえ最低限のことを。

本書『障害者殺しの思想』は一九七九年にJCA出版から出版された。一月二十日の発行日になっている。他の著書として、多くは書店で売られたというものではないが、六九年『花芯』（しののめ叢書9）、七四年『炎群――障害者殺しの思想』（しののめ叢書13）、七五年『ころび草――脳性麻痺者のある共同生活の生成と崩壊』（自立社）、七六年『あし舟の声――胎児チェックに反対する「青い芝」神奈川県連合会の斗い』（「青い芝」神奈川県連合会叢書二）、八五年『海の鳴る日』（しののめ叢書19）、そして二〇〇四年『横田弘対談集　否定されるいのちからの問い――脳性マヒ者として生きて』（現代書館）がある（→文献表、他の文章の一部については「横田弘」で検索→arsvi.com内のページ）。『炎群』が大幅に加筆されて『障害者殺しの思想』となった。その横田――本書の再刊がなされた現代書館の編集者である小林律子さんは学生の頃横田の介助者をしていたことあって、それで「この道」に入ったと誰かから聞いたことがある――の人生がどんなであったかについては、さきの荒井の本と、私の横田へのインタビュー／との対談で本人がいくらかを語っており、それを一部に含む本が出る（横田・臼井・立岩［2016］）★01。本書でもいくらか語られている。それ以上のことを知らない。略させてもらう。

さらに、その本書の中身については解説するまでもないと思う。言われていることはまったくもってはっきりしている。そして、詩人横田弘という像がまずある人にとってはいくらか意外にも思われるかもしれない★02。本書のかなり大きな部分では、青い芝の会の行動し主張したその時どきの要求書・要望書等をそのまま引用し、障害者殺しに関わる報道が列挙される。この本に限っていえば、運動の指導者でありすぐれた実践家であった横塚の短文――そのいくつかは私的な書簡の形をとったものだ――を集めた本より、その時期の出来事をそのまま詳細に伝える本である。

事実が記され、そして主張がなされる。そのうえで、例えば私にとっては、その主張をそのまま受け入れるのかそうでないのか、ここで糾弾されている「出生前診断」や「分離教育」のことをどう考えるかといったことがこの人たちから考えることを迫られたことであり、それを考えるのが仕事であってきた。その中身は書いたものを読んでもらえたらよい★03。

ここでは本書がある文脈というか背景というかについていくつかのことを示し、さらに横田（たち）の「思想」についてすこし考えてみたことを記す。一九七〇年以降については書かれたものがいくつか出ているが、六〇年代から見る必要がある。私が思うのは、その前とこの時との連続と差異である。二つのことを確認して三つめにつなぐ。一つ、七〇年に動くそのほんのすこし前、「障害者殺し」が堂々と語られている。一つ、それに障害の側は無反応ではけっしてなかった。そして一つ、そうした下地があったうえで、むしろあったうえではあるが、横田たちがさらにそこから突出したということだ。いま私は、横田が本書で言及しているものも含め、いくつかそうした歴史にかかわる文書を集め、冊子・報告書を続けて出していこうとしている★04。実際に当時の文章の全文を読まないとそのときの「感じ」はわからないところがあると思う。読んでいただければと思う（その媒体で全文を読めるようにしたものについては※を付した）。そして先記した荒井の本にもかなり詳しく書かれている。ここでは簡単にする。

六〇年代・1――可哀そうに思った人たち

ここで言いたいことは七〇年のほんの数年前、事態はもっと混沌としていた、あるいはむしろ素直に野蛮であった、あるいは素直な憐みがありそれと隣り合わせに割り切りがあったということである。本書に出てくる人でいくらか知られている人として太田典礼（一九〇〇〜一九八五）がいる。

太田典礼なる人物がいる。執念のように「日本安楽死協会」をつくり上げ、安楽死の法制化を目論んでいる男だ。彼のことばを借りれば、社会の中で生きていく「資格」がある者は社会の「発展」に「貢献」できる者であり、社会の「進歩」に役立たない者、社会に負担をかける者、つまり無用な者の存在を許すことは人間にとって有害だというのである。【八】（【　】内は本書の頁数）

「植物人間は、人格のある人間だとは思ってません。無用の者は社会から消えるべきなんだ。社会の幸福、文明の進歩のために努力している人と、発展に貢献できる能力を持った人だけが優先性を持っているのであって、重症障害者やコウコツの老人から『われわれを大事にしろ』などといわれては、たまったものではない。」

これは、『週刊朝日』七二年十月二十七日号「安楽死させられる側の声にならない声」という記事にある元国会議員で、「日本安楽死協会」なる物をつくろうとしている太田典礼の言葉だ。私たち重度脳性マヒ者にとって絶対に許せない、又、絶対に許してはならないこの言葉こそ、実は脳性マヒ者（以下ＣＰ者と云う）殺し、経済審議会が二月八日に答申した新経済五ケ年計画のなかでうたっている重度心身障害者全員の隔離収容、そして胎児チェックを一つの柱とする優生保護法改正案を始めとするすべての障害者問題に対する基本的な姿勢であり、偽りのない感情であることを、私はまず一点押さえておかなければならない。【二八】

前者の記述は『炎群』にはない。後者は『炎群』冒頭の章「障害者殺しの思想」——『障害者殺しの思想』では第一章「障害者殺しの事実」第二章「障害者殺しの思想」となっており大幅に書き加えられている——の二頁目に出てくる。

後者で言及されている記事は、長くすると——週刊誌や新聞の記事はどこからが題でどこからか副題か区別されていないことが一般だ——「『ぼくはききたい　ぼくはにんげんなのか』——身障者殺人事件　安楽死させられる側の〝声にならない声〟」※というもので、太田典礼、花田春兆、植松正、那須宗一らの発言を紹介している。そしてこの部分は横塚晃一の『母よ殺すな』★05の本田勝一による序文（cf. 立岩［2007→2010:459］）にも、『炎群』（横田［1974:6］）

からとして、引用されている。

太田については書かれたものがいくつかあり、私も言及しているし、それはすこしも楽しいことではないので、ここでは解説しない★06。言われている通りの人である。

ただ本書初版が七九年一月に出版されたその前、七六年一月に日本に安楽死協会は理事長を太田典礼として既に設立されている。そして本書刊行の直前ということで間に合わなかったのかもしれないが、七八年十一月「末期医療の特別措置法案」が発表されている。その設立や活動に対する言及がないことをどう解するか、そして横田個人というより、七〇年代末のこの法制化運動の時、障害者の側にあまり大きな動きがあったように見えない、だとしたらそれはなぜかという疑問が残る★07。

もう一人、作家の水上勉（一九一九〜二〇〇四）が出てくる。彼に対しても横田ははっきりとしたことを述べている——以下は『炎群』にも同じ文章がある（横田［1974:36-38］）。

一九六〇年、日本の人民がある程度目を開こうとした安保改定阻止の運動を恐れた国家は、所得倍増計画なる幻想を人民にふりまき、その幻想だけを追い求めていった人びとは、自分の周囲から幻想に追いつけないものを排除しようとし始める。作家の水上勉氏が当時の首相に宛てた「拝啓総理大臣殿」という一文こそ形は違え、ナチス・ドイツに障害者抹殺の口実を与えた父親の運動と全く一致するものなのである。これを受けた国家は、一九六五年社会開発懇談会が、

①心身障害者は近時その数を増加しており、障害者は多く貧困に属しているので、リハビリテーションを早期におこなって社会復帰を促進せよ。

②社会で暮らすことのむずかしい精薄については、コロニーに隔離せよ。

と答申し、これを基として全国コロニー網の拡充、徹底した社会からの隔離政策・肉体的抹殺へと方向づけていった。【六〇】★08

先にあげた作家の水上勉氏が次のような言葉を語っているのを私たちは注目しなければならない。

「今の日本では、奇形児が生まれた場合、病院は白シーツに包んでその子をすぐ、きれいな花園に持って行ってくれればいい。その奇形の児を太陽に向ける施設があればいいがそんなものは日本にない。いまの日本では生かしておいたら辛い。親も子も……」

「私は、生命審議会を作ってもらって、そこへ相談に行けば、子どもの実状や家庭の事情を審査し、生死を決定するという風にしてほしいのです。」

「白いシーツに包んで花園へ」なんという恐しい言葉だろう。白いシーツに包むということは。花園へ運ぶということは。身体障害者は生きるな、生きてはいけない、という健全者の論理を見事に美化したものなのである。私たちは白いシーツという言葉の意味を確認し、それを根底からくつがえさなければならない。【六一】

こうしてはっきりと激しく批判・非難されている水上が「奇形児が……」という発言をしたのは、一九六三年、『婦人公論』の二月号で、石川達三・戸川エマ・小林提樹・水上勉・仁木悦子「誌上裁判　奇形児は殺されるべきか」という座談会（石川他［1963］※）である。その座談会の前文は次のようだ。

ベルギーに起こったサリドマイド嬰児殺しの無罪の判決をめぐって、賛否両論がうずまいているが、ここに日本の現実と照らし合わせて、肢体不自由者の立場から二木氏、父親の立場から水上氏、医者として小林氏、世論の代表としての石川氏、戸川氏の五氏に、おのおのの立場からの意見を聞く

〔この記事を読まれる方に〕「睡眠薬サリドマイドによる奇形児の出生が世界の話題となっているが、昨年ベルギーのリエージュにおいては、肩から指の生えたアザラシ奇形児を母親を中心として医師・家族が加わって殺害した事件が起きた。加害者は逮捕され裁判になったのは当然だが、ベルギーの世論調査は母親の態度を一万六千七百対九百で支持していた。この事実を裏書きするように陪審員の答申は、全員無罪であったが、奇形

児とはいえ人命を奪った罪が無罪であった点に疑問が残されている。」（石川他［1963:124］）

各自が何を言っているかは荒井の本でもかなり詳しく記されているし、先記した資料集（立岩編［2015］）に全文を載せている。その中で、水上はたしかに引用されたことを言い、石川も「なんか新しい別のヒューマニズム」を言い、「今までのようなムード的な要素の強いヒューマニズムじゃ、もう駄目だ。もっと冷たくわりきった、はっきりしたヒューマニズムというものが一般の道徳の規準になっていかないと、やりきれないのじゃないか」と言う。後者は次のような発言に続いている。

「僕はいつも言っているのですが、人口過剰は限界にきつつある。これから先日本の人口がふえたらどうするのか、誰も対策をもっていない。今までの五十年前、百年前のヒューマニズムの考え方で、命あるものはすべてこれを生かしていかなければならない。生まれてくる子どもは生むのが親の義務だということを言っていたら、みんなが死んじゃう。健康な人間まであと五十年もたったら駄目になってしまう。強度の身体障害の人たちをどうするかという問題をも含めて、なんか新しい別のヒューマニズムを考えなければ、とてもやりきれなくなってくるのじゃないか。」（石川他［1963：131］）

そうしてこの石川の発言でこの座談会は終わっている。石川達三（一九〇五～一九八五）と水上勉（一九一九～二〇〇四）は作家で、水上には二分脊椎の娘がいる。それと別の意見を言うのは残りの三人で、小林提樹（一九〇八～一九九三）は重症心身障害児施設の先駆である島田療育園の創始に中心的にかかわった医師、二日市安（後藤安彦、一九二九～二〇〇八）の妻でもあった推理小説家仁木（一九二八～一九八六）と江川の発言の数は少なく、小林ははっきりと殺すべきでないという主張を幾度かしている。ただ小林も水上の「レントゲンでそういう奇形児が歴然としているなら流産を奨励したいですね。」との発言に「そのときはやるべきだと思います。」と記している。つまり、本書において批判されている出生前診断・選択的中絶については否定していない。

そしてその同じ水上が、こうした発言をした後、同じ年の『中央公論』六月号に「拝啓池田総理大臣殿」(水上［1963a］※)という文章を書いている――それが一つめに引用した横田の文章で言及されている。これは(重症)心身障害児の福祉を前進させた一つのきっかけとなったものとしてわりあいよく知られていて、社会福祉の教科書の類にも載っていることがある(ただその全文を読んだ人は多くないだろうと思って前記した資料集に収録した)。私も「はやく・ゆっくり」の注に記した★09。

水上は長い貧乏生活の末現在は高額納税者であることを述べた後、というかその繰り言を幾度も繰り返しながら、小林らが設立した重症心身障害児施設・島田療育園にかけられている公金がきわめて僅かであることを指摘し、もっと金をかけるように言う。それに対して翌月号の『中央公論』に黒金泰美の「拝復水上勉様――総理にかわり、『拝啓池田総理大臣殿』に応える」(黒金［1963］※)が掲載される。いろいろと言い訳を言いつつ、「善処」しようとはしている。そして実際、配分される予算はいくらか増えることになり、施設ができていくことにもなる★10

他にもいくつか関連する文章があるのだが、あとはさきの資料集を見てもらうことにする。たしかなことは死なせるようにしたほうがよいと述べた人が、同じ年に福祉の充実を訴えているということである。

そして、その水上は、それからだいぶ後にはなるが、一九七八年十一月、さきの太田典礼らが安楽死合法化法案を作成したのに対抗して発足し、同月、法案を批判する声明を出す「安楽死法制化を阻止する会」の発起人の一人にもなる――発起人は武谷三男・那須宗一・野間宏・松田道雄・水上勉。

まずこういういささか複雑なというか、あるいは不可解にも思われる過程がある。あるいは、そうわかりにくくはないとも言える。まず太田典礼はわかりやすすぎるほどわかりやすい。水上はそうでもない。ただ、とにかく本人は哀れであり、家族は悲惨であって、ときに死なせることを、ときに救うことを言っている。同じく発起人の一人である松田道雄(一九〇八～一九九八)もその生涯において主張を幾度か変えている(立岩［2012:194-198］)。彼は死のうとするその事情を考えるなら自死をそのまま肯定できないとしつつ、自己決定を大切にする人でもあり、とりわけ老いた自分のこととなれば安楽死が認められてよいと晩年に言った。太田、松田、小林は医師であり、小林は(小児科の)医師であるがゆえに子を殺すことはできないと言う。松田も、市井の、とても優れた小児科医だった。ただつまり、医師であったり親であったりし、そして右記した発起人たちも含めみなその仕事によって知られている人たちである。今風に言うと「当事者」ではない。だからだ、と言えばまずは言える。ただそれほど単純でもない。

六〇年代・2――反発したのではあるが、の人たち

障害者の側はどうだったのか。奥付の横田の著者略歴には一九六一年に同人になったと記されている『しののめ』が反応している。この雑誌の特集があり、光明学校の卒業生として、「特異な俳人として俳壇の中堅の位置を占め［……］日本で初めての身体障害者による同人誌『しののめ』の創刊から今日に至る迄名編集長として気を吐いている」【一五九】と横田によって紹介されている花田春兆（一九二五～）の文章がいくつかある。

まず、六二年六月『しののめ』四七号の特集が「安楽死をめぐって」だった。その号に掲載された文章については荒井［2011］にかなり詳細に紹介されている（加えてこの号の全体を資料集に収録した→※）★11。一番簡単にまとめると賛成・反対の両論がある。

そして、さきの水上らの発言があった六三年の前後、『しののめ』に花田が書いたいくつかの文章は、六八年にまとめられた『身障問題の出発』（花田［1968］、しののめ叢書7）に収録されている。

まず六三年二月に「現代のヒルコ達――小林提樹先生へ」（花田［1962］※）がある。（ヒルコ＝水蛭子が横塚の文章にも横田の文章【九二】にも出てるのはこのあたりが発祥なのかもしれない。）この文章の中で「「欧米ではこんな子供は生後すぐに処置して了うわけですがね」とか、いまでも痛烈に鮮明に残っている医者の言葉の数々」といった記述に続き、「処置することを認めようとする僕の合理性（?・）」とも書き、「もう一方の負けん気の僕の天邪鬼な感情は」とも書く。

また同年六月の『しののめ』掲載の「切捨御免のヒューマニズム」（花田［1963a］※）では、六三年二月の座談会における水上、そしてとくに石川達三の発言を批判している。

そして水上の「拝啓」が同年の六月に出ると、その十月、「お任せしましょう水上さん」（花田［1963b］※）を掲載

する。ここで花田は「拝啓」において「鮮やかに転進（?・）」した水上にあきれている。そしてその二年後「うきしま」（花田［1965］※）では「厚生省の重度身障害者（児）用のコロニー建設計画なるもの」に対する懸念を示している。

それらに何が書かれているか、それをこれ以上詳細に紹介することはここではできないが、かなりの論点は出ている。そしてそれは同人誌であるがゆえにまったく無視されたというわけでもない。一つひとつの花田の文章がそれほど読まれたとは思われないが、最初の『しののめ』の安楽死の特集号は新聞等で反響を呼んだという（荒井［2011:135］）。まったく知られなかったわけではない。ただ、そこには両論が並んでいる。俳人である花田の文章ではときに架空対談のような形式がとられる。こうも言えるがああも言えるというふうに進んでいく。

七〇年――争うことにしたこと

そして青い芝の会が障害児殺し事件の後に起こった減刑嘆願運動を批判する運動――横田の提起が最初にあったという――を始めるのが七〇年だ。まず単純に驚くのは、『中央公論』の座談会があった時から七年しか経っていないということ、そして『しののめ』の特集からも八年しか経っていないということである。

横田（たち）の文章に書かれていること一つひとつがまったく新しいわけではない。たとえばさきに文献の名前だけあげた花田の文章のところどころに対応する箇所はある。だから、変化だけをいうのも違うようには思えるが、しかしやはりここに変化は起こっている。

たった七年前、福祉の前進と死なせることと両方が言われている。そこで「かわいそうである」ことはまったく素直に語られている。それに対する花田の文章は怒っているのだがバランスがとれている。そして率直に両方の思いがあることを述べている。それが掲載されたのが『しののめ』だから、横田たちの主張は無から始まったわけではない。ただ、横田はずいぶんとはっきりしたことを言っている。この時にはじけたのだ。福祉の前進をもたらしたとされる「拝啓」にしても、まったくだめだというのだ。

「重症児を守る会」の人たちの発言と横田らの主張が対比された記事が引用されている【五〇】。この組織は全国組織としては「全国重症心身障害児（者）を守る会」であるはずで、ここに出てくるのはその神奈川県の組織であるはずである★12。もちろん具体的な争点は施設を解決策と考えるか否かである。ただそれ以前にあると思う。たぶん今に引き継がれているその神奈川の組織のＨＰの表紙にも掲載されている全国組織の「守る会の三原則」は以下のようなものだ。

「１．決して争ってはいけない　争いの中に弱いものの生きる場はない。

１．親個人にいかなる主義主張があっても重症児運動に参加する者は党派を超えること。

１．最も弱いものをひとりももれなく守る。」

その組織はずっとそういう組織であってきた。国政においてずっと政権をとっていた保守政党の理解を示す実力者たちに嘆願・陳情し、そうした活動によって前進を得てきた。その時そうした動きと別の主張は排除したのだから、十分そこで争ってはいるのだが、しかし、そういう――たしかに有効であった――手法をもって「争わない」と言った。この組織の会長職は、島田療育園に入所した障害児の父親と亡くなった後はその妻の二人によって五〇年の長きにわたって維持される。実際、その活動によって、政府も動き、いくらかのことが起こる。その政府・政治家の――さきの「うきしま」という花田の文章にはコロニー構想が「水上・秋山・伴の三氏らに突上げられた橋本官房長官の鶴の一声で具体化への運びになったらしい」などと書かれている（橋本は橋本龍太郎）――対応は、いまどきの政府・政治家に比べてまだましなところがあるようにも思えるほどである。そうした作戦が（今でも）有効であるのは事実である。国のことを決められるのはそうした政治家だったのであり、それを動かさねばどうにもならないというのはその通りではあった。

しかし基本的には「最も弱いものをひとりももれなく守る」が「争わない」ことによって獲得されるかである。「理解を得る」ことは目標を実現するために必要ではある。しかし横塚の本の「解説」にも書いたように、それはそれだけのことだ。そして「弱い」とされることの半分を拒絶し、さらに「可哀そうだ」と言われることを拒絶する。

なぜ短い間にそれが起こったのかである。

何も知らないで反応するのは難しい。横田たちの文章のもとになっているもの、可能にしたのは、まず一つに『しののめ』などから得た知識であっただろう。この同人誌に参加し、後に自らもその叢書に何冊も書いている横田は、花田の文章や本を読んで、知っていたはずだ。

しかしその六二年の『しののめ』においても意見は割れているのだった。それに対して、本書に書かれているのはまずはごく簡単なことであって、「殺すな」というだけのことだ。私は——安楽死そして出生前診断のことはそうすっきりとは言えないと思って書いてきたのだが——すくなくとも殺しについてははっきりしたことを言えばよいと思うし、横田はそれを言った。

ただ、そのとおりまったく単純なのだが、考えてみるといくつかの成分があるように思える。そしてそれはいま倫理を語る「主流」と渡りあえるものであるように思える。以下、まだ考え定まらず覚書風になるが、記してみる。

まず一つ、その主張（A）は、その人に対する愛情とか憐憫だとかそういうものによってはじめて正当化されたり担保されたりするものではないとされる。誰かの利他心であるとかそんなものを必要とはしないということ。このことを言ったことは大切なことだと思う。

そして、その主張が向かう先、批判され、否定されるもの（B）は、一方では体制とか社会とか言い、それが——むしろ横塚の本より——強調される。「近代文明」とか大雑把な言い方ではあるが、わりあい大きな部分を占める。ただ、そう言ってすませられるものではないものもあるとされる。異形であるもの無用である者に対する蔑視や遺棄はもっと古くからずっとあるものだとされる。すると「選好」について、その社会的形成を問題にする——よからぬ社会であるからよからぬ意識・好みがあるのだという——社会学や平等主義的な規範理論が問題化する範囲に入れるものより広いものを問題にしているということになる★13。

では肯定されるのものAは何だということになるか。今までの話を一貫させるのであれば、「その人にとってよいもの」がそこに位置づくことにはならない。

もし「選好」の全般を否定するということになると、これは経済学や倫理学や政治哲学やの「主流」と対照的である★14。その主流においては、基本的には「選好」がそのまま認められる。他人に対して加害的である部分については除外するという条件が付されることが多いが、なにを加害とするかについては、結局のところ不明であるか、あるいはその範囲を狭くとる。そして自らの権利の及ぶ範囲を設定し、自らについての選好・決定については、定義上自分にとってよいものだともされるから、そのまま認めることになる。

読みようではあるが、横田（たち）はそうした立場と衝突することになる。私自身はそこまで一貫した立場をとらない。ただ、そう言い切った、それは大切なところだと思う。

では、「選好」でないとして、それを超えるものは何であるのか。「生命」であるとなるか。そのように読むしかないように思える。生存が大切だ、生命が大切だと言えばそれで正解、終わり、たったそれだけのことだと言えばいえる。するとそれでよいのかという問題はある。例えば、ならばなぜその（否定されるべきでない）「生命」は人間の生命に限られるのかといった問題が出される。それで私もいくらか考えたことはある。そんなに簡単ではないと思っている★15。ただ、こうして論理の矛盾、ほころびと見えるものを突いてくる主流の主張が実はそんなに首尾一貫したものではないことは言えると考え、そのことは書いてきた。横田たちの一本気な主張はそう簡単に論破されるものではない。

次に、Bの位置づけである。横田たちは価値や利害をもってきて居直るなとは言ったが、それがあることを否定してはいない。この人たちは、人びとが自分たちに対して、そして自分たち自身もまた、否定的であることを自覚している。そのように思っていることを、そのように思ってしまうという現実は消去しないまま、否定するということが、この時に起こったのだと思う。

思ってしまうという現実は消去しないまま、という点が大切だと思う。否定的であってしまう自分の思い自体を消去せねばならないとすれば、それは苦しいことだ。何かを主張することが、その消去によって初めて可能になるとする。しかし消去できない。すると消去できないことをもって、その否定の主張は成立しないと言われる。それを認めると、その時点で負けてしまうことになる。しかし、横田たちはそう主張しない。そのように思ってしまう人間たち、自分たちを事実として認める。そのようにして自らの（ときに自らによる）否定を、消去しないまま、否定するという経路があったと私は考える。そのように読める。

難しい話ではない。自分たちを否定する心性を認めるが、たいしたものだと思うなと言うのだ。すると同時に、それに対して肯定されるものAも、そうがんばって、そう高いものとして肯定する必要はなくなる。横田たちはなにかを、例えば障害を、積極的に肯定しているわけではない。これも大切なことである。Aはそんなに「極上」のものである必要がないということになる。Bよりずっと強いものがなければならないということではない、そんな競い合いには乗らないということだ。そのことはまた、肯定してくれる、あるいは罪を許してくれる超越的なものをもってくる必要もないということである。

そのような世界観は、しばしば厭世というか実践からの撤退をもたらすことがある。つまり実際の自分は「煩悩」の人なのであるが、そのことを「道理」としては否定しつつ、現世においては仕方なく逃れらないものとして肯定して終わり、といった具合にである。それはしばしば（とくにこの国の？）宗教的な世界においては起こってきた（起こっている）ことだと思う。

しかしここではそうはならなかった。どこが違うのだろう。まずは単純なことだと思う。本来はよいことと仕方なく認められることの両方を認めるという二重性は、それで得をする人にとっては得である。そのような渡世は楽である。ただ自らが否定される世にあっては、自分でも消去できないまま、自らを否定しているものを否定したほうが生きられる、そのほうが楽なのである。その場合にこの思想は実践的・戦闘的なものになる★16。

そうした（対抗）思想がもたらされたことに、「悪人正機的なもの」――「的な」というのは私がそれをわかっていないからだ――はやはり関わっているだろう。本書の（もとからあった）「奥付」によれば、横田は一九五三年から仏教徒であったという。この時期、横田は「在宅」の障害者であり、そのあと「マハラバ村」に参加する。「父が交通事故にあった一九六三年の春、『しののめ』の編集長花田春兆氏の代理として、私の目の前に一人の偉人（異人?）が現われた。それが、その後の私の生き方を決定づけ、これからの生き方をも思想的に方向づけていくであろう大仏空師だったのである。」【一〇六】とある。大仏空《おさらぎあきら》（一九三〇～一九八四）について、マハラバ村について『ころび草』に書かれており、本書でもいくらか書かれている【一〇八・二一〇】。その場は修行の場といったものでなく、むしろ修羅場だったのだが、それでも、たぶん普通の生活から引き離されて大仏のわかるようなわからないような話を聞かされるうちに、そのわかるようなわからないような話の筋道を理解したというのではなく、しかし「覆す」ことを身につけたのだと思う★17。

それがまるで無視されたわけではない環境

もう一つ、その突出した動きを受け入れた、すくなくとも反応した周囲があった。たしかにその主張は少数者の主張であったが、無視されたというわけではない、それを受け止める部分があった。このことは横塚についての原稿★18ですこし触れることになると思うが、NHKの番組や朝日新聞社編の「朝日市民教室・日本の医療」の第六巻『立ちあがった群像』（朝日新聞社編［1973］）には横塚の文章（横塚［1973］）が収録されている。また『さようならCP』の上映会が各地で行われたのだが、それを主催したり場所を提供したのはいつも障害者たちやその組織だけではない。本書でも各所で革新政党や政治家や労働組合やその運動は批判される。「新左翼」の党派も批判される。そうした政治性をもつあるいはもたない「健常者」やその組織との葛藤はずっと続く。ただそれでも、この時期の社会の騒乱が彼らを押し出しもし、なされた主張を受け止めたのでもある。さきに紹介した臼井正樹の企画で今度でる本に収録される私の一回目のインタビュー（二〇〇二→★1）で横田は次のように語っている。

「七〇年のあの当時で、あの時でなかったならば青い芝の運動は、こんなに社会の皆から受け入れられなかったと思います。七〇年の学生さんの社会を変えていこうよと、社会を変えなければ僕たちは生きていけないと考えた、あの大きな流れがあったから、僕たちの言うことも、社会の人たちがある程度受け入れようという気持ちがあったわけですよ。」

まず一つ、「国家権力」「日本軍国主義」「経済審議会」等々が名指されているように本書は、反体制・反国家権力的心性に訴えるものがある。意外にと言っていいほど、むしろ横塚の本に比べても「体制」は批判の対象になっている。国家を敵にまわすということにおける共感はあっただろう。そうしてまずは反体制の運動と順接することになる。もう一つ、体制を批判しつつも、「自己否定」の気分があった。それと、健全者全般を、さらに自分たちをも否定しようという本書とはつながるところがある。「自己否定」は、変革・革命がうまくいかないことによる屈折からというところもあったが、それだけのことでもなかった。この現実の社会を求め支えているのは自分たちだというところがあった。その自分たちが生産と消費を求めている。生産に対する疑いはさきにあげた六二年、六三年にはあまり出てこない。それがこの時期、疑問に付される。それとこの時期の障害者運動の提起とは結びつく。そしてこの疑問は反公害や反薬害の運動とまずは結びつく。社会が与えた害を糾弾するという流れがある。さきにあげたのはサリドマイドの薬害だが、この時期、水俣病その他が問題にされる。

ただこれにしても、それを批判するということと障害者差別を批判することはうまく整合するのか。実際、サリドマイド事件で当然に製薬会社や政府は批判されたのだが、しかしそれは可哀そうなサリドマイド児という認識と一緒になっていた★19。さきの朝日新聞社の『立ちあがった群像』中の横塚の文章の前に置かれているのは「ヒ素ミルクの十字架を負って」という石川雅夫の文章だが（石川［1973］）、その石川は七七年の全国障害者解放運動連絡会議（全障連）第二回大会に連帯を呼びかけに行き、「体をもとに戻せ」とはどういうことだ、と糾弾されることになる。

こうして、何を問題にするか自体が変わっていったし、そこには障害者の運動が変えていった部分がある。横田たちの主張・運動は、批判をさらに深化させ、やっかいなところにもっていった。もちろん、それで付いて行けない、行かないという人もいる。けれど、ここで説明は略すが、その提起に筋の通ったところはある。そのように思う人たちに本書は読まれたし、またその本書によってそのようなことを考える人たちが出てきた。

現在に

本書は「現在」に対してどんな意味をもつだろう。横田はなんだかんだ言って律儀で真面目な人だ。生まれ育ってきた時代からいっても、自己変革など言っても多く呑気な「対抗文化系」とは違う経路で、自己凝視を言うし、「殺される存在」であることの自覚を説き続け、それが後の時代に継承されないことを嘆いていた。対談でもそうした横田の憤激というか愚痴を受けて、私はたいしたことを言えていない。

ただ、私はあまり「近頃の若い者たちは……」とは言わない、思わないようにしている。そのことは少し言った——それでまた突っ込まれたのだが。一つ、私は、自分が楽になるために、なにか、困難な道筋、長く続く苦闘が必要であると思わないし、思いたくない。楽にやっていければそれはそれで、普通によいことであると思う。人がだらだらした人であることについて——横田はそれに不満だったのだが——文句は言わないようにしている。

一つ、それは、実際に困れば人は動くだろうという思いもある。この本によってそういう気分になるのは難しいかもしれないけども、「直接行動」というものも、ときと場合にもよるが、気持ちがよいのであって、やればよいということになる。そして横田（たち）は「重度」であること、CPが明らかに身体形状として異なることにこだわったのだし、それは大切なことだ。（本書の最後のカナダの人たちとの対話、執拗な質問もそれを示している★20。）ただそのうえで、それだけではない。この世界・社会でわりを食っている人たちは、すくなくとも「できない」部分においてはとてもたくさんいる。これは横田の後輩の横塚が言ったことだが（横塚［1975→2007:132→2010:132］）、役に立たない者を切り捨てて切り捨てて、誰もいなくなるという道筋もたしかにありうる。しかし他方で、そんなふうに振る舞ってしまうかもしれない自分たちについて、それでは自分が損をする、やめておこうというのも同じ私たちだ。狭義の障害者でない人たちでない人も含めて運動は生起しうるし、生起している。

そして私自身は、もうすこしわりきらないところで考えようとしている。あるいはさらに残されるように思われるところを、辛気臭く、せこせこと考えようとしている。理屈や仕組みを考えてしまう者だ。それにはいくつか理由があるが、横田が、そして青い芝が危惧し続けた事態が、一方で、（かつてのように露骨な言葉は使われないとしても）慇懃無礼に進行しており、なかなかに強固であって、一方で私もそらで言えるように「私たちはあってはならない存在として……」といつまでも繰り返してもらいながら、理屈を操る人たちがいろいろと言ってくることに対して言い返すことをしていく。それは後退とも言われようが、私としてはそうするしかないと思ってやることになった。ただそれは、「市民」たちの理解を得て、そして条約や法律をどうにかしたとして、それでなんとかなるという話ではない。

そんなことは、本書を読めば言わなくても当たり前だから、もう言わない。

その基本的なところはもらった、つもりでいる。この人たちが開いてきたことがある。簡単に言えば、人は差別者であることから逃れられないとしても、それに居直るな、とそのことを言ったのだ。打算で動いてしまう自分のことを知りながら、その自分から抜けないでいながら、しかしそれを、同時に、打ち消そうとするのも自分たちだ、それを言おう、そんな具合になっていると本書に書かれている。人は自分も含めてしょうもない人であるから、そうである限りは勝ちきることはない。ただ勝ちきらなければ負けということではない。このように言った。

このような種類のことで、一度起こったことは、もうそれ以前に戻ることはない。このことは、「客観的状況」がたいして変わらないとしても、意味がある。あるいは、既にそのことにおいて、現実は変わっている。そのこと自体においてそれは既に現在を作っているということ、そのことにおいて後退することはないのだと言おう。そのうえで、だらだらと暮らせる分にはそれでよいし、そうはいかないとなれば動けばよいし、人は動くだろう。横田たちは――私は普通の意味の障害者に限らないと思うが――障害者が主張し文句を言うことの水準・地平を変えた。

註

★01　一度目は二〇〇二年の初夏、横田［2004］に収録するために、横浜で行なわれた。横田の昔話を根ほり葉ほり、もうそういうのはやめようと幾度か横田から言われつつ、聞いた。私自身はたいへん満足したのだが、横田は後であらためてそういうつもりではなかったと思って（怒って）もう一度ということになり、同年の暮れ、二度目が京都で行われ、それが本に収録された。三度目は二〇〇八年一月、横浜、新横浜駅の近くだった。前年の暮れ、二〇〇七年十二月一日のNHK教育テレビ「TVワイド　ともに生きる」に出ていて最後のほうで私は――「ぬるい」と思えた「障害当事者」の発言に――怒ってしまったのだが、それを見た横田が声をかけてくれて実現したという経緯のようだ。一度目と三度目のものはそのままになっていたが、今回、これらの対談の企画にも関わり、また神奈川県の職員として横田に糾弾されながらやがて仲良くなっていった臼井正樹（現在は大学の教員をしている）が横田についての文章を書き、そしてこの二つのインタビュー・対談を収録した本を出すことになった。

なお、横塚の『母よ！殺すな』の解説時も同じことを書いたが――その本は持っていたが誰かが借りていってなかった―

──、私は本書を読んだけれど手元にはなかった。長く再読することができなかった。右記したインタビューをした時もそれを読んで臨んだわけでなく、ずっと前（八〇年代後半）本を読んでとったメモがあるだけだった。そして荒井の本もまだ出てなかった。そこで私は読めばわかる不要なことも聞いてしまっている。

★02　その横塚と横田は違うところも同じところもあったのだろう。以下は「一九七〇年」より。

「五月一日にはメーデーに参加する。横田弘はその時の文章を「働く者たちの行進は去った。」という文から始める。そして、彼は詩を書く人だったのだが☆11、その時のことを書いた「足／私の目の前を通りすぎる」と始まる詩「祭壇」を、新宿の歩行者天国で「朗読」することになるだろう。「よく障害者も同じ人間なのだという言葉を聞く……しかし果たしてそうなのだろうか。この安直に使われる言葉に反発を感じ、いや、絶対違うのだと思ったことから」☆12作られた映画『さようならＣＰ』（一九七二年、監督・原一男）の主役として。」

「☆11　青い芝の「綱領」をはじめとする文書が時に少々芝居がかっているのは横田の文才によるのではないかと思う。横塚は徹底した散文家だった。立岩［1990］のタイトルは横塚の遺言「あわてず　はやく　ゆっくりやっていくように」からとられている。」

「☆12　横塚「カメラを持って」『あゆみ』十周年記念増刊号、一九七二年六月→横塚［1981:45］」（立岩［1998→2000:97,117］、横塚の文章は第三版・第四版では五八頁）

両者ともにとりあげていることがいくつかあって、その一つは、「オムツをとりかえてやる時、自分から腰を浮かせようと一生懸命になっている。それだけでも子供にとっては大変な労働」【五五】という記述があって、その発言が親の会の親から発せられたものであることがわかるのだが、これを受けたと思われる横塚の記述もある。そして横田のその後のこの発言を受けての批判はうまくいっているように私には思われない。障害者の労働を巡ってどう考えるか。小さなことから始まっているが重要なところだと思う。別に、たぶん横田他［2015］に収録される文章ですこし検討してみる。

★03　出生前診断についてはわりあい長く、分離・隔離教育については短く未完のことを、今は文庫版で出ている『私的所有論』（立岩［1997］［2013a］）に記している。前者については第９章「正しい優生学とつきあう」。後者については──ここはほぼ誰も読んでないところだと思うが──第８章５節２「他者があることの経験の場──例えば学校について」で書いている。それは私の出してみた答だ。それを後退した修正主義的で日和見主義的なものと考えるかそうでないか。私はそうは思っていないのだが、考えてもらいたいと思う。

★04　「被差別統一戦線」「被差別共闘」について、そして楠敏雄（一九四四〜二〇一三）について立岩編［2014］）。二冊目が『しののめ』の安楽死特集や『婦人公論』での座談会他、一九六〇年代の障害者の生死を巡って書かれ語られたものを収録したもの（立岩編［2015］）。媒体としては電子書籍（といっても一冊目はHPで見るページと同じHTMLファイルという形式のもの）だけを考えている。キンドル等でもPCでも読むことができる。印刷もできる。また『そよ風のように街に出よう』にさせてもらっている「もらったものについて」（立岩［2007-］）というだらだらとした連載？で、わりあい私的なことも含め「歴史」について記している。

★05　『母よ！殺すな』は一九七五年と八一年に初版とその増補版がすずさわ書店から刊行され、二〇〇七年に増補版の倍以上の量のある第三版が、さらに二〇一〇年には新たに横塚の文章を九つ加えた第四版が生活書院から出されている（横塚［1975］［1981］［2007］［2010］、生活書院版の奥付には初版・第二版となっているが、今回このように記した――他では新版とか新版・第二版と記したこともある。）私は生活書院版に「解説」（立岩［2007］）を書かせてもらっている。

★06　大谷［2005］、立岩［2009］第2章「近い過去と現在」。私の最初の本でも取り上げている（立岩［1997→2013a:290］）。横田の本で太田のことを知った可能性もある。後で出てくる松田道雄も太田典礼も戦前からの――大雑把には、例えば太田は青年医師連合（青医連）（↓註7）を忌み嫌うような――左翼で京都に長くいた。京都の巨大精神病院で問題にされつつ繁盛した十全会病院のことから書き始めた『現代思想』連載の一部を本（立岩［2015a］）にするが、そこにもそのことは記した。

★07　今までみた範囲では、まず「阻止する会」はその時点で障害者運動と関わりのないところで始まったという事情があったかもしれない。本書で批判される水上勉が呼びかけ人であったことと直接関係はないだろうが、この会、あるいはこの会の実務を担った清水昭美はこの時点で関わりがなかったとは言えよう。その辺りの事情を知っているはずの清水昭美の著作は立岩・有馬［2012］所収の立岩［2012］で紹介しているのだが、その時期については、二〇〇三年頃からまた始まった法制化運動に対する「阻止する会」に誘っていただき、集会等いっしょにしたこともあったのだから（立岩［2009:71-97,225-285］機会もあったはずだが、今のところ伺えていない。そして私が横田にインタビューした時は以上の細々したことを知らなかったから、横田にも生前伺うことはなかった。一つ、二〇〇〇年代以降の第二次法制化運動以降については障害者団体が積極的に動いていることは大切なことなので加えておく（立岩・有馬［2012］第Ⅱ章）。

そしてこの時の法制化の運動はわりあい短期間で終わったということがあるかもしれない。さらに大きいのは、この時期の課題はなんといっても養護学校義務化阻止闘争で、そこに力を注がざるをえなかったことがあったと思う。ただなにもなかったわけではない。七七年七月、九州大学医学部での太田典礼と成田薫の講演会に福岡青い芝の会と青医連の会員が抗議行動を行なった。同年、京都大学十一月祭のシンポジウムへの太田の参加が全国障害者解放運動連絡会議（全障連）の抗議により取り下げられたことがあった（大谷［2005］、前者については福本［2002:144］にも言及がある）。この辺りの流れについては「障害者運動と安楽死尊厳死」で検索するとこちらで作成中のページが出てくる。

★08　ナチスの所業を指摘し糾弾することが、どの辺りからどんな文献や報道をもとになされてきたのかについては調べてみたいと思っている。わかったことの一部を山田真へのインタビューの中での私の発言と私がつけた註にいくらか記してある（山田・立岩［2008:169-173,182-185］）。

★09　「水上勉が『中央公論』六三年六月号に「拝啓・池田総理大臣殿」（水上［1980］に再録）と題する公開書簡を発表し反響を呼ぶ（これは障害者に必ずしも肯定的に受け止められなかった。横田［1974→1979:59-60］、また岡村［1980:125-126］を参照）。」（立岩［1990→2012:333］、これまでの版で「水上［1986］」とあるのは誤記）

岡村［1988］は大仏空そして「マハラバ村」についての本。他にいくつかあって立岩［1990→2012:336］で紹介している。その後のものとしては神奈川県連合会の設立にも関わり大仏とも初期から関係のあった小山正義の小山［2005］。

ちなみにいま引用したのは註9だがその前の註8には小林提樹らが始めた島田療育園の歴史とそこで起きた問題をとりあげた文献をあげている。きりがないので略す（大仏空についても含めＨＰに掲載）。なおこの六三年、水上は島田療育園を訪ねその訪問記を書いている（水上［1963b］※）。

★10　島田療育園の創設については窪田［2014］。小林提樹と島田療育園を讃えた本として日本心身障害児協会島田療育センター編［2003］。

★11　他国のことを知らないが、この特集は他の国々と比べても非常に早いといってよいのではないか。私が最初の著書で『しののめ』に触れたときにはそのことを知らず、七三年刊行の冊子の方をあげている。次のように記している。第二版ではいくらか加筆しているが、六二年の特集のことにはふれていない。機会があったら補記する。

「かなり早くになされた批判としてしののめ編集部［1973］がある。〔さらにそれ以前、「身障同人誌」としての『しののめ』を創刊者でもある花田春兆のしののめ発行所刊行の著書（花田［1968］）でこの主題が取り上げられている。この二冊について立岩［2012-(6)(7)］で紹介した。荒井裕樹［2008］［2010］で詳しく紹介、検討されている。〔…〕〕（立岩［1997→2013:55］、

【 】内は第二版で補った部分）
ここは以下の「人達だった」に付した註の一部だ。
「しかも、抵抗を示すのは他ならぬ自己決定を主張する人達でもある。男によって決められてきた。これに対する抵抗としてフェミニズムがある。また、今まで障害を持つ人、病を得た人は、施設の中で、医療・理療の現場で、職員、専門家、等々によって自分達の生き方を決められてきた。つまり自己決定を剝奪されてきた。これは不当だ。それで自己決定権を獲得しようというのである。だが他方で、自己決定と言って全てを済ませられない、肯定しきれないという感覚も確かにある。例えば、死に対する自己決定として主張される「安楽死」「尊厳死」に対して早くから疑念を発してきたのも障害を持つ人達だった。ここには矛盾があるように見える。」（立岩［1997→2013a:30-31］）

★12 島田療育園に関係した親たちから始まった「全国重症心身障害児（者）を守る会」の発足についてまたその活動については窪田［2015］。その神奈川県の組織「全国重症心身障害児（者）を守る会」はまだ同じ組織として活動しているようで、ホームページもある（http://kanagawa-mamorukai.org/）。ちなみに組織の高齢化はこの種の組織でも起こっているようだ。「決して争ってはいけない」というような教条を有する組織も、それはそれで、「今どきの若い人たち」にはなんだか？ なところがあるのかもしれない。

★13 体制と心性は無関係ではない。このことについては横塚の本の解説（立岩［2007→2010:432-436］）にも記している。拙著では［1997→2013a:559-563］（「正しさはないが起こってしまう」）に関する記述がある。問題は「起こってしまう」ことを「正しい」としてしまうことだとこれまで述べてきた。

★14 「専門的な」議論にすこしふれておくと、これは資源（の平等）と厚生（の平等）との対比における後者ということではなく、もっと広い範囲について言っている。関連する記述として立岩［2004:166-171］。

★15 立岩［2009］第1章「人命の特別を言わず／言う」。『私的所有論』第2版に追加した補章・1の「人に纏わる境界」（立岩［2013:740-765,798-810］）。

★16 「二枚舌を使えるなら使うこと」（立岩［2014b:241-242］）と記したのもこのことに関わる。真宗学から障害・障害学を考察した著作に頼尊《よりたか》［2015］がある。まだ検討できていない。

★17 六二年の『しののめ』の安楽死特集には折本昭子と大仏の往復書簡が掲載され、大仏の短い六つの返信がある。安楽死よいではないかと大仏は言うのだか、その言い方は普通ではない。例えばその第三返信には次のようにある。

「臨終の刹那において人間に猖狂悪相を与えるものは、日頃、心身に緊張とその圧迫を集積させて居る〝独りの人間としての責任〟とか〝強く正しく生き抜け〟などという現代文明の考え方そのものです。

弱く意気地のない生き損ないで結構じゃないですか！

がしかし残念なことに、これでは現実の社会では通用いたしません。そこで私達は、安楽死や自殺や精神異常によって、社会とその政治に挑戦し、盛大に現代文明の血祭りを開催しなければ不可ないと思います。」（折本・大仏［1962:33-34］、大仏の返信より）

真宗大谷派の研究所で話す機会がありそれが文字化されている。質疑で問われてしどろもどろに以下のようなことを述べている。

「より罪がないというか、より善き人であるということによって位置づけていく思想はやはり何か違うと、そのようには考えない道筋というものがあるはずですし、私は、おそらくそちらのほうが正しいという言い方がよいかわかりませんが、考え方としては整合性があると考えたりもしております。」（立岩［2014a］）

探してみると大仏の子である人によるらしい『マハラバ文庫』というHP（増田 大仏［2006-］）があって、そこには「新解放理論研究会」という部門？があって、それを読むと「解放理論研究会」というものがあったようで、その「テキスト（第三版）」では横塚晃一の「ある障害者運動の目指すもの」も収録されていたようだ。大仏の『解放理論研究会テキスト No.1』（大仏［1979a］、発行は茨城青い芝の会）、『解放理論研究会テキスト No.2』（大仏［1979b］、発行は解放理論研究会）、そして横田『ころび草』の序文（大仏［1975a］）、「異端の思想」（大仏［1975a］）等が再録されている。

★18 「ひとびとの精神史」というシリーズが岩波書店から刊行され、そこに私は横塚について文書を書くことになっている（立岩［2015b］）――そこに書くことと本稿に記すことの一部は重なるはずである。私がその時代の人としてあげることにしているのは、横塚晃一（一九三五～一九七八、享年四二歳）、高橋修（一九四八～一九九九、享年五〇歳）と吉田おさみ（一九三一～一九八四、享年五二歳）だ。横塚について立岩［2007］、高橋について立岩［2001］、吉田について立岩［2013:298-306］。高橋についての文章には――いつも真面目に手間をかけて文章を書いてはいるのだが――気持ちが入っている。めったにないことだが時に読み返すことがある。横塚についての文章は、書くのにずいぶんな時間がかかった。

ついでに、本書の帯に文章を寄せている森岡正博がツイッターで横塚晃一・横田弘・田中美津の三人をあげているのを見かけたことがあるように思う。田中に『かけがいのない、大したことのない私』（田中［2005］）という本があり、拙著の第二版でその本をあげるだけはあげている（立岩［2013a:738］）。そしてこの「解説」の後半に書いたことは、要するに、そういうことだ。

★19 このような問いを抱えることになった先天性四肢障害児親の会が辿った道について、堀［2014］。

★20 外国の障害者の活動・運動に脳性まひの人・重度の人があまり見当たらないことは幾度か指摘されてきたことであり、横田の本書における最後の章の記述はその最初のほうのものであるかもしれない。ただ近年では、米国でも直接行動の前面には重度の人をもってくるということがあるという話は古井透（鎌谷→古井正代のつれあいでもある）から聞いたことがある。むろんそれと運動を実質的に主導するのがどういう人たちなのかは別のことではある。

文献（五〇音順）

＊を付したものは全文がウェブ上にある（横田弘・立岩真也で検索すると文献表のページがあってそこからリンクされている）。※を付したものは立岩編[2015]に全文を収録している。ご注文はＨＰからあるいは直接立岩(tae01303@nifty.ne.jp)まで。

朝日新聞社 編 1973 『立ちあがった群像』、朝日新聞社、朝日市民教室・日本の医療6
安積 純子・尾中 文哉・岡原 正幸・立岩 真也 1990 『生の技法――家と施設を出て暮らす障害者の社会学』、藤原書店
―――― 1995 『生の技法――家と施設を出て暮らす障害者の社会学 増補・改訂版』、藤原書店
―――― 2012 『生の技法――家と施設を出て暮らす障害者の社会学 第3版』、生活書院・文庫版
荒井 裕樹 2008 「「安楽死」を語るのは誰の言葉か――六〇年代における在宅障害者の〈生命〉観」、『死生学研究』9:121-
―――― 2011 『障害と文学――「しののめ」から「青い芝の会」へ』、現代書館
石川 達三・戸川 エマ・小林 提樹・水上 勉・仁木 悦子 1963 「誌上裁判 奇形児は殺されるべきか」、『婦人公論』48-2:124-131 ※
稲場 雅紀・山田 真・立岩 真也 2008 『流儀――アフリカと世界に向い我が邦の来し方を振り返り今後を考える二つの対話』、生活書院
折本 昭子・大空 仏 1962 「安楽死賛成論（往復書簡）」、『しののめ』47:31-36 ※
大谷 いづみ 2005 「太田典礼小論――安楽死思想の彼岸と此岸」、『死生学研究』5：99-122 ＊

岡村青　1988　『脳性マヒ者と生きる――大仏空の生涯』、三一書房
大仏空　1975a　「序文」、横田［1975］→増田大仏［2006-］　＊
――――　1975b　「異端の思想」、横田［1975］→増田大仏［2006-］　＊
――――　1979　『解放理論研究会テキストNo.1』、茨城青い芝の会→増田大仏［2006-］　＊
――――　1979　『解放理論研究会テキストNo.2』、解放理論研究会→増田大仏［2006-］　＊
窪田好恵　2014　「重症心身障害児施設の黎明期――島田療育園の創設と法制化」、『Core Ethics』10:73-83　＊
――――　2015　「全国重症心身障害児（者）を守る会」の発足と活動の背景、『Core Ethics』11:59-70　＊
小山正義　2005　『マイトレァ・カルナ――ある脳性マヒ者の軌跡』、千書房
黒金泰美　1963　「拝復水上勉様――総理にかわり、『拝啓池田総理大臣殿』に応える」、『中央公論』1963-7:84-89　＊
しののめ編集部編　1973　『強いられる安楽死』、しののめ発行所
全国自立生活センター協議会編　2001　『自立生活運動と障害文化――当事者からの福祉論』、全国自立生活センター協議会、
発売：現代書館
立岩真也　1990　「はやく・ゆっくり――自立生活運動の生成と展開」、安積他［1990:165-226→1995:165-226→2012:258-353］
――――　1997　『私的所有論』、勁草書房
――――　1998　「一九七〇年――闘争×遡行の始点」、『現代思想』26-2(1998-2):216-233→立岩［2000:87-118］
――――　2000　『弱くある自由へ――自己決定・介護・生死の技術』、青土社
――――　2001　「高橋修――引けないな。引いたら、自分は何のために、一九八一年から」、全国自立生活センター協議会編
［2001:249-262］
――――　2004　『自由の平等――簡単で別な姿の世界』、岩波書店
――――　2007a　「解説」、横塚［2007:391-428→2010:427-461］
――――　2007b　「もらったものについて・1〜」、『そよ風のように街に出よう』75:32-36〜　＊
――――　2008　『良い死』、筑摩書房
――――　2009　『唯の生』、筑摩書房
――――　2012　「「ブックガイド・医療と社会」より」、立岩・有馬［2012:173-203］

―――― 2012- 「予告&補遺」（連載）、生活書院のＨＰ　＊
―――― 2013a 『私的所有論 第2版』、生活書院・文庫版
―――― 2013b 『造反有理――精神医療現代史へ』、青土社
―――― 2014a 「人命の特別を言わず／言う」、『現代と親鸞』28　＊
―――― 2014b 『自閉症連続体の時代』、みすず書房
―――― 2015a 『精神病院体制の終わり――認知症の時代に』、青土社
―――― 2015b 「横塚晃一――障害者は主張する」（編集部による仮題）、吉見編［2015］
立岩 真也 編 2014 『身体の現代・記録（準）――被差別統一戦線～被差別共闘／楠敏雄』、Kyoto Books
―――― 2015 『与えられる生死：1960年代――身体の現代・記録：『しののめ』安楽死特集／あざらしっ子／重度心身障害児／「拝啓池田総理大臣殿」他』、Kyoto Books
立岩 真也・有馬 斉 2012 『生死の語り行い・1――尊厳死法案・抵抗・生命倫理学』、生活書院
田中 美津 2005 『かけがえのない、大したことのない私』、インパクト出版会
日本心身障害児協会島田療育センター 編 2003 『愛はすべてをおおう――小林提樹と島田療育園の誕生』、中央法規出版
花田 春兆 1962 「現代のヒルコ達――小林提樹先生へ」、『しののめ』47→花田［1968:1-13］　※
―――― 1963a 「切捨御免のヒューマニズム」、『しののめ』50→花田［1968:14-23］　※
―――― 1963b 「お任せしましょう水上さん」、『しののめ』51→花田［1968:78-85］　※
―――― 1965 「うきしま」、『しののめ』57→花田［1968:33-44］
―――― 1968 『身障問題の出発』、しののめ発行所、しののめ叢書7
福本 博文 2002 『リビング・ウィルと尊厳死』、集英社新書
二日市 安 1979 『私的障害者運動史』、たつまつ社、たいまつ新書
―――― 1982 『逆光の中の障害者たち――古代史から現代文学まで』、千書房
―――― 1995 『障害者』、現代書館、FOR BIGINNERS
堀 智久 2014 『障害学のアイデンティティ――日本における障害者運動の歴史から』、生活書院
増田 大仏 レア 2006- 『マハラバ文庫』　＊

水上勉　1963a　「拝啓池田総理大臣殿」、『中央公論』1963-6:124-134→水上［1963c］　※
――　1963b　「島田療育園」を尋ねて――重症心身障害の子らに灯を」（特別ルポ）、『婦人倶楽部』1963-8:198-202　※
――　1963c　『日本の壁』、光風社
――　1980　『生きる日々――障害の子と父の断章』、ぶどう社
山田真・立岩真也　2008　「告発の流儀」、稲場・山田・立岩［2008:150-267］
横田弘　1969　『花芯』、しののめ発行所、しののめ叢書13
――　1974　『炎群――障害者殺しの思想』、しののめ発行所、しののめ叢書
――　1975　『ころび草――脳性麻痺者のある共同生活の生成と崩壊』、自立社、発売：化面社
――　1976　『あし舟の声――胎児チェックに反対する「青い芝」神奈川県連合会の斗い』、「青い芝」神奈川県連合会叢書2
――　1979　『障害者殺しの思想』、ＪＣＡ出版
――　1985　『海の鳴る日』、しののめ叢書19
――　2004　『否定されるいのちからの問い――脳性マヒ者として生きて　横田弘対談集』、現代書館
横田弘・臼井正樹・立岩真也　2016　『われらは愛と正義を否定する――脳性マヒ者横田弘と「青い芝」』、生活書院
横塚晃一　1973　「ＣＰ――障害者として生きる」、朝日新聞社編［1973］
――　1975　『母よ！殺すな』、すずさわ書店
――　1981　『母よ！殺すな　増補版』、すずさわ書店
――　2007　『母よ！殺すな　第３版』、生活書院
――　2010　『母よ！殺すな　第４版』、生活書院
吉見俊哉編　2015　「万博と沖縄返還――一九七〇前後」、岩波書店、ひとびとの精神史5
頼尊恒信　2015　『真宗学と障害学――障害と自立をとらえる新たな視座の構築のために』、生活書院

立岩真也（たていわ・しんや）………一九六〇年佐渡島生。専攻社会学。立命館大学教員。著書に『生の技法』『私的所有論』（現在は生活書院から文庫版）他。近刊に『造反有理――精神医療現代史へ』（青土社、二〇一三）、『自閉症連続体の時代』（みすず書房、二〇一四）、『精神病院体制の終わり――認知症の時代に』（青土社、二〇一五）。

資料　横田弘　年譜

一九三三年五月十五日　横浜市鶴見区にて、父・金太郎、母サヨの二男として生まれる。難産のため脳性マヒ（ＣＰ）の障害をもつ。

一九三八年頃　兄からイロハ積み木で文字を習う。

一九四〇年　就学免除通知を受け不就学。

一九四五年　戦災のため岩手県北上市に疎開。十二月、横浜に戻る。

一九四六年十二月　母が脳出血で倒れ、以後父と共に叔母（母の妹）夫婦の許で暮らす。

一九五〇年　母死去。

一九五三年　回心、仏教徒となる（本門佛立宗に入信）。

一九五四年　従妹の名前で初めて詩「病気」を『少女クラブ』に投稿し入選。

一九五五年　横浜の同人誌『象《かたち》』（主宰・篠原あや）に参加。

一九五九年　詩集『あゆみ』（「象」詩人クラブ会報印刷所）刊行。

一九六〇年　五七年に東京にできた脳性マヒ者の団体「青い芝の会」に参加。

一九六一年　光明学校卒業生によって創刊された文芸同人誌『しののめ』（主宰・花田春兆）の同人となる。

一九六三年十月　父が交通事故で頸椎挫傷、半身不随となる。

末頃　川崎の小山正義、茨城の折本昭子らから、脳性マヒ者解放コロニー「マハ・ラバ村」への参加を呼びかけ

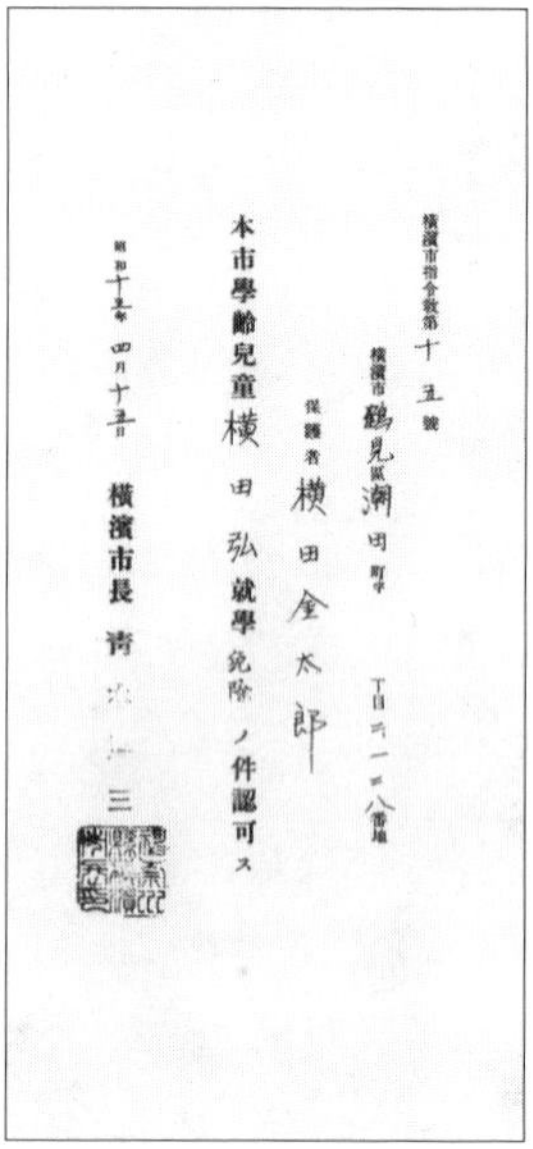
横濱市指令教第十五號
横濱市鶴見區潮田町字　丁目一一八番地
保護者　横田金太郎
本市學齢兒童横田弘就學免除ノ件認可ス
昭和十五年四月十三日
横濱市長　青　三

横田弘の就学免除通知

られる

一九六四年四月　父と共に兄夫婦の許で暮らし始める。障害を負い働けなくなった父との離れでの陰鬱な生活の中で、経済的な問題、家族の中の自分の存在の危うさに気付く。

十一月　茨城県閑居山願成寺の大仏空《おさらぎあきら》和尚の下で脳性マヒ者が開設した共同体「マハ・ラバ村」に参加。

一九六六年　文芸誌『辺』の同人となる。

永山淑子と結婚。

一九六七年　長男　覚　誕生。

「マハ・ラバ村」の共同生活に終止符を打ち（「コロニー運動に挫折」）、横浜で自立生活を開始。

一九六九年六月　青い芝の会神奈川県連合会発足（会長・山北厚、副会長・横塚晃一、編集長・横田弘）。

「マハ・ラバ村」事実上崩壊。

詩集『花蕊』（しののめ発行所）刊行。

一九七〇年五月二十九日　横浜市金沢区で母親による障害児（ＣＰ）殺し事件。地元を中心に減刑嘆願運動起きる。

神奈川県連合会は減刑嘆願運動を批判、厳正裁判を要求。

十月　神奈川連合会機関誌『あゆみ』に行動綱領「われらかく行動する」掲載。

一九七一年　ＮＨＫ「現代の映像」で『あるＣＰ者集団』放映。

一九七一～七三年　神奈川青い芝の会のメン

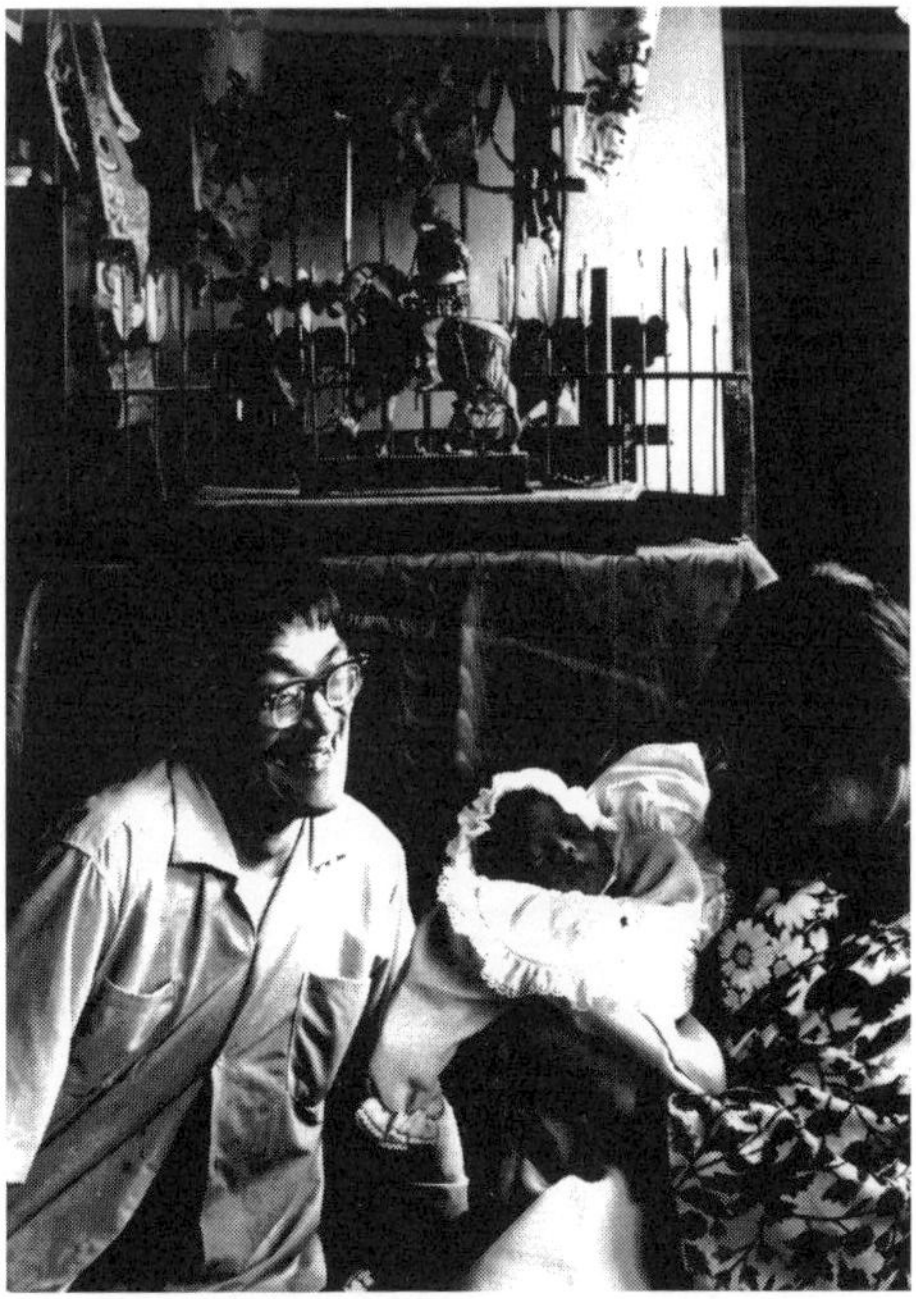

息子誕生を喜ぶ横田弘・淑子夫妻
（1967 年、マハ・ラバ村にて、写真提供＝増田・大仏・レア）
＊この写真の撮影者に関してお心当たりのある方は編集部までご連絡ください。

バーを撮った映画『さようならCP』（原一男監督、疾走プロダクション）に主演（七二年完成）。以後、七二〜七三年全国上映運動が展開され、青い芝の会の地方組織・全国組織化が進む。また、脳性マヒ者以外の障害者にも強烈なインパクトと覚醒を与える。

一九七二〜七四年　優生保護法改悪阻止闘争（七四年、審議未了廃案に）。

一九七三年　青い芝の会神奈川県連合会会長に就任。

九月　日本脳性マヒ者協会・全国青い芝の会総連合会結成。

十月　全国青い芝の会総連合会結成大会が箱根で開催（会長・横塚晃一、副会長・小山正義、磯部眞教）。

一九七四年　神奈川県連合会、県内の労働団体、市民団体の連合体「県民のいのちとくらしを守る共同行動委員会（いのくら）」に参加。対県交渉に参加。

『炎群《ほむら》――障害者殺しの思想』（しののめ発行所）刊行。

一九七五年八月　「空とぶ車イスの会」に加わってカナダ視察旅行。

八月　『ころび草――脳性麻痺者のある共同生活の生成と崩壊』（自立社）刊行。

十一月　第二回全国大会で、「行動綱領」が全国青い芝の会の綱領として正式に採択される。

一九七六年三月　神奈川県青い芝の会、神奈川県立病院での胎児チェック中止の県交渉。

新横浜駅でのエレベーター設置交渉
（1994年、「だれもが使える交通機関を求める神奈川実行委員会」　©菊地信夫）

八月　障害種別を超えた初めての全国的障害当事者組織である全国障害者解放運動連絡会議（全障連）結成。初代代表幹事・横塚晃一。

『あし舟の声——胎児チェックに反対する「青い芝」神奈川県連合会の斗い』（「青い芝」神奈川県連合会）刊行。

一九七六〜七七年　川崎市のバス乗車拒否に抗議。四月、全国から青い芝の会の会員が結集し二八台のバスを占拠（川崎バス闘争）。アクセス運動の嚆矢として、社会に大きなインパクトを与える。

一九七八年七月　横塚晃一氏死去。

一九七八〜七九年　養護学校義務化阻止闘争展開、文部省前座り込み闘争。

一九七九年一月　『障害者殺しの思想』（ＪＣＡ出版）刊行。

三月　「綱領問題」等を機に全国青い芝の会が全障連から脱退。

五月　全国青い芝の会第四回全国大会が不成立。常任委員会に代わって再建委員会が設置される（委員長・白石清春）。

一九八一年三月　全国青い芝の会会長に就任（〜八三年）。

「国際障害者年」車いす訪中団（電機労連企画）の副団長として派遣される。

一九八四年七月　生涯の師、大仏尊教（空）氏死去。

一九八五年五月　詩集『海の鳴る日』（しののめ）刊行。

一九八八年　当事者の自己実現をめざして文筆創作活動、情報収集・伝達活動を主な活動とする障害者活動センター「きょうの会」創設。二月より週刊『火曜かわらばん』を発行。

一九九三年　優生保護法撤廃運動を展開。

障害者の自立と文化を拓く会「ＲＥＡＶＡ」創設。会長に。

五月　詩集『そして、いま』（障害者の自立と文化を拓く会「ＲＥＡＶＡ」）刊行。

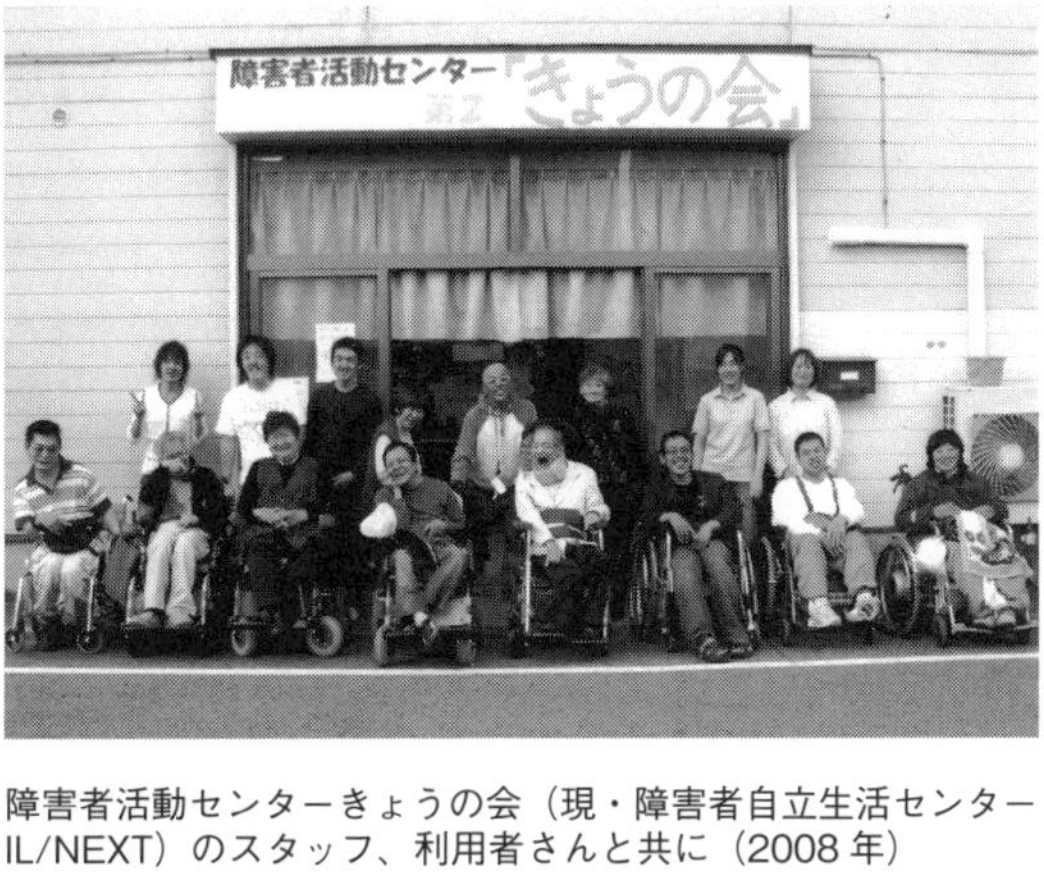

障害者活動センターきょうの会（現・障害者自立生活センターIL/NEXT）のスタッフ、利用者さんと共に（2008年）

一九九六年六月　優生保護法、優生条項を撤廃し、母体保護法に改正される。
二〇〇〇年　全国青い芝の会副会長に就任（～〇三年）。
二〇〇四年一月　横田弘対談集『否定されるいのちからの問い――脳性マヒ者として生きて』（現代書館）刊行。
二〇一〇年五月　詩集『まぼろしを』（障害者の自立と文化を拓く会「REAVA」）刊行。
二〇一二年十一月　日本産科婦人科学会の公開シンポジウム「出生前診断――母体血を用いた出生前遺伝学検査を考える」に参加。「新型出生前診断」に強い危惧を抱いていた。
二〇一三年六月三日　傘寿の祝いの会の直前に死去。享年八〇歳。

参考文献
横田弘対談集『否定されるいのちからの問い』現代書館、二〇〇四年。
横田弘詩集『まぼろしを』障害者の自立と文化を拓く会「REAVA」、二〇一〇年
荒井裕樹『障害と文学――「しののめ」から「青い芝の会」へ』現代書館、二〇一一年。
横塚晃一『母よ！　殺すな』二〇〇七年、生活書院。
杉本章『増補改訂版　障害者はどう生きてきたか――戦前・戦後障害者運動史』現代書館、二〇〇八年。
全国青い芝の会「会のあゆみ」日本脳性マヒ者協会全国青い芝の会　ホームページ
http://w01.tp1.jp/~a151770011/ayumi.html
障害者活動センター「きょうの会」（現・障害者自立生活センターIL・NEXT）『火曜かわらばん』

❖横田　弘（よこた・ひろし）

1933年、横浜市鶴見区生まれ。難産による脳性マヒのため不就学。

60年、脳性マヒ者の組織「青い芝の会」に参加。

64～67年、障害者解放コロニー「マハ・ラバ村」に参加。この間に結婚、長男誕生。

70年に起きた、障害児殺しの母親に対する減刑嘆願運動反対の取組みを皮切りに、「青い芝」神奈川県連合会の一員として、映画『さようならＣＰ』制作・上映、バス乗車拒否に対する闘争、優生保護法改定反対運動、養護学校義務化阻止闘争など、障害者の生存権確立運動を展開。

80年、全国「青い芝の会」常任委員会会長代行。81～83年、会長。

88年、障害者活動センター「きょうの会」創設。

93年、優生保護法撤廃運動を展開。障害者の自立と文化を拓く会「ＲＥＡＶＡ」創設。

2000～03年、全国「青い芝の会」副会長。

2013年逝去まで「青い芝の会」神奈川県連合会会長、詩誌『象』同人。

2013年6月3日、逝去。

著書　『炎群《ほむら》――障害者殺しの思想』（74年）、『ころび草』（75年）、『障害者殺しの思想』（80年）、横田弘対談集『否定されるいのちからの問い』（2004年）、詩集『海の鳴る日』（85年）、『そして、いま』（93年）、『まぼろしを』（2010年）他。

［増補新装版《ぞうほしんそうばん》］障害者殺《しょうがいしゃごろ》しの思想《しそう》

2015年　6月3日　第1版第1刷発行
2023年　1月15日　第1版第5刷発行

著　者　横　田　弘
発行者　菊　地　泰　博
組　版　プ　ロ　・　ア　ー　ト
印刷所　平　河　工　業　社（本文）
　　　　東　光　印　刷　所（カバー）
製本所　鶴　亀　製　本
装　幀　箕　浦　卓

発行所　株式会社　現代書館
〒102-0072　東京都千代田区飯田橋3-2-5
電話 03(3221)1321　FAX03(3262)5906
振替 00120-3-83725　http://www.gendaishokan.co.jp/

校正協力・栢森　綾
© 2015 YOKOTA Satoru Printed in Japan ISBN978-4-7684-3542-7
定価はカバーに表示してあります。乱丁・落丁本はおとりかえいたします。

活字で利用できない方のための
テキストデータ請求券
『障害者殺しの思想』

荒井裕樹 著
差別されてる自覚はあるか
——横田弘と青い芝の会「行動綱領」

一九七〇～八〇年代の障害者運動を牽引し、「否定されるいのち」の立場から健全者社会に鮮烈な批判を繰り広げた日本脳性マヒ者協会青い芝の会。その「行動綱領」を起草、理論的支柱であった故・横田弘の思想と今日的な意義を探究する。ポスト相模原事件の必読書！ 2200円＋税

荒井裕樹 著
障害と文学
——「しののめ」から「青い芝の会」へ

障害文芸誌『しののめ』の主宰者である花田春兆（俳人、当時八五歳）、「青い芝の会」の行動綱領を起草し健全者社会に対し鮮烈な批判を展開した横田弘（詩人、当時七七歳）を中心に、障害者が展開した文学活動、「綴る文化」の歴史を掘り起こし、「障害」とは何かを問い直す。 2200円＋税

杉本 章 著
〔増補改訂版〕障害者はどう生きてきたか
——戦前・戦後障害者運動史

従来の障害者福祉史の中で抜け落ちていた、障害当事者の生活実態や差別・排除に対する闘いに焦点を当て、膨大な資料を基に障害者運動、障害者福祉政策・法制度を綴る。障害者政策を無から築き上げてきたのは障害者自身であることを明らかにした、障害者福祉史の基本文献。詳細な年表付き。 3300円＋税

全国自立生活センター協議会 編
自立生活運動と障害文化
——当事者からの福祉論

親許や施設でしか生きられない、保護と哀れみの対象とされてきた障害者が、地域生活の中で差別を告発し、社会の障害観、福祉制度のあり方を変えてきた。一九六〇～九〇年代の障害者解放運動、自立生活運動を担ってきた一六団体、三〇個人の軌跡を綴る。障害学の基本文献。 3500円＋税

新田 勲 編著
足文字は叫ぶ！
——全身性重度障害者のいのちの保障を

脳性マヒによる言語障害と四肢マヒで、足で文字を書いてコミュニケーションをとる著者が、施設から出て在宅生活を始め、何の介助サービスもないところから生活保護他人介護料、介護人派遣事業などの制度をつくらせた七〇年代から自立支援法に至る介護保障運動の歴史を総括する。 2200円＋税

田中耕一郎 著
障害者運動と価値形成
——日英の比較から

障害者運動は健常者文化に何をもたらしたのか。戦後から現在までの日英の当事者運動の変遷をたどり、運動の課題・スタイル、障害概念の再構築、障害のアイデンティティ、障害文化、統合と異化の問題等に焦点を当て、日英の共通性と共時性を解明。二〇〇六年度日本社会福祉学会賞受賞。 3200円＋税

中西正司 著
自立生活運動史
——社会変革の戦略と戦術

「当事者運動なきところにサービスなし」をモットーに、日本の自立生活運動、障害者施策をけん引してきた著者による、一九八〇～二〇一〇年代の障害者運動の総括。官僚や学者との駆け引きを交え、二十世紀最後の人権闘争と言われた「障害者運動」が社会にもたらしたものを明らかにする。 1700円＋税

（定価は二〇二三年一月一日現在のものです。）